RICHTIG GRILLEN

RICHTIG GRILLEN

DIE BESTEN TECHNIKEN UND REZEPTE

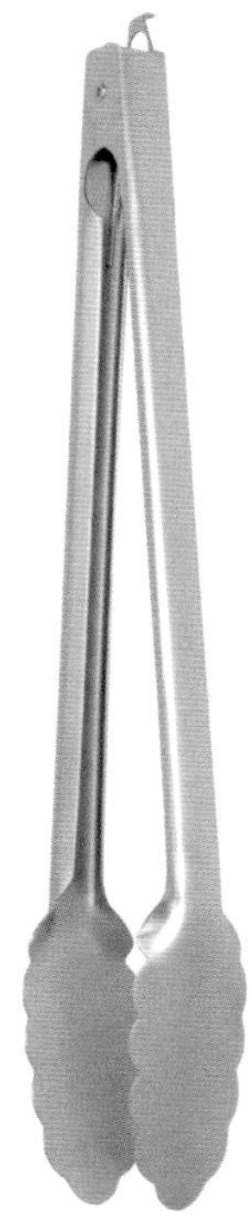

CHRIS SCHLESINGER & JOHN WILLOUGHBY

DORLING KINDERSLEY

DORLING KINDERSLEY
London, New York, Melbourne, München und Delhi

Für die deutsche Ausgabe
Programmleitung Monika Schlitzer
Projektbetreuung Elke Homburg
Herstellungslieitung Dorothee Whittaker
Herstellung und Covergestaltung Anna Strommer

Bibliografische Information Der Deutschen Bibliothek
Die Deutsche Bibliothek verzeichnet diese Publikation in der Deutschen Nationalbibliografie;
detaillierte bibliografische Daten sind im Internet über http://dnb.ddb.de abrufbar.

Titel der englischen Originalausgabe:
BARBECUE

Der Originaltitel ersc0hien 2008 in Großbritannien bei Dorling Kindersley Limited, London
Ein Unternehmen der Penguin Gruppe

Produziert für Dorling Kindersley von
cobaltid
The Stables, Wood Farm, Deopham Road,
Attleborough, Norfolk NR17 1AJ
www.cobaltid.co.uk

Bildredaktion Paul Reid, Lloyd Tilbury, Darren Bland, Claire Dale
Lektorat Louise Abbott, Marek Walisiewicz, Kati Dye
Fotografie Ian O'Leary
Fotoassistenz Gemma Reynolds
Foodstyling Gizzi Erskine

Für Dorling Kindersley
Cheflektorat Dawn Henderson
Chefbildredaktion Heather McCarry
Lektorat Ariane Durkin
Bildbetreuung Caroline de Souza
Projektbetreuung Luca Frassinetti
Herstellung Mandy Inness

Übersetzung Angelika Feilhauer
Lektorat Adelheid Schmidt-Thomé

ISBN: 978-3-8310-1386-9

Printed and bound in China by Hung Hing

Besuchen Sie uns im Internet
www.dk.com

INHALT

FEUER AN!

ÜBER OFFENEM FEUER ZU GAREN MACHT SPASS. WENN SIE WIRKLICH ENTSPANNT UND UNBEKÜMMERT GRILLEN MÖCHTEN, SOLLTEN SIE ALLERDINGS EINIGE DINGE WISSEN – WELCHES BRENNMATERIAL UND WELCHE GERÄTE SIE AUSWÄHLEN, WIE SIE EIN FEUER ENTFACHEN, WIE SIE IHRE SPEISEN WÜRZEN UND FESTSTELLEN, WANN DAS GRILLGUT GAR IST. ALL DAS ERFAHREN SIE AUF DEN NÄCHSTEN SEITEN.

GAREN AUF DEM GRILL

Wir grillen mit Begeisterung, weil es die direkteste und unkomplizierteste aller Garmethoden ist: Man legt oder hängt einfach ein paar Lebensmittel über ein Feuer und wartet, bis sie gar sind. Grillen spricht uns auf einer beinahe instinktiven Ebene an, denn schließlich haben wir Menschen schon vor Urzeiten über dem offenen Feuer gegart. Aber uns gefällt am Grillen (abgesehen natürlich von dem wunderbaren Geschmack) auch, dass es – obwohl so einfach – doch faszinierend komplex ist. Jedes Feuer, das man entfacht, ist ein wenig anders als alle anderen zuvor. Das bedeutet, dass man immer achtsam sein muss – man muss auf dieses spezielle Feuer und die Speisen, die man gart, reagieren. Es geht also nicht nur um die primitive Freude am Spiel mit dem Feuer; den besonderen Reiz macht aus, dass das Spiel jedes Mal, wenn man es spielt, ein wenig anders abläuft.

Um die Eigenarten dieser Technik ganz zu ergründen, sollte man sie aus drei Blickwinkeln betrachten und jeweils das Beste herausziehen. Für die meisten Amerikaner etwa ist Grillen nicht einfach nur eine Garmethode, sondern zentraler Bestandteil eines beinahe mythischen sozialen Rituals, das zum amerikanischen Selbstverständnis passt und Eigenschaften widerspiegelt, die als uramerikanisch gelten: Ungezwungenheit, Lockerheit und eine Art wohltuende, zwanglose Kameradschaft. Den ungezwungenen demokratischen Charakter des Grillens unterstreicht, dass es traditionell von Vätern übernommen wird, die jeden Gedanken ans Kochen sonst weit von sich weisen. Dieses amerikanische Modell verdeutlicht den vielleicht bedeutendsten Aspekt des Grillens: Es macht einfach Spaß! Doch hat das Grillen eine lange Geschichte, die viel älter ist als die USA. Tatsächlich ist es eine hoch geachtete Garmethode mit einer Tradition, die kein Geringerer als Auguste Escoffier begründete, der französische Meisterkoch des 19. Jahrhunderts. Er zeichnete die im Westen üblichen Garmethoden in seinem bahnbrechenden Buch *Ma Cuisine* auf und bezeichnete das Grillen als Grundlage und Ursprung der Kochkunst überhaupt.

Doch was soll man auf den Grill legen? In den letzten Jahrzehnten hat sich zwar vieles geändert, doch traditionell grillen Amerikaner Burger, Steaks und Hot Dogs – Gerichte also, bei denen man nicht viel falsch machen kann und die eigentlich immer gelingen. Escoffier war etwas experimentierfreudiger, hielt sich aber auch an Koteletts, Steaks und Fischfilets mit aufwendigen Saucen. Zum Glück findet man in den Küchen Asiens, Lateinamerikas oder auch der Mittelmeerländer eine riesige Auswahl an fantasievollen Grillgerichten. Selbst heute noch ist für viele Menschen dort das Garen über offenem Feuer weder ein Wochenendritual noch eine professionelle Technik, sondern gehört ganz einfach zum Alltag.

Für Grillfreunde gibt es dort viel zu entdecken: Wenn man beobachtet, wie ein Fischer an einem Strand im Süden Portugals frisch gefangene Sardinen grillt, wie in einer Seitenstraße in Istanbul gegrillte Lammspieße verspeist werden oder jemand auf einem Markt in Saigon würzige Garnelen genießt, wie in Mumbai ein knuspriges Pappadam gegessen wird oder wie man sich im Orient zu Vorspeisen mit gegrillten Paprikaschoten, Tomaten und Auberginen niederlässt, dann erkennt man, dass die Möglichkeiten des Grillens praktisch endlos sind.

Der moderne Grillfreund sollte sich mit unterschiedlichen Ansätzen vertraut machen. Ziel ist es, entspannt und locker, aber gleichzeitig mit dem nötigen technischen Know-how das Spiel mit dem Feuer aufzunehmen. Und bei der Speisenauswahl ist Fantasie gefragt. Auf geht's!

GARMETHODEN

Auf der ganzen Welt kochen Menschen über offenem Feuer und bedienen sich dabei allerlei einfallsreicher Methoden. Wir glauben, dass es nicht nur interessant, sondern auch hilfreich ist, die Unterschiede der verschiedenen Techniken zu kennen. Unserer Ansicht nach kann man sie am besten nachvollziehen, wenn man sich anschaut, was gegart wird, bei welcher Temperatur es gegart wird, und weshalb gerade diese Methode gewählt wird. Mit anderen Worten: Um die Methoden zu verstehen, sollte man wissen, was man erreichen will.

DIREKTES GRILLEN

Beim direkten Grillen wird das Grillgut über den Kohlen eines heißen Feuers rasch gegart. Wenn es direkt über den heißen Kohlen liegt, bildet sich außen eine braune Kruste. Vor allem diese aromatische Kruste (nicht das Brennmaterial) macht den typischen Geschmack aus. Allerdings muss das Grillgut auch innen den richtigen Gargrad bekommen.

EIN EINFACHES GRILLFEUER Je nach Grillgut muss ein einfaches Feuer oder ein Mehrzonenfeuer *(siehe Seite 30)* entzündet werden. Prüfen Sie, sobald die Flammen nicht mehr flackern, die Temperatur *(siehe Seite 34)*, um den richtigen Moment zum Grillen abzupassen.

DIREKTES GRILLEN: DIE FAKTEN

- Das Grillgut bestimmt die Temperatur des Feuers
- Rasches Garen bei offener Haube
- Grillgut: kleine, zarte Teile wie Steaks, Koteletts, Rippchen, Fischfilets, Fischsteaks, Meeresfrüchte, Gemüse und Obst

REZEPTBEISPIELE 1 Rosmarin-Steak *(Seite 60)*; 2 Schweinerippchen auf orientalische Art *(Seite 88)*; 3 Hähnchenspieße *(Seite 210)*; 4 Heilbuttsteaks *(Seite 120)*; 5 Muscheln in Chili-Butter-Sauce *(Seite 140)*

Diese Beziehung zwischen »außen Kruste« und »innen gar« ist das Geheimnis perfekten Grillens. Hier unsere wichtigsten Grilltipps:

- Passen Sie das Feuer dem Grillgut an *(siehe Seite 30–31)*.
- Achten Sie darauf, dass das Feuer die richtige Temperatur hat, ehe Sie das Grillgut auf den Grill legen. Nicht alles sollte bei der gleichen Temperatur gegart werden. Lesen Sie daher als Erstes das Rezept und prüfen Sie, wie heiß das Feuer ist *(siehe Seite 34)*.
- Schließen Sie beim direkten Grillen niemals die Haube *(siehe Seite 35)*.
- Beginnen Sie frühzeitig, den Gargrad des Grillguts zu überprüfen *(siehe Seite 36–37)*, lange bevor Sie glauben, dass es fertig ist. Jedes offene Feuer ist anders, und daher sind die angegebenen Garzeiten nur Orientierungshilfen. Frühzeitiges und häufiges Prüfen des Gargrades erspart Ihnen, eine trockene, übergarte Mahlzeit verspeisen zu müssen.

BARBECUE-METHODE

Sie wird auch als »indirektes Grillen« bezeichnet. In weiten Teilen der englischsprachigen Welt werden die Begriffe »barbecuing« und »grilling« synonym verwendet, auch in großen Teilen der USA. In den Südstaaten allerdings versteht man unter »Barbecue« eine Garmethode, bei der Lebensmittel langsam in der indirekten Hitze und dem Rauch eines Holzkohle- oder Holzfeuers gegart werden, und diese Methode unterscheidet sich recht stark von direktem Grillen. Bei korrekter Vorgehensweise sollte das Grillgut zart werden und einen rauchigen Geschmack bekommen. Wie Schmoren wurde diese Methode für große, zähe Fleischschnitte erfunden, die bei niedriger Temperatur langsam gegart werden müssen, um weich zu werden. In den USA sind die bekanntesten Beispiele Schweineschulter (bevorzugt in North Carolina), Rinderbrust (am beliebtesten in Texas), Lammschulter (vor allem in Kentucky) und Rippen, die überall im Süden des Landes gegessen werden.

Die Temperatur sollte beim Barbecue zwischen 80 und 115 °C liegen. Während Fleisch bei schwacher Hitze im Rauch gart,

INDIREKTES GRILLEN
Da das Grillgut nicht direkt über den Kohlen liegt, bildet sich bei geschlossener Haube kein beißender Dampf, wie er entsteht, wenn Fett in die Glut tropft *(siehe Seite 35)*, und das Fleisch nimmt keinen unerwünschten Geschmack an.

BARBECUE: DIE FAKTEN

- Niedrige Temperatur (80–115 °C)
- Langsam garen mit Haube
- Grillgut: große, zähe Fleischstücke wie Rippen, Stücke aus der Schulter, Rinderbrust

REZEPTBEISPIELE
1 Schweinebraten *(Seite 196)*; 2 Rindfleisch auf texanische Art *(Seite 180)*; 3 Kubanische Schweinerippchen *(Seite 46)*

löst sich sein zähes Bindegewebe – das Kollagen – auf und wird butterweich. Für diese Grillmethode wird eine Kohlenmenge, die etwa einen großen Schuhkarton füllen würde, auf einer Seite des Grills gegeben und entzündet. Das Grillgut kommt auf die andere Seite, und die Haube wird geschlossen. Dann lässt man das Fleisch einfach garen, wobei man etwa alle 30 Minuten eine Handvoll Kohlen nachlegt, um die Temperatur zu halten.

Die Barbecue-Methode ist einfach und erfordert in erster Linie Geduld, doch die Ergebnisse sind bemerkenswert. Noch eines zu dieser Methode: Nicht die Temperatur signalisiert, ob das Grillgut fertig gegrillt ist, denn es muss nicht nur durchgebraten, sondern auch zart sein. Daher macht man, statt die Temperatur zu prüfen, einen »Gabeltest«: Man sticht eine große Gabel in das Grillgut und versucht, es hochzuheben. Wenn das Fleisch von der Gabel rutscht, hat es den richtigen Gargrad, andernfalls muss es noch weitergegart werden.

KOHLE NACHLEGEN »Wenig und oft« ist das Geheimnis, um ein gutes Barbecue-Feuer in Gang zu halten. Da manche Fleischschnitte eine Garzeit von acht Stunden und mehr haben, muss genügend Kohle bereitgehalten werden.

GAREN IM RAUCH

Neben direktem Grillen ist dies die effektivste Garmethode für den Grill. Sie ähnelt der Barbecue-Methode, doch man gart bei höheren Temperaturen zwischen 150–230 °C. Deshalb verwendet man, wenn man auf einer Seite des Grills das Feuer entfacht, mehr Kohle als beim Barbecue (etwa 1 ½ Schuhkartons) und legt später statt einer zwei Handvoll Kohlen nach. Im Grunde wird bei dieser Methode das Grillgut beim Braten von Rauch umgeben. Wie das Braten im Backofen eignet sie sich am besten für großes, relativ zartes Grillgut – Rind- und Schweinefleisch, Lammkeule, Hähnchen, Puten, Enten, ganze Fische und eigentlich auch alles andere, was man im Backofen garen würde. Aber man hat den Vorteil, dass das Grillgut dieses unbeschreibliche rauchige Aroma von Holzkohle oder Holz annimmt.

IM RAUCH AUF DEM GRILL GAREN Eine dicke Kohleschicht auf einer Seite des Grills *(siehe links und oben)* macht starke Hitze. Um sie zu erhalten, muss man etwa alle 30 Minuten großzügig Kohlen nachlegen.

GAREN IM RAUCH: DIE FAKTEN

- Heißes Feuer (150–230 °C)
- Mittlere bis lange Garzeit mit Haube
- Grillgut: große, aber zarte saftige Fleischstücke; ganzes Geflügel; Fisch

REZEPTBEISPIELE
1 Glasierte Schweinekeule *(Seite 204)*; 2 Im Rauch gegarte Ente *(Seite 200)*; 3 Rauchiges Rindfleisch *(Seite 194)*

IN FOLIE IN DER GLUT GAREN Viele Gemüse lassen sich gut grillen. Aber in der Glut gegart werden sie wunderbar zart – ein schöner Kontrast zu der Kruste von gegrilltem Fleisch.

GAREN IN DER GLUT

Schon in alten Zeiten wickelten Menschen Lebensmittel in Blätter und legten sie zum Garen in eine Grube mit Kohlen. Auch heute ist dies noch recht weitverbreitet, etwa auf Hawaii und in Mexiko. Das Garen in der Glut ist eigentlich nur eine Variante dieser Methode. Statt in Blätter packt man die Lebensmittel in Alufolie, und statt in eine Kohlengrube legt man sie in die Kohlen des Grillfeuers. Dies ist ziemlich einfach, es gibt aber zwei wichtige Dinge, die man dabei beachten muss. Erstens muss sich ausreichend Flüssigkeit in dem Päckchen befinden, damit sein Inhalt in den heißen Kohlen nicht trocken wird. Zweitens muss das Gargut sorgfältig eingepackt werden, damit keine Säfte herauslaufen können. Das Päckchen muss nicht völlig mit Kohlen bedeckt werden. Es reicht aus, es so in die Glut zu drücken, dass es an den Seiten von Kohlen umgeben ist. Diese Methode ist besonders gut, um Beilagen – und selbst Desserts – zuzubereiten, während andere Speisen über ihnen auf dem Grill gegart werden.

DIE WAHL DES GRILLS

Wir haben schon auf einem 5000 Dollar teuren, gigantischen Gasgrill gegrillt, auf einem auf drei Steinen ruhendem Rost und auf so ziemlich allem dazwischen. Und gelernt haben wir dabei, dass das Wichtigste nicht die Ausrüstung, sondern die Technik ist. Zudem wissen wir, dass die Auswahl des Grills in erster Linie eine Frage des **persönlichen Geschmacks**, des **Geldbeutels** und des **Platzes** ist. Dennoch haben wir im Laufe vieler Jahre festgestellt, dass das Grillen einfacher wird, wenn ein Grill bestimmte Eigenschaften besitzt.

Erstens kauft man am besten einen **Grill mit Haube**. Auch auf einem Campinggrill kann man vieles zubereiten, für manche Garmethoden jedoch, etwa indirektes Grillen (Barbecuing), ist eine Haube unabdingbar. Noch wichtiger ist eine **große Grillfläche**. Vor einigen Jahren kaufte ich (Chris) einen riesigen Holzkohlengrill mit 120 cm Durchmesser, den ich nicht mehr hergeben würde. Mit ihm kann ich eine Menge Leute gleichzeitig bewirten, und ich habe unterschiedliche Temperaturzonen, sodass ich **auf einer Seite über einer heißen Glut** Steaks braten kann, während auf der anderen Tomaten **bei schwacher Hitze** garen. Und ich habe auch noch eine Fläche, unter der sich keine Kohlen befinden, falls etwas **rasch abkühlen** soll. Mit anderen Worten: Er erlaubt mir optimale **Flexibilität**. Auch wenn Sie vielleicht keinen Platz (oder auch kein Geld) für einen solchen Riesen haben, empfehlen wir Ihnen trotzdem dringend, den größtmöglichen Grill zu kaufen. Der Rost sollte mindestens **55 cm breit** sein. Wichtig ist auch, dass das Kohlebecken zugänglich ist, damit man während des Grillens problemlos Kohlen nachlegen kann.

WORAUF MAN ACHTEN SOLLTE Platz für Geräte (1) ist immer gut; große Gasgrills (2) haben oft Warmhaltebereiche, doch bei einem kleinen Holzkohlengrill (3) ist ein stabiler Beistelltisch unverzichtbar. Rustikale tragbare Grills (4) haben ihren Charme, aber Modelle mit einer Haube und Lüftungsschlitzen sind vielseitiger einsetzbar wie etwa diese Miniversion (5) des klassischen Kugelgrills (6).

1
2
3
4
5
6

DAS BRENNMATERIAL

Holzkohle und -briketts sind inzwischen überall zu bekommen. Wir bevorzugen Holzkohle aus Hartholz; Briketts sind aber auch okay, sie brauchen nur etwas mehr Zeit zum Anbrennen. Hartholz *(siehe Seite 24)* ist ideal für alle, die gern mit Feuer spielen, doch seine Unberechenbarkeit kann eine Herausforderung sein. Zu unseren Lieblingsmethoden gehört es, Holzkohle mit einem einzelnen Holzscheit zu kombinieren *(siehe Seite 30)*. Außerdem ist da natürlich noch Gas *(siehe Seite 25)*. Obwohl es für uns niemals mit den Freuden eines offenen Feuers mithalten kann, so ist es doch zweifellos bequem.

ENTFACHEN SIE IHRE FANTASIE Holz reizt alle, die sich nach einem wirklich urigen Grillerlebnis sehnen, doch auch die traditionelle Holzkohle aus Hartholz hat beim Feuermachen eine lange, bedeutende Tradition.

DAS EINZIG WAHRE Holzkohle aus Hartholz macht das Grillerlebnis schöner. Mit Kohle aus nachhaltiger Waldwirtschaft können Sie auch ein gutes Gefühl dabei haben.

HOLZKOHLE

Das einzig Wahre: Auf traditionelle Weise hergestellte Holzkohle aus Hartholz. Produkten mit einem DIN-Zeichen wurden übrigens alle Schadstoffe entzogen. Sie hat mehrere Vorteile: Sie entzündet sich leicht, reagiert besser auf Veränderungen in der Sauerstoffzufuhr als Briketts, sodass das Feuer besser reguliert werden kann, und (am wichtigsten) sie brennt sauberer und heißer. Nachteile sind: Da es sich einfach um verbranntes Holz handelt, besteht Holzkohle aus unregelmäßigen Stücken. Kleine Kohlenstücke fallen leicht durch das Gitter, und sie verbrennt relativ schnell.

BRIKETTS Diese kleinen kissenförmigen Kohlen bekommt man fast überall. Sie sind preiswert, sauber und bequem und lassen eine gleichmäßige, intensive Hitze entstehen.

HOLZKOHLEBRIKETTS

Bei Briketts handelt es sich nicht um reinen Kohlenstoff, sondern um gemahlene Holzkohle, die mit Bindemitteln in Form gepresst wurde. Sie haben mehrere Vorteile: Man bekommt sie überall zu erschwinglichem Preis. Bei Kugelgrills fallen sie nicht so leicht durch den Rost wie die kleinen Kohlestückchen. Wenn man sie in genügend großer Menge verwendet, lassen sie ein schönes heißes Feuer entstehen, das länger und gleichmäßiger brennt als das mit Kohle und weniger Asche aufwirbelt. Sie sind also vor allem für große Stücke und lange Grillabende geeignet.

HOLZFEUER Obwohl die Hitze, die Holzscheite geben, unberechenbar ist, macht es viel Spaß, mit Holz zu grillen. Ein Scheit in einem Holzkohlefeuer vereint beide Welten.

KRÄUTERZWEIGE Kräuter können mediterranes Flair durch ihren Duft entstehen lassen – doch nur beim Grillen mit Haube geben sie dem Grillgut wirklich Aroma.

HARTHOLZ

Holzscheite sind natürlich das ursprüngliche Brennmaterial zum Grillen. Ihre wichtigsten Eigenschaften: Sie brennen lange, was sehr positiv ist, und sie brennen ungleichmäßig und nicht vorhersehbar, was gut oder schlecht sein kann. Wenn Sie zu den Menschen gehören, die sich gern um ein Feuer kümmern, dann sind Holzscheite richtig für Sie, denn sie müssen beobachtet und viel bewegt werden. Am besten verwendet man abgelagertes Holz. Schnitzel von grünem Holz sind gut, um für etwas zusätzliches Aroma zu sorgen *(siehe rechts)*, doch ein ganzes Feuer aus grünem Holz spritzt und qualmt für ein Grillfeuer zu stark.

ZUGABEN

Holzschnitzel und andere Dinge, die Aroma geben, wie etwa getrocknete Kräuter, eignen sich für langsameres Garen mit Haube wie indirektes Grillen (Barbecuing) und Grillen im Rauch. In diesem Fall liegt das Grillgut ausreichend lange im Rauch, um sein typisches Aroma aufzunehmen. (Sie können sogar Schnittgut von Hartholzbäumen aus Ihrem Garten verwenden. Je grüner es ist, desto stärker die Rauchentwicklung.) Wenn Sie einfach nur grillen, duften diese Zugaben eigentlich nur, statt das Grillgut zu aromatisieren. Und wenn Sie kein Anhänger der Aromatherapie sind, heben Sie diese Zugaben besser für andere Gelegenheiten auf.

GRILLEN MIT GAS

Unsere bisherigen Ratschläge bezogen sich natürlich alle auf Holzkohlengrills. Mit Gasgrills haben wir nicht so viel Erfahrung. Der Grund ist einfach: Wir lieben die Aufregung und Unberechenbarkeit offenen Feuers, und deshalb benutzen wir kein Gas. Doch Schnelligkeit, Komfort und die geringe Rauchentwicklung machen Gasgrills zunehmend beliebter, und auch wenn sie nicht das gleiche Erlebnis wie ein richtiges Feuer bieten, sind sie zweifellos besser als gar nicht zu grillen.

GAREN AUF DEM GASGRILL

Die Rezepte in diesem Buch eignen sich auch für Gasgrills. Sie müssen Ihren Grill nur 15 Minuten vor Grillbeginn (mit geschlossener Haube) vorheizen und ihn auf die gewünschte Temperatur einstellen. Wenn ein Rezept ein »Mehrzonenfeuer« verlangt, lassen Sie, je nach Bauweise des Grills, auf einer Seite, beziehungsweise vorn oder hinten, den Brenner ausgeschaltet.

Eine Haube ist wichtig, um eine gute Grilltemperatur zu erreichen.

Eine große Grillfläche ist das Wichtigste, unabhängig von der Energiequelle.

Der Boden des Grills muss schräg sein, damit Fett ablaufen kann und möglichst wenige Stichflammen entstehen.

Je höher der Preis, desto mehr bequeme Extras bekommen Sie, wie etwa diese Ablageflächen.

Zwei Brenner erlauben zwei Temperaturbereiche, die ein Mehrzonenfeuer nachahmen.

Die Gasflasche ist meist versteckt, aber das Gerät sollte eine Anzeige für den Gasstand haben.

DIE WAHL DES GRILLS

Befolgen Sie die gleichen Regeln wie für einen Holzkohlengrill *(siehe Seite 20)* – nehmen Sie den größten und stärksten Grill, den Sie sich leisten können, damit Sie vieles gleichzeitig garen und gut bräunen können.

WICHTIGES ZUBEHÖR

Die richtige Ausrüstung macht jede Arbeit leichter, und nicht anders ist es beim Grillen. Grundlegend ist, alle notwendigen Geräte zu besitzen und nicht eine Menge unnötiger Sachen herumliegen zu haben. Hier die wichtigsten Dinge. **1. STABILE LANGE FEDERZANGE** Das Werkzeug Nummer eins. Wie eine zusätzliche Hand, die nicht verbrennt, ist sie ideal, um Grillgut auf den Grill zu legen, zu wenden oder wieder herunterzunehmen. Besorgen Sie sich zwei oder drei Zangen, die Sie strategisch im Grillbereich positionieren. Wichtige Eigenschaften: Die Zangen sollten stabil sein, damit sie sich beim Hochheben von schwerem Grillgut nicht verbiegen; sie sollten lange Griffe haben, damit Sie sich bei der Arbeit am Feuer nicht verbrennen; und sie sollten einen Federmechanismus besitzen, damit sie stets einsatzbereit sind. **2. DRAHTBÜRSTE** Bürsten, die man in schicken Grill-Sets findet, sind meist nicht so stabil und effektiv wie Bürsten, die man in Baumärkten zum Abkratzen von Farbe bekommt. Letztere eignen sich wunderbar, um gleich nach dem Grillen den Rost zu reinigen, ehe das Fett erstarrt; so verbrennen herabfallende Speisereste noch auf den heißen Kohlen. Diese Bürste wird Ihr stärkster Verbündeter im Kampf gegen Schmutz sein. Da sie sich abnutzt, kaufen Sie am besten gleich mehrere, vorzugsweise mit stabilen Holzgriffen. **3. ALU-GRILLPFANNEN** Sie sind vielseitig einsetzbar und wunderbar geeignet, um rohe Sachen zum Grill und gegarte vom Grill zum Tisch zu tragen. Zudem sind sie ideal, um z. B. große dicke Schweinekoteletts auf der kühleren Seite des Grills abzudecken und fertig zu garen, denn man kann mit ihnen praktisch einen Mini-Backofen herstellen, ohne die Haube aufsetzen zu müssen. **4. THERMOMETER** Wir halten gern zwei Arten bereit: ein kleines rundes Bratenthermometer, um den Gargrad von einem Braten, einem Hähnchen oder anderem großen

1
2
3
4
TEST
200
180
160
140
120
°F
185 POULTRY
LAMB
PORK
VEAL
HAM
BEEF RARE
Taylor

5
6
7
8
SOL
¡ESPECIAL!
33 cl. 4.1% alc./vol.
MARCA REGISTRADA

Grillgut festzustellen, und ein Backofenthermometer, das in den Grill gelegt werden kann, um bei bestimmten Garmethoden die Temperatur zu messen. **5. ABGESCHRÄGTER WENDER** Auch wenn wir Küchenzangen lieben, so gibt es Dinge wie zarte Fischfilets, die mit einem Wender mit großer Auflagefläche besser gehoben oder gedreht werden können. Durch das abgeknickte Blatt kann man den Wender leichter unter Speisen schieben, und eine große Auflagefläche ist wichtig, damit Speisen nicht herabhängen und brechen. **6. PREISWERTE KÜCHENHANDTÜCHER** Verwenden Sie diese, um heiße Gefäße oder Spieße hochzuheben. Es geht viel schneller, nach ein paar Tüchern zu greifen, als in einen Ofenhandschuh zu schlüpfen. Aber sie dürfen nicht nass sind, denn nasser Stoff ist ein großartiger Wärmeleiter. Natürlich sind sie auch nützlich, um Spritzer wegzuwischen und die Umgebung des Grills sauber zu halten. **7. SPIESSE** Sie sind nicht nur nützlich, um z. B. Kebab zu machen, sondern auch, um kleine Sachen aufzuspießen, die andernfalls vielleicht durch den Grillrost fallen. Manche Leute bevorzugen Metallspieße, weil sie wiederverwendet werden können, andere benutzen aus Bequemlichkeit lieber Holzspieße zum Wegwerfen. Letztere müssen übrigens vor Gebrauch nicht in Wasser gelegt werden. Das Stück der Spieße, das sich im Grillgut befindet, verbrennt nicht, und der freiliegende Teil verbrennt über dem Feuer sowieso. **8. IHR LIEBLINGSGETRÄNK** Neben Grillzangen ist dies vielleicht am allerwichtigsten. Es hilft Ihnen, einen kühlen Kopf zu bewahren, während Sie sich um das Feuer kümmern – ganz wichtig für den Erfolg. Zudem hilft es Ihnen, Ihr Ziel nicht aus den Augen zu verlieren – denn es geht nicht nur darum, köstliches Essen zuzubereiten, sondern auch Spaß zu haben. Wenn Sie Spaß haben, haben auch Ihre Gäste Spaß. So kann das Essen selbst dann ein Erfolg werden, wenn etwas nicht perfekt gelingt. Und da Sie sicher nicht ständig ins Haus laufen möchten, um Nachschub zu holen, sollten Sie einen Eimer mit Eis und Ihrem Lieblingsgetränk bereitstellen, dann können Sie es auch gnädig mit Gästen teilen.

FEUER MACHEN

Je nachdem, was Sie grillen möchten, können Sie entweder aus einem Haufen Holzkohle ein einfaches Feuer machen oder ein Mehrzonenfeuer. Geizen Sie beim Feuermachen nicht mit der Holzkohle. Schließlich geben Sie für das Grillgut mehr aus als für das Brennmaterial, und der Erfolg hängt davon ab, ob das Feuer groß und heiß genug ist.

EIN EINFACHES FEUER

Wenn Sie kleines Grillgut haben, das innen garen soll, ohne auf der Außenseite zu verbrennen, etwa ein Steak oder eine Hähnchenbrust, können Sie direkt über den Kohlen grillen. In diesem Fall verteilen Sie nach den Anweisungen auf Seite 32–33 einfach eine gleichmäßige Schicht Kohlen in der Feuerschale und zünden sie an. Doch selbst bei einem einfachen Feuer empfehlen wir, einen Teil der Feuerschale freizuhalten.

UNSER LIEBLINGSFEUER

Etwas mehr Möglichkeiten hat man beim Grillen, wenn man Holzkohle und einen kleinen Holzscheit verwendet. Wenn die Kohlen ganz durchgeglüht sind, legt man den Scheit vor die Kohlen und schiebt ihn mit der Grillzange über den Boden des Grills, sodass die Kohlen hinter ihm aufgehäuft sind. Wenn der Scheit brennt, hat man die gleichmäßige, kalkulierbare Hitze der Kohlen sowie die lang anhaltende Hitze vom Holz.

EIN MEHRZONENFEUER gewährt eine bessere Kontrolle, wenn z. B. ein dickes Steak gegrillt wird, das außen gut gebräunt sein und innen genau den richtigen Gargrad haben muss.

EIN GROSSER GRILL macht ein Mehrzonenfeuer viel einfacher. Durch die unterschiedlichen Zonen kann man Lebensmittel, die unterschiedliche Temperaturen benötigen, gleichzeitig garen.

MEHRZONENFEUER

Wenn Sie zum Beispiel dicke Koteletts garen, brauchen Sie ein Mehrzonenfeuer. Der Grund ist einfach: Bei einem Feuer mit unterschiedlichen Temperaturbereichen können Sie das Grillgut umlegen, je nachdem, ob es außen stärker gebräunt werden (heißer Bereich) oder innen garen muss, ohne außen zu verbrennen (kühlerer Bereich). Ein solches Feuer zu machen, ist kaum aufwendiger. Man schüttet dazu die Kohlen so auf, dass die Schicht auf einer Seite etwa 7,5 cm dick ist und sich zur anderen Seite hin auf etwa 2,5 cm verjüngt – insgesamt muss das Kohlebett größer sein als die Rostfläche, die das Grillgut belegen wird. Auf diese Weise entstehen verschiedene Temperaturbereiche. Alternativ kann man auch zunächst auf einer Seite des Grills ein Feuer anzünden und, sobald es gut brennt, einen Teil der Kohlen auf die andere Seite schieben. Wir finden: Ein Mehrzonenfeuer ist so einfach zu machen, dass Sie dies immer tun sollten, denn eventuell benötigen Sie unterschiedliche Temperaturbereiche, auch wenn Sie nur mit direkter Hitze grillen. Aber die Entscheidung liegt bei Ihnen.

DAS FEUER ENTFACHEN

DER ANZÜNDKAMIN

Das beste Gerät zum Feuermachen ist der Anzündkamin, ein einfacher Metallzylinder, oben und unten offen, mit einem Griff oben und einen Kranz aus Lüftungsöffnungen am unteren Ende. Innen befindet sich unten ein Gitter. Man setzt den Kamin in die Mitte des Feuerrostes, gibt in den unteren Teil etwas zerknülltes Zeitungspapier, füllt oben Holzkohle auf und zündet die Zeitung an. Die Flammen lodern durch den Kamin nach oben und entzünden die Kohlen. Wenn die Kohlen nach etwa fünf Minuten rot glühen, kippt man sie in den Grill und fügt eine beliebig große Menge weiterer Kohlen hinzu. Diese Methode geht schnell und ist einfach.

ANDERE MÖGLICHKEITEN

Natürlich gibt es noch andere Möglichkeiten, das Feuer in Gang zu bringen. Grillanzünder sind eine tragbare Wahl, sofern man erst mit dem Grillen beginnt, wenn die Kohlen völlig durchgeglüht sind (was man ohnehin tun sollte). Eine weitere Möglichkeit ist ein elektrischer Anzünder, der aus einem dicken, ovalen Heizelement mit Kunststoffgriff besteht. Man legt ihn auf den Kohlerost, häuft Holzkohle darauf und steckt

METHODEN ZUM ANZÜNDEN

ANZÜNDKAMIN Dies ist eines jener wunderbaren Geräte, die einfach, aber absolut effektiv sind. Man zündet unten Papier an – die Flammen lodern dann nach oben und entzünden die Kohlen.

FLÜSSIGER ANZÜNDER Er verleiht Grillgut angeblich einen chemischen Geschmack, deshalb mit dem Grillen warten, bis er ganz verbrannt ist. Nie aus der Flasche in die Glut gießen!

ELEKTRISCHER ANZÜNDER Sobald das Heizelement die Kohle entzündet hat, zieht man den Stecker und legt den Anzünder unerreichbar für Kinder zum Abkühlen auf eine feuerfeste Unterlage.

WARTEZEIT Wenige brennende Kohlen entzünden auch den Rest. Wenn die Flammen verlöschen und weiße Asche die Kohle bedeckt, steigt die Hitze, bis alle Kohlen grau sind.

den Stecker in die Steckdose. Wenn das Heizelement zu glühen beginnt, entzündet es die umliegenden Kohlen.

WENN DAS FEUER BRENNT

Denken Sie daran, dass es nicht nötig ist, alle Kohlen gleichzeitig anzuzünden. Selbst wenn Sie nur ein Stück Kohle zum Brennen bringen, wird es bald seinen Nachbarn entzünden und dieser wiederum seine Nachbarn und so weiter. Das Feuer braucht 20–30 Minuten, bis die Kohlen mit feiner grauer Asche bedeckt sind. Wenn die Glut die für Ihr Grillgut geeignete Temperatur erreicht hat *(siehe nächste Seite)*, kann gegrillt werden.

UMGANG MIT DEM FEUER

DIE TEMPERATUR PRÜFEN

Wenn die Kohlen komplett mit grauer Asche bedeckt sind, halten Sie Ihre Hand in etwa 12 cm Höhe über die Glut. Zählen Sie, wie viele Sekunden dies angenehm ist.

1–2 Sekunden = **hohe** Temperatur
3–4 Sekunden = **mittlere** Temperatur
5–6 Sekunden = **niedrige** Temperatur

Die Hitze ist am stärksten, wenn alle Kohlen grau sind. Beginnen Sie daher zeitig, die Temperatur zu prüfen. Wenn Sie ein heißes Feuer brauchen und dieses verpasst haben, legen Sie noch einmal Kohlen nach.

BEI ALLEN REZEPTEN ist die notwendige Hitze angegeben. Daher ist es wichtig, die Temperatur des Feuers zu prüfen, ehe das Grillgut auf den Grill gelegt wird.

AUFFLACKERNDE FLAMMEN

Viele Leute halten eine Spritzflasche mit Wasser bereit, um aufflackernde Flammen zu ersticken. Das ist falsch. Denn wenn Sie dies tun, wirbeln Sie dadurch Asche auf, die sich auf dem Grillgut absetzt. Legen Sie stattdessen, wenn Flammen aufflackern – was unweigerlich passiert, wenn Sie fettreiche Lebensmittel direkt über den Kohlen garen – das Grillgut einfach an eine Stelle, unter der sich keine Kohlen befinden, und wieder zurück, sobald die Flammen erloschen sind.

FLAMMEN FLACKERN auf, wenn Fett in die Glut tropft. Wenn dies geschieht, legt man das Grillgut über den »toten Bereich« des Feuers. Die Flammen werden dann rasch verlöschen.

SETZEN SIE DIE HAUBE nur beim indirekten Grillen, also beispielsweise beim Barbecuen, auf, bei dem sich das Grillgut nicht direkt über den Kohlen befindet.

UMGANG MIT DER HAUBE

Es ist wichtig, die Grillhaube richtig zu benutzen. Das heißt – ungeachtet der meisten Gebrauchsangaben –, Sie sollten die Haube nur auf den Grill setzen, wenn Sie lange indirekt grillen, niemals jedoch, wenn das Grillgut direkt über den Kohlen liegt. In letzterem Fall tropft häufig Fett in die Glut, das mit beißendem Rauch verbrennt. Ist der Grill offen, verzieht sich der Rauch, unter der Haube aber wird das Grillgut in diesem unangenehmen Rauch gebadet, der zwar nicht schädlich ist, aber den Speisen ein unerwünschtes Aroma gibt. Beim Garen im Rauch tropft kein Fett in die Glut, und das Grillgut ist ohnehin so lange dem Rauch der Kohlen ausgesetzt, dass keine schlechte Aromen entstehen.

RÜSTEN SIE SICH FÜR NOTFÄLLE und halten Sie etwas bereit, mit dem Sie das Feuer löschen können. Auch wenn Sie es vielleicht nie brauchen, gibt es Ihnen beim Grillen Sicherheit.

SICHERHEIT

Grillen macht Spaß, und Sie möchten es entspannt genießen. Trotzdem müssen Sie auf Sicherheit achten. Schließlich handelt es sich hier um offenes Feuer. Stellen Sie Ihren Grill deshalb an einem freien Platz auf ebenem Boden auf, fern von Mauern, Zäunen, Dachtraufen, Baumzweigen und allem anderen, was Feuer fangen könnte. Zünden Sie das Feuer niemals mit Benzin an, und sprühen Sie nie flüssigen Anzünder auf brennende Kohlen. Wir halten beim Grillen (diskret versteckt) stets einen Feuerlöscher bereit. Falls Sie keinen besitzen, tun es auch ein Gartenschlauch oder ein Eimer mit Sand. Halten Sie Kinder und Hunde vom Grillbereich fern. Und löschen Sie nach dem Grillen das Feuer.

WANN IST DAS GRILLGUT GAR?

Da jedes Feuer ein wenig anders ist, handelt es sich bei den Garzeiten in den Rezepten nur um unsere Erfahrungswerte. Daher ist es die vielleicht wichtigste Fertigkeit eines Grillkochs, zu wissen, wann das Gegrillte gar ist. Welche Methode Sie auch anwenden *(siehe Seite 37)*, das Überprüfen des Gargrades ist unverzichtbar, und Sie sollten es frühzeitig und oft tun. Es gibt nur ein relativ kleines Zeitfenster für den perfekten Gargrad, und Sie müssen den richtigen Zeitpunkt abpassen.

IST DAS ESSEN GAR?

Wie Sie es auch prüfen, denken Sie daran, dass das Grillgut noch nachgart, wenn Sie es vom Grill genommen haben.

- Nehmen Sie **Steaks** herunter, wenn sie noch nicht ganz den Gargrad erreicht haben, den Sie mögen, z. B. wenn sie rare aussehen, Sie die Steaks aber medium-rare haben möchten. Dies gilt auch für dicke **Koteletts** und saftige **Braten** aus rotem Fleisch.
- Nehmen Sie **Fisch** vom Grill, wenn er innen noch ganz leicht glasig ist, da Fisch (oder **Garnelen**) in der Mitte gerade durchgegart sein sollten.
- Bei **Hähnchenfleisch** gelten die oben genannten Regeln nicht. Lassen Sie es auf dem Grill, bis es ganz durchgegart und in der Mitte, vor allem nahe der Knochen, nicht mehr rosa ist.

NACHGAREN Beginnen Sie mit dem Prüfen des Gargrades, bevor Sie glauben, dass das Grillgut gar ist. Es gart noch weiter, nachdem es vom Grill genommen wurde. Wenn Fleisch anschließend ruhen muss, decken Sie es mit einer Alu-Grillpfanne oder mit Alufolie ab, damit es warm bleibt.

1. DIE »HANDMETHODE«

Eiweiß wird beim Garen zunehmend fester. Erfahrene Köche können den Gargrad von Fleisch (und Geflügel oder Fisch) feststellen, indem sie einfach mit dem Finger daraufdrücken. Je fester es ist, desto garer. Hilfreich ist es auch, zu wissen, dass z.B. »rare« der Festigkeit des Zwickels zwischen Daumen und Zeigefinger (A) entspricht und »well-done« der des Daumenballens (B). Diese Methode erfordert viel Praxis, aber es lohnt sich, sie zu erlernen.

2. DIE »SCHNEIDEMETHODE«

Absolut praktisch, absolut zuverlässig: Sie nehmen einfach ein Stück vom Grillgut, schneiden es mit einem Messer etwas ein, sodass Sie ins Innere sehen können, und prüfen den Gargrad. Das ist alles. Viel einfacher oder genauer geht es nicht. Und machen Sie sich keine Sorgen, dass durch das Einschneiden zu viel Saft austritt. Das bisschen Saft, das dabei vielleicht verloren geht, ist es wert, wenn man dann kein rohes oder verbranntes Grillgut serviert.

3. BRATENTHERMOMETER

Bei großen Fleischstücken oder ganzem Geflügel – eigentlich allem, was Sie auf dem Grill richtig braten – messen Sie die Temperatur am besten im Inneren. Bei einem Braten stechen Sie das Thermometer ganz durch das Stück, ziehen es dann bis zur Mitte zurück und lesen ab. Bei Geflügel stechen Sie das Thermometer schräg so in den Bereich zwischen einem Schenkel und der Brust, dass es sich an der dicksten Stelle des Schenkels befindet.

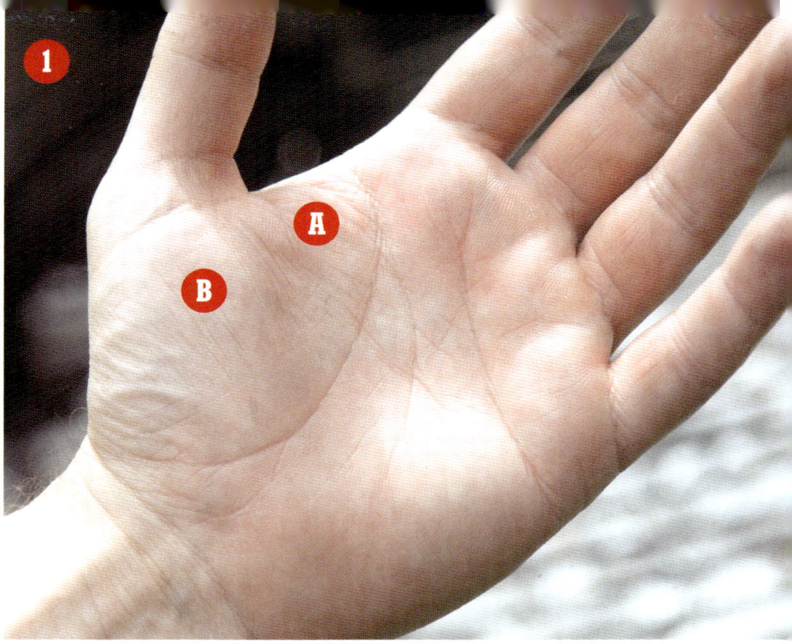

WÜRZEN

Der einzigartige Geschmack von Gegrilltem lebt von der Vielzahl von Zutaten, die das Aroma noch weiter heben – von Chilischoten, Kräutern und Gewürzen über Würzpasten und Gewürzmischungen bis hin zu Glasuren und einer erstaunlichen Vielfalt an Relishes, Salsas, Chutneys und Sambals, von traditionellen Grillsaucen ganz zu schweigen. Und natürlich schmeckt alles Gegrillte noch besser, wenn es richtig gesalzen und gepfeffert ist.

SALZ

Gibt man die richtige Menge Salz an ein Gericht, entfalten sich alle anderen Aromen, wirken harmonischer zusammen und bekommen einen runderen Geschmack. Mit anderen Worten: Das Gericht schmeckt besser. Nach unserer Erfahrung verwenden die meisten Leute zu wenig Salz. Seien Sie etwas großzügiger, und Sie werden feststellen, dass sich Ihre Kochkunst verbessert. Wir verwenden lieber grobes Salz als Tafelsalz. Gut ist auch grobes Meersalz mit großen Kristallen; so kann man es, wenn man es mit den Fingern an Speisen gibt, leichter dosieren.

PFEFFER

Es geht nichts über frisch gemahlenen Pfeffer, der zehn Mal mehr Aroma hat als bereits gemahlener gekaufter Pfeffer. Wir mahlen Pfeffer lieber grob, sodass Aroma und Schärfe der Stückchen im Mund regelrecht explodieren, wenn man daraufbeißt. Wie Salz sollte man auch Pfeffer großzügig verwenden. Zum Mahlen kleiner Mengen reicht eine Pfeffermühle aus. Braucht man mehr als einige Esslöffel, kann man die Körner entweder mit dem Boden eines schweren Topfes zerdrücken oder sie grob in einer sauberen Kaffeemühle mahlen.

KRÄUTER

Die frischen Aromen von Kräutern sind unübertrefflich. Wenn es in einem traditionellen Rezept steht, verwenden wir auch mal getrocknete Kräuter; wir bevorzugen aber frische, denn sie haben mehr Geschmack. Besonders gern geben wir sie am Ende der Garzeit dazu, um den Gerichten noch mehr Aroma zu geben. Zudem lieben wir die südostasiatische Sitte, frische Kräuter als Gemüse zu verwenden.

CHILISCHOTEN

Chilischoten sind die vielleicht aufregendste aller Aromazutaten, und sie verleihen Gerichten nicht nur Schärfe, sondern auch eine schöne Vielschichtigkeit. Die schier endlose Vielfalt an Chilis kann verwirrend sein. Wahre Chilifreunde sollten alle Sorten probieren. Den anderen empfehlen wir, eine Sorte zu verwenden, die gut erhältlich ist, sich mit ihr vertraut zu machen und sie zu verwenden, wo Chilis im Rezept stehen.

GEWÜRZE

Gewürze sind wichtig, wenn man ein Alltagsgericht aufpeppen möchte. Und am meisten mögen wir an gegrillten Speisen, dass sie sich gegen die Intensität der Gewürze behaupten können. Am besten kauft man Gewürze ganz und mahlt sie selbst, weil sie dann viel mehr Aroma haben. Wer bereits gemahlene Gewürze kauft, sollte sie nicht zu lange lagern, da sie schon nach wenigen Monaten beträchtlich an Aroma verlieren. Wir rösten Gewürze, vor allem Kreuzkümmel und Koriander, häufig, denn so bekommen sie noch mehr Aroma.

WANN GEWÜRZT WIRD

Wir salzen unser Grillgut meist, ehe es auf das Feuer kommt, auch wenn manche Experten sagen, dass Salz Wasser entzieht. Unserer Meinung nach wird dies durch die Tatsache, dass Salz und Grillgut aufeinander einwirken können und dadurch die Aromen intensiver werden, mehr als ausgeglichen. Bei anderen Aromazutaten, die vor dem Grillen verwendet werden, nehmen wir Würzmischungen und Pasten lieber als Marinaden, da sie ein intensiveres Aroma geben und in der letzten Minute aufgetragen werden können. Zudem glasieren wir Grillgut gern, vor allem Schweinefleisch und Geflügel. Und wir grillen nur selten, ohne eine selbst zubereitete – würzige oder zarte, feurige oder kühlende – Beilage zu servieren, die bei Tisch für noch mehr Aroma sorgt.

BEREITEN SIE Würzmischungen und Relishes selbst zu. So sind sie superfrisch und aromatisch.

EINE TROCKENE WÜRZMISCHUNG kann mit Öl zu einer Paste verrührt werden, die gut am Grillgut haftet.

WÜRZMISCHUNGEN UND PASTEN

Schnell und effektiv kann man Grillgut herrlich intensive Aromen verleihen, indem man es vor dem Grillen in einer Würzmischung wendet. Ob trockene Mischungen oder feuchte Pasten – alle sind wunderbar, da die starke Hitze des Feuers sie auf der Außenseite des Grillgutes in eine herrlich aromareiche Kruste verwandelt. Zudem kann man sie im Voraus zubereiten, sodass man sie dann in der letzten Minute vor dem Grillen auftragen kann. Wenn Sie Ihre Lieblingsmischung im Vorrat haben, sind Sie eigentlich jederzeit zum Grillen bereit.

EIN NORMALER PINSEL eignet sich für die harte Grillwelt besser als ein Backpinsel und hält auch länger.

GLASUREN

Wohl jeder mag eine glänzende, leicht klebrige, aromatische Glasur auf Gegrilltem. Achten Sie jedoch sorgfältig darauf, dass Sie diese erst während der letzten Minuten der Garzeit auftragen, denn die meisten Glasuren enthalten Zucker in irgendeiner Form – entweder Haushaltszucker oder andere zuckerhaltige Zutaten wie Orangensaft, Honig, Sirup oder Johannisbeergelee –, und wenn man sie zu früh aufträgt, verbrennt der Zucker anstatt zu karamellisieren. Übrige Glasur kann dann als Sauce zum Hauptgericht serviert werden.

TRADITIONELLE WÜRZEN wie Senf bekommen durch die Zugabe von Trockenfrüchten, z.B. Aprikosen, mehr Pfiff.

BEILAGEN

In Europa werden Gerichte gerne mit Saucen gereicht, für die der Bratensatz in Topf oder Pfanne, worin Fleisch oder Fisch gegart wurden, abgelöscht wird. Das ist beim Grillen natürlich nicht möglich. Doch Köche in tropischen Regionen, wo Grillen die häufigste Garmethode ist, haben eine Vielzahl von Obst- und Gemüsemischungen erfunden, die sie zu gegrillten Speisen reichen. Diese originellen Beilagen – beispielsweise Salsas, Chutneys, Sambals oder Relishes – bringen eine Fülle intensiver Aromen auf den Tisch.

STEAKS, KOTELETTS & RIPPCHEN

FEUER UND FLEISCH SIND FÜREINANDER GESCHAFFEN. IN DIESEM KAPITEL FINDEN SIE REZEPTE FÜR JEDE ART VON ROTEM FLEISCH, VON EINFACHEN STEAKS BIS ZU SAFTIGEN RIPPCHEN. AUSSERDEM WÜRZMISCHUNGEN, PASTEN UND RELISHES, DIE ES NOCH LECKERER MACHEN. UND DARUM GEHT ES JA BEIM GRILLEN.

PFEFFRIGES RIBEYE-STEAK

MIT KÄSE-PEKANNUSS-BUTTER

Für uns ist das Ribeye-Steak der König der Steaks, die perfekte Kombination aus Geschmack und Zartheit. Am liebsten bereiten wir dieses Steak mit einem dicken Überzug aus frisch gemahlenem schwarzem Pfeffer und Chiliflocken zu und servieren es mit Butter, die wir mit Blauschimmelkäse und gerösteten Pekannüssen vermischt haben.

Für 4 Personen

FLEISCH

60 g frisch gemahlener schwarzer Pfeffer
60 g grobes Salz
1 EL Chiliflocken
4 Ribeye-Steaks ohne Knochen à 350–400 g, etwa 2,5 cm dick
2 EL Olivenöl

BUTTER

1 EL gehackte Pekannusskerne
60 g weiche Butter
60 g zerkrümelter Blauschimmelkäse
1 TL frisch gepresster Zitronensaft

Zum Rösten der Pekannüsse den Backofen auf 180 °C vorheizen. Die Nüsse auf einem Backblech verteilen und 5–10 Minuten rösten, bis sie goldbraun sind. Dabei regelmäßig überprüfen. Abkühlen lassen.

Butter, Käse, Nüsse und Zitronensaft in einer kleinen Schüssel sorgfältig vermischen. Die Buttermischung auf ein Stück Butterbrotpapier oder Frischhaltefolie geben, zu einer Rolle formen, einwickeln und im Kühlschrank hart werden lassen. (Die Butter hält sich im Kühlschrank aufbewahrt eine Woche, im Tiefkühlschrank mehrere Monate.)

Im Grill ein Feuer anzünden. Wenn die Kohlen durchgeglüht sind, keine Flammen mehr züngeln und die Temperatur im oberen Bereich liegt *(siehe Seite 34)*, kann gegrillt werden.

Pfeffer, Salz und Chiliflocken in einer kleinen Schüssel sorgfältig vermischen. Die Steaks rundum mit Öl einpinseln und großzügig mit der Gewürzmischung überziehen. Die Mischung behutsam andrücken, damit sie haften bleibt.

Die Steaks über der heißesten Stelle des Feuers auf den Grill legen und grillen, bis sie gut gebräunt sind – nach etwa 6–8 Minuten pro Seite sind sie rare. Zur Garprobe mit dem Finger auf die Steaks drücken *(siehe Seite 37)*. Im Zweifelsfall ein Steak an der dicksten Stelle einschneiden. Es sollte noch nicht ganz den gewünschten Gargrad haben, da es noch nachgart.

Während die Steaks auf dem Grill liegen, die gekühlte Butter in 5 mm dicke Scheiben schneiden. Wenn die Steaks fertig sind, auf jedes 1 oder 2 Scheiben Butter legen, sodass die Butter zu zerlaufen beginnt, wenn Sie die Steaks servieren.

KUBANISCHE SCHWEINERIPPCHEN

MIT WÜRZIGER MANGOSAUCE

Wenn Sie schon mal in der Karibik gewesen sind, wissen Sie, dass es dort viele hartgesottene Griller gibt. Sie bereiten ihre Rippchen gerne mit etwas anderen Aromen zu, als wir im Norden es normalerweise tun. Wir finden das großartig, denn wir mögen es, wie Limette, Knoblauch, Chilischoten und süße Mango die rauchigen Rippchen ergänzen. Dies funktioniert auch bei der »Mogelmethode« für unsere im Backofen gegarten Memphis-Rippchen auf Seite 68, mit denen Sie den Geschmack der Karibik selbst an Tagen auf den Tisch bringen, an denen Sie den Grill nicht herausholen können.

Für 4–6 Personen

FLEISCH

4 EL gemahlener Annatto (siehe Seite 64; ersatzweise Paprikapulver)
2 EL gemahlener Kreuzkümmel
2 EL grobes Salz
2 EL frisch gemahlener schwarzer Pfeffer
2 EL fein gehackter Knoblauch
2 Seiten Spareribs (Schweinerippchen) à etwa 1,35 kg
2 EL Olivenöl

SAUCE

1 reife Mango, geschält, entsteint und fein gewürfelt
120 ml Olivenöl
4 EL Essig
Saft von 2 Limetten (etwa 4 EL)
4 EL grob gehacktes Koriandergrün
2 EL fein gehackte frische Chilischote
1 EL fein gehackter Knoblauch
grobes Salz und frisch gemahlener schwarzer Pfeffer

Auf einer Seite des Grills mit so viel Kohlen, wie in einen halben Schuhkarton passen würden, ein Feuer entzünden.

Den Annatto mit Kreuzkümmel, Salz, Pfeffer und Knoblauch in einer kleinen Schüssel sorgfältig vermischen. Die Rippchen mit Öl einpinseln und rundum mit der Gewürzmischung überziehen. Die Mischung behutsam andrücken, damit sie haften bleibt.

Wenn die Kohlen durchgeglüht sind, die Rippchen abseits der Kohlen auf den Grill legen, dabei darauf achten, dass nichts direkt über den Kohlen liegt. Die Haube auf den Grill setzen, die Lüftungsschlitze zu einem Viertel öffnen. Das Fleisch 3–4 Stunden garen, bis beim Einstechen mit einer Gabel klarer Saft austritt und sich das Fleisch leicht vom Knochen löst. Dabei etwa alle 30 Minuten eine Handvoll Kohle nachlegen.

In der Zwischenzeit die Zutaten für die Sauce in einer kleinen Schüssel sorgfältig vermischen. Die Sauce beiseitestellen.

Das fertig gegarte Fleisch vom Grill nehmen. Die Rippchen zerteilen und servieren, die Sauce dazu reichen.

GRIECHISCHES LAMMKARREE

MIT SALAT VON GEGRILLTER PAPRIKA

Mit gegrilltem Lamm assoziieren wir gegrillte Paprikaschoten und bei diesen denken wir an Feta. Hier führen wir alles zusammen, indem wir eine Mischung aus gegrillten Paprikaschoten, Rosmarin, Feta, Zitrone und Petersilie auf das Lammkarree geben.

Für 4 Personen

FLEISCH

2 Lammkarrees à 350–400 g
2 EL Öl
grobes Salz und frisch gemahlener schwarzer Pfeffer
3 EL grob gehackter frischer Rosmarin

SALAT

4 EL bestes Olivenöl
Saft von 1 Zitrone (etwa 4 EL)
4 EL grob gehackte frische Petersilie
120 g Fetakäse, fein gewürfelt oder zerkrümelt
grobes Salz und frisch gemahlener schwarzer Pfeffer
2 rote, gelbe oder orangefarbene Paprikaschoten, längs halbiert und entkernt
1 EL Öl

Auf einer Seite des Grills mit so vielen Kohlen, wie in einen großen Schuhkarton passen würden, ein Feuer anzünden. Wenn keine Flammen mehr züngeln, die Kohlen mit weißer Asche bedeckt sind und die Temperatur im mittleren Bereich liegt *(siehe Seite 34)*, kann gegrillt werden.

Die Lammkarrees mit 2 EL Öl einpinseln und großzügig salzen und pfeffern. Den Rosmarin daraufstreuen und andrücken, damit er haften bleibt.

Die Karrees mit der Fettschicht nach oben nahe am Rand des Feuers über den Kohlen auf den Grill legen. Sobald die Unterseite gut gebräunt ist (nach etwa 15 Minuten), die Karrees wenden und diese Seite etwa 15 Minuten garen, bis sie gebräunt ist – dabei genau beobachten, ob Flammen aufflackern. Dann das Fleisch auf die andere Seite des Grills legen, bis keine Flammen mehr züngeln. Zur Garprobe mit dem Finger auf das Fleisch drücken *(siehe Seite 37)*. Oder ein Bratenthermometer in die dickste Stelle stecken und nach 5 Sekunden ablesen. Bei 49 °C ist das Fleisch rare, bei 52 °C medium-rare (so mögen wir es), bei 57 °C medium, bei 65 °C medium-well und bei 71 °C well done. Ist das Fleisch wie gewünscht gegart, vom Grill nehmen, locker mit Alufolie abdecken und 10 Minuten ruhen lassen.

Während das Fleisch auf dem Grill liegt, Olivenöl, Zitronensaft und Petersilie in einer kleinen Schüssel verschlagen. Den Feta, Salz und Pfeffer hinzufügen. Die Mischung beiseitestellen.

Ist das Fleisch fast gar, die Paprikahälften mit Öl bepinseln, salzen und pfeffern und direkt über den Kohlen auf jeder Seite 2–3 Minuten grillen, bis sie goldbraun sind, aber noch Biss haben – nicht schwarz werden lassen. Die Schoten in 1 cm breite Streifen schneiden, in die Schüssel mit dem Feta geben und behutsam unterheben.

Die Lammkarrees in einfache oder doppelte Koteletts schneiden, auf einer Platte anrichten und den Paprikasalat darauf verteilen.

SCHWEINEKOTELETTS MIT PFIRSICH-SALSA

Wir mögen Gewürzmischungen lieber als Marinaden, da sie dem Grillgut mehr Aroma verleihen, in letzter Minute aufgetragen werden können und eine schöne Kruste entstehen lassen. Hier reiben wir Schweinekoteletts mit einer einfachen Gewürzmischung nach lateinamerikanischer Art ein und servieren sie mit einer frischen Salsa (Würzsauce). Die bekommt ihre Schärfe vom Chipotle-Chili, einer Chilischote, bei der Schärfe und Aroma wunderbar ausgewogen sind. Probieren Sie das Rezept im Spätsommer aus, wenn die Pfirsiche das beste Aroma haben.

Für 4 Personen

FLEISCH

4 Schweinestielkoteletts à etwa 350 g, 2,5 cm dick

2 EL Olivenöl

GEWÜRZMISCHUNG

1 EL gemahlener Kreuzkümmel
1 EL gemahlener Koriander
1 EL Chilipulver
grobes Salz und frisch gemahlener schwarzer Pfeffer

SALSA

3 reife, feste Pfirsiche, entsteint und fein gewürfelt
4 EL fein gewürfelte rote Zwiebel
1 EL Chipotle-Chilischote in Adobo-Sauce, zerdrückt
Saft von 3 Limetten (etwa 5 EL)
5 EL grob gehacktes Koriandergrün
grobes Salz und frisch gemahlener schwarzer Pfeffer

Im Grill ein Feuer anzünden. Wenn die Kohlen durchgeglüht sind, keine Flammen mehr züngeln und die Temperatur im mittleren Bereich liegt *(siehe Seite 34)*, kann gegrillt werden.

Während der Grill angeheizt wird, die Zutaten für die Gewürzmischung in einer kleinen Schüssel sorgfältig vermengen. Die Koteletts dünn mit Öl einpinseln und großzügig mit der Gewürzmischung überziehen. Die Koteletts beiseitestellen und die Salsa zubereiten.

Für die Salsa Pfirsiche, Zwiebeln, Chili, Limettensaft, Koriander, Salz und Pfeffer in einer Schüssel sorgfältig vermischen. Die Salsa beiseitestellen.

Die Koteletts über den Kohlen auf den Grill legen und grillen, bis sie fast den gewünschten Gargrad erreicht haben, zwischendurch einmal wenden – nach 10–12 Minuten auf jeder Seite sind sie medium. Zur Garprobe mit dem Finger auf das Fleisch drücken *(siehe Seite 37)*. Im Zweifelsfall ein Kotelett an der dicksten Stelle einschneiden. Da das Fleisch noch nachgart, sollte es innen noch nicht ganz so gar sein, wie Sie es mögen.

Die Koteletts heiß servieren, die Salsa dazu reichen.

TACOS MIT GLASIERTEM STEAK
UND MARINIERTEN AVOCADOS

Rindfleisch vom Bauchlappen (wird auch als »Dünnung« als Suppenfleisch verkauft) ist eines der am meisten unterschätzten Fleischstücke. Es ist einfach zuzubereiten und hat eine einzigartige Kombination aus magerem Fleisch und Fett, die es zart und aromatisch zugleich macht. Zudem behauptet es sich gut gegen die intensiven Aromen, die wir so lieben, wie hier die lateinamerikanischen Zutaten. Für die Glasur eignet sich auch Chilipulver, wir empfehlen aber Chipotle-Chilis, die eine wunderbar rauchige Schärfe besitzen.

Für 4 Personen

FLEISCH

1 kg parierter Rinder-Bauchlappen, in 4 Stücke geschnitten (beim Metzger vorbestellen)

1 große rote Zwiebel, geschält und 1 cm dicke Ringe geschnitten (Ringe nicht trennen)

4 EL Olivenöl

4 EL Kreuzkümmelsamen

1 EL Paprikapulver

grobes Salz und frisch gemahlener schwarzer Pfeffer

AVOCADOS

Saft von 6 Limetten (etwa 180 ml)

4 EL grob gehacktes Koriandergrün

grobes Salz und frisch gemahlener schwarzer Pfeffer

GLASUR

250 ml frisch gepresster Orangensaft

120 ml Essig

1 EL Tomatenmark

1 EL fein gehackte Chipotle-Chilischote oder 1 EL Chilipulver

TACOS

12 Maistortillas, 15–20 cm groß

Für die Glasur Orangensaft, Essig, Tomatenmark und Chilischote in einem Topf vermischen und auf dem Herd zum Kochen bringen. Die Mischung bei mittlerer Hitze 30–40 Minuten kräftig köcheln lassen, bis sie um zwei Drittel reduziert und leicht sirupartig ist. Vom Herd nehmen und auf Zimmertemperatur abkühlen lassen.

Inzwischen die Avocados halbieren, entsteinen und schälen. Die Hälften in dünne Scheiben schneiden. Avocadoscheiben, Limettensaft und Koriander salzen und pfeffern und behutsam, aber sorgfältig durchheben, dann in eine Schüssel füllen und beiseitestellen.

Im Grill ein Feuer anzünden. Wenn die Kohlen durchgeglüht sind, keine Flammen mehr züngeln und die Temperatur im hohen Bereich liegt *(siehe Seite 34)*, kann gegrillt werden.

Steaks und Zwiebelringe mit Olivenöl einpinseln und gleichmäßig mit Kreuzkümmel, Paprikapulver, Salz und Pfeffer bestreuen. Die Steaks direkt über den Kohlen auf den Grill legen und grillen, bis sie fast den gewünschten Gargrad erreicht haben (für medium-rare auf jeder Seite 4–5 Minuten). Während der jeweils letzten 45 Sekunden Garzeit die Steaks großzügig mit Glasur bepinseln. Gleichzeitig die Zwiebeln am Rand braten.

Zur Garprobe mit dem Finger auf die Steaks drücken *(siehe Seite 37)*. Im Zweifelsfall ein Steak an der dicksten Stelle einschneiden. Da es noch nachgart, sollte es innen nicht ganz so gar sein, wie Sie es mögen. Die Steaks auf ein Brett heben, locker mit Alufolie abdecken und 5 Minuten ruhen lassen, dann schräg zur Faser in dünne Scheiben schneiden. Die Scheiben auf einer Platte anrichten und mit der restlichen Glasur beträufeln.

Während die Steaks ruhen, die Tortillas an den Rändern des Grills ungefähr 1 Minute grillen, bis sie weich und biegsam sind, dabei etwa alle 10 Sekunden wenden. Die warmen Tortillas aufeinander gelegt in eine große Serviette oder in Alufolie wickeln und mit Avocados und Fleisch servieren, sodass sich Ihre Gäste die Tacos selbst zusammenstellen können *(siehe Seite 54–55)*.

SCHWEINELENDE

MIT CHILI-MAIS-SALSA

Neben Scotch Bonnets mögen wir Chipotle-Chilis am liebsten. Ihr intensives, rauchiges, geradezu unbeschreibliches Aroma macht Schweinelende zu einem würzigen, aromareichen Genuss. Wenn Sie getrocknete Schoten verwenden, müssen diese zunächst etwa 20 Minuten in kochend heißem Wasser quellen, damit sie weich werden. Die Salsa passt auch zu fast jedem anderen Gericht aus Schweinefleisch.

Für 4 Personen

FLEISCH

2 Schweinelenden à etwa 450 g
grobes Salz und frisch gemahlener schwarzer Pfeffer
125 g grob gehackte Chipotle-Chilischoten, in Adobo-Sauce eingelegt (ersatzweise getrocknete Chilischoten, in heißem Wasser eingeweicht und Adobo-Paste, Rezept Seite 189)

SALSA

grobes Salz
2 kleine zarte Maiskolben, Hüllblätter und Fäden entfernt
2–3 scharfe grüne Chilischoten (z. B. Vogelaugen-Chilis), fein gewürfelt
½ kleine Tomate, entkernt und fein gewürfelt
Saft von 2 Limetten (etwa 4 EL)
2 EL grob gehacktes Koriandergrün
1 TL gemahlener Kreuzkümmel
frisch gemahlener schwarzer Pfeffer

Den Mais blanchieren: Auf dem Herd in einem großen Topf Salzwasser zum Kochen bringen und die Kolben mindestens 20 Minuten garen. Nach dem Abtropfen etwas abkühlen lassen, dann die Körner vom Kolben schneiden.

Im Grill ein Feuer anzünden. Wenn die Kohlen durchgeglüht sind, keine Flammen mehr züngeln und die Temperatur im mittleren Bereich liegt *(siehe Seite 34)*, kann gegrillt werden.

Die Schweinelenden nach Geschmack salzen und pfeffern, rundum mit Chilis und Adobosauce einreiben und direkt über den Kohlen auf den Grill legen. Die Lenden grillen, bis sie den gewünschten Gargrad erreicht haben, dabei alle 3–4 Minuten wenden, damit sie gleichmäßig garen (nach 12–15 Minuten ist das Fleisch medium). Zur Garprobe mit dem Finger auf das Fleisch drücken *(siehe Seite 37)*. Im Zweifelsfall zum Prüfen das Fleisch an der dicksten Stelle einschneiden. Da es noch nachgart, sollte es nicht ganz so durch sein, wie Sie es mögen. Die Lenden auf eine Platte heben, locker mit Alufolie abdecken und 5–10 Minuten ruhen lassen.

In der Zwischenzeit die Maiskörner mit den anderen Salsa-Zutaten in einer Schüssel vermischen und die Salsa beiseitestellen.

Die Schweinelenden quer in 1 cm dicke Scheiben schneiden, auf einer Platte anrichten und etwas Salsa darübergeben, dann servieren. Restliche Salsa getrennt dazu reichen.

ROSMARIN-STEAK MIT ZWIEBEL-CHUTNEY

Steak vom Grill ist der Klassiker schlechthin und das aus gutem Grund. Das intensive Aroma von Rindfleisch ist die ideale Basis für eine rauchige Kruste vom Grill. In diesem einfachen Rezept kommen noch etwas Rosmarin und Knoblauch sowie ein leckeres Zwiebel-Chutney dazu. Da sich das Chutney abgedeckt im Kühlschrank zehn Tage hält, können Sie während der Grillsaison gleich die doppelte Menge zubereiten. Es passt auch zu Schweinefleisch und Hamburgern.

Für 4 Personen

FLEISCH

3 EL grob gehackter frischer Rosmarin
3 EL Olivenöl
1 Knoblauchzehe, geschält
1 EL grobes Salz
1 EL frisch gemahlener schwarzer Pfeffer
4 parierte Sirloin-Steaks (Lendensteaks) ohne Knochen à 350–400 g, 3–4 cm dick

ZWIEBEL-CHUTNEY

1 Knoblauchknolle
3 EL Olivenöl
grobes Salz und frisch gemahlener schwarzer Pfeffer
2 mittelgroße rote Zwiebeln, geschält und in dünne Scheiben geschnitten
4 EL Balsamico-Essig
1 EL Rohrzucker

Für das Chutney den Backofen auf 150 °C vorheizen. Das obere Viertel der Knoblauchknolle abschneiden, auf ein Stück Alufolie setzen und 1 EL Olivenöl, Salz und Pfeffer daraufgeben. Einwickeln und für etwa 1 Stunde in den Backofen legen, bis die Zehen weich sind. Zum Abkühlen beiseitestellen. Auf dem Herd die restlichen 2 EL Olivenöl in einem großen Topf oder einer Pfanne bei mittlerer Hitze erwärmen, bis das Öl heiß ist, aber noch nicht raucht. Die Zwiebeln mit Salz und Pfeffer hineingeben und etwa 5 Minuten braten, bis sie weich werden. Die Zwiebeln bei schwacher Hitze unter häufigem Rühren weitere 20–30 Minuten garen, bis sie gut karamellisiert sind. Die abgekühlten Knoblauchzehen aus der Schale drücken und unter die Zwiebeln mischen, dann Essig und Zucker unterrühren. Die Mischung noch etwa 2 Minuten garen, bis sie klebrig und leicht dick wird. Vom Herd nehmen und beiseitestellen.

Während die Zwiebeln garen, ein Mehrzonenfeuer im Grill anzünden *(siehe Seite 31)*. Wenn die Kohlen durchgeglüht sind, keine Flammen mehr züngeln und die Temperatur im oberen Bereich liegt *(siehe Seite 34)*, kann gegrillt werden.

Rosmarin, Olivenöl, Knoblauch, Salz und Pfeffer im Mörser oder in einer kleinen Schüssel zur einer Paste zerreiben. Die Steaks mit Küchenpapier trocken tupfen und rundum mit der Würzpaste einreiben. Die Steaks an der heißesten Stelle auf den Grill legen und auf jeder Seite in 4–5 Minuten stark bräunen. Auf die kühlere Seite des Grills heben und weitergrillen, bis sie den gewünschten Gargrad erreicht haben, zwischendurch einmal wenden (nach 10–12 Minuten sind sie rare). Zur Garprobe mit dem Finger auf das Fleisch drücken *(siehe Seite 37)*. Im Zweifelsfall das dickste Steak einschneiden. Da es noch nachgart, sollte es nicht ganz so durch sein, wie Sie es mögen. Die Steaks auf eine Platte heben, locker mit Alufolie bedecken und 5–10 Minuten ruhen lassen, dann mit dem Zwiebel-Chutney servieren.

TYPISCHE AROMEN MEXIKO/LATEINAMERIKA

Typisch in der mexikanischen Küche ist die gekonnte Verwendung einer Vielzahl frischer und getrockneter Chilischoten. Das unterscheidet sie von vielen anderen lateinamerikanischen Küchen, die nicht sehr würzig sind. Die meisten verwenden neben anderen Zutaten frischen Koriander und Oregano, Kreuzkümmel und Lorbeer, Orangen- und Limettensaft sowie gewaltige Mengen Knoblauch. Sollten Sie mit den lebendigen Küchen Lateinamerikas nicht vertraut sein, werden die komplexen Aromen dieser einfachen Rezepte Sie angenehm überraschen.

Lateinamerikanische Gewürzmischung

Ergibt etwa 50 g

Mit dieser Mischung können Sie praktisch jedes Grillgut einreiben. Zum Zerstoßen der Koriandersamen können Sie einen Mörser oder eine schwere Pfanne verwenden.

30 g frisch zerstoßene Koriandersamen
15 g Kreuzkümmelsamen
2 EL frisch gemahlener schwarzer Pfeffer
1 EL grobes Salz

Alle Zutaten in einer kleinen Schüssel vermischen. Luftdicht verschlossen an einem kühlen, dunklen Platz aufbewahren, so hält die Mischung einen Monat oder länger.

Chilipaste

Ergibt etwa 60 g

Mit dieser Paste kann man Rind- oder Schweinefleisch unmittelbar vor dem Grillen einreiben. Oder man verwendet sie als Marinade, in die man das Fleisch bis zu 4 Stunden lang einlegt.

20 g getrocknete milde rote Chilischoten
4 EL grob gehacktes Koriandergrün
4 EL Olivenöl
2 EL Kreuzkümmelsamen
Saft von 1 Limette (etwa 2 EL)
1 EL fein gehackter Knoblauch
1 EL grobes Salz
1 EL frisch gemahlener schwarzer Pfeffer

Die Chilis mit heißem Wasser bedecken und 20 Minuten quellen lassen. Abtropfen lassen und mit den anderen Zutaten vermischen. Die Mischung in einer Küchenmaschine oder im Mörser zu einer Paste zerkleinern. Abgedeckt im Kühlschrank aufbewahrt hält sie sich 2–3 Tage.

Chilipaste

Schnelle rote Salsa

Ergibt etwa 450 ml

Diese klassische rote Salsa ist sehr vielseitig und passt zu fast jedem Grillgut.

2 reife Tomaten, entkernt und fein gewürfelt
½ kleine rote Zwiebel, geschält und gewürfelt
4 EL grob gehacktes Koriandergrün
Saft von 2 Limetten (etwa 4 EL)
1 EL gehackte frische grüne Chilischote
1 TL gemahlener Kreuzkümmel
grobes Salz und frisch gemahlener schwarzer Pfeffer

Alle Zutaten gut vermischen. Die Salsa am besten am Tag der Zubereitung verwenden. Abgedeckt im Kühlschrank aufbewahrt hält sie sich aber 3–4 Tage.

Jalapeño-Grill-Sauce

Ergibt etwa 450 ml

Diese einfache Sauce eignet sich perfekt als schnelle Glasur oder als Dip für alle Arten von Grillgut.

250 ml Tomatenketchup
5 EL dunkler Zuckerrohrsirup
Saft von 3 Limetten (etwa 5 EL)
5 EL grob gehacktes Koriandergrün
3 EL gehackte frische grüne Jalapeño-Chili (oder eine andere grüne Chilischote)
grobes Salz und frisch gemahlener schwarzer Pfeffer

Die Zutaten gut vermischen. Abgedeckt im Kühlschrank aufbewahrt hält sich die Sauce 3–4 Tage.

TYPISCHE ZUTATEN/OBERE REIHE (VON LINKS NACH RECHTS) Frische Chilis, getrocknete Chilis, Koriandergrün; **ZWEITE REIHE** Gemahlene Koriandersamen, Limette, Oregano; **DRITTE REIHE** Avocado, Annattosamen, Knoblauch; **UNTERE REIHE** Kreuzkümmel, Lorbeerblätter, Orange

Apfel-Chili-Salsa

Ergibt etwa 360 ml

Für lateinamerikanische Salsas verwenden wir gern grüne Äpfel. Ihre knackige Frische erinnert uns an die mexikanische Yambohne, ein Lieblingsgemüse von Chris. Diese Salsa passt am besten zu Schweinefleisch, Fisch oder Hähnchen.

2 grüne Äpfel (Granny Smith), entkernt und fein gewürfelt
½ rote Zwiebel, geschält und fein gewürfelt
2 EL fein gehackte Chipotle-Chili in Adobo-Sauce
Saft von 1 Limette (etwa 2 EL)
2 EL grob gehacktes Koriandergrün
1 TL gemahlener Kreuzkümmel
grobes Salz und frisch gemahlener schwarzer Pfeffer

Die Zutaten gut vermischen. Diese Salsa am besten sofort verwenden, sie hält sich abgedeckt im Kühlschrank aufbewahrt aber 2–3 Tage.

Apfel-Chili-Salsa

GLASIERTES STEAK

Eigentlich sind wir keine Freunde der Fusionsküche, aber manchmal gibt es ungewöhnliche Zutatenkombinationen, die wirklich wunderbar sind. Dies ist ein solches Beispiel. Hier harmoniert die erdige Süße des uramerikanischen Ahornsirups perfekt mit verschiedenen asiatischen Zutaten wie salziger Sojasauce, aromatischem Sesamöl und Ingwer. Das Gericht eignet sich großartig, wenn Sie rasch ein außergewöhnliches Essen zubereiten möchten.

Für 4 Personen

FLEISCH

30 g frisch gemahlener weißer Pfeffer
2 EL Sesamöl
2 EL Sojasauce
1 EL geschälter und fein gehackter frischer Ingwer
grobes Salz
etwa 1 kg Rindfleisch (Dünnung, Bauchlappen; beim Metzger vorbestellen)
4 EL grob gehackte Frühlingszwiebeln

GLASUR

5 EL Ahornsirup
4 EL Sojasauce
2 EL Sesamöl
1 EL geschälter und fein gehackter frischer Ingwer
3–4 Frühlingszwiebeln, gehackt
1 TL Chiliflocken

Im Grill ein Feuer anzünden. Wenn die Kohlen durchgeglüht sind, keine Flammen mehr züngeln und die Temperatur im hohen Bereich liegt *(siehe Seite 34)*, kann gegrillt werden.

Die Zutaten für die Glasur in einer kleinen Schüssel sorgfältig vermischen. Die Glasur beiseitestellen.

In der zweiten kleinen Schüssel Pfeffer, Sesamöl, Sojasauce, Ingwer und Salz vermischen. Das Fleisch mit dieser Mischung rundum einreiben und über den Kohlen auf jeder Seite 5–7 Minuten, je nach Dicke, garen, bis es medium-rare ist. Auf jeder Seite während der letzten Minute mit der Glasur bepinseln. Zur Garprobe mit dem Finger auf das Fleisch drücken *(siehe Seite 37)*. Im Zweifelsfall zum Prüfen das Fleisch einschneiden. Da es noch nachgart, sollte es innen nicht ganz so gar sein, wie Sie es mögen. Das Steak vor dem Aufschneiden etwa 10 Minuten ruhen lassen.

Das Fleisch schräg zur Faser diagonal in dünne Scheiben schneiden. Die Scheiben auf einer Platte anrichten, mit etwas Glasur beträufeln und mit den Frühlingszwiebeln bestreuen. Die restliche Glasur dazu reichen.

KOREANISCHE RINDERRIPPEN

MIT CHILI-KOHL-SALAT

In Korea grillt man gerne Rinderrippen – eine ungewöhnliche Garmethode für ein Fleischstück, das normalerweise geschmort wird. Aber das geht wunderbar, man muss nur Fleisch von guter Qualität kaufen. Andernfalls ist es zäh, selbst wenn es vorher mariniert wurde. Der Chili-Kraut-Salat ist eine großartige Beilage für jedes gegrillte Rindfleisch, allerdings sollten Sie es scharf mögen.

Für 4 Personen

FLEISCH

1,5 kg flaches Rippenstück vom Rind, am Stück, 1 cm dick

SALAT

4 EL Reisessig
4 EL Chili-Knoblauch-Sauce (Fertigprodukt)
1 EL Zucker
1 EL geschälter und fein gehackter frischer Ingwer
250 g in Streifen geschnittener Chinakohl

MARINADE

4 EL Sojasauce
2 EL Sesamöl
2 EL Essig
2 EL gehackte frische Chilischote
2 EL Chiliflocken
2 EL geschälter und fein gehackter frischer Ingwer
1 EL fein gehackter Knoblauch
1 TL Zucker
grobes Salz und frisch gemahlener schwarzer Pfeffer

Die Rippen in eine große Schale legen. Die Zutaten für die Marinade sorgfältig vermischen. Die Mischung über die Rippen gießen und die Rippen wenden, um sie mit der Marinade zu überziehen. Abgedeckt für etwa 2 Stunden in den Kühlschrank stellen. Zwischendurch ein- oder zweimal wenden.

In der Zwischenzeit Essig, Chili-Knoblauch-Sauce, Zucker und Ingwer in einer kleinen Schüssel sorgfältig vermischen. Den Chinakohl in eine große Schüssel geben und gerade so viel Dressing darübergießen, dass der Kohl damit überzogen wird. Den Salat durchheben und bis zum Servieren abgedeckt in den Kühlschrank stellen.

Im Grill ein Feuer anzünden. Wenn die Kohlen durchgeglüht sind, keine Flammen mehr züngeln und die Temperatur im sehr hohen Bereich liegt *(siehe Seite 34)*, kann gegrillt werden.

Die Rippen aus der Marinade nehmen und mit Küchenpapier trocken tupfen. (Die Marinade aufbewahren.) Die Rippen auf den Grill legen und etwa 3 Minuten grillen, bis die Unterseite gut gebräunt ist. Umdrehen und weitergrillen, bis sie den gewünschten Gargrad erreicht haben (nach etwa 3 weiteren Minuten sind sie rare). In der letzten Minute mit der aufbewahrten Marinade begießen. Zur Garprobe das Fleisch nahe bei einem Knochen einschneiden. Da es noch nachgart, sollte es nicht ganz so durch sein, wie Sie es mögen.

Die Rippen auf eine Platte heben, locker mit Alufolie abdecken und 5 Minuten ruhen lassen, dann zwischen den Knochen in einzelne Rippchen teilen. Heiß servieren, den Chili-Kohl-Salat dazu reichen.

MEMPHIS-RIPPCHEN

Ein Rezept für alle, die nicht die Geduld oder den Platz haben, Rippchen langsam zu grillen. Obwohl die Rippchen (nach mehreren Stunden im Backofen) hier nur wenige Minuten auf dem Grill liegen, schmecken sie köstlich. Man kann sie sogar nach der Garzeit im Ofen bis zu zwei Tage im Kühlschrank aufbewahren, ehe man sie grillt. »Memphis-Rippchen« heißen sie, weil wir, wie in Memphis üblich, keine Sauce über das Fleisch geben. Stattdessen überziehen wir es vor dem Garen mit unserer Barbecue-Würzmischung, was ihm eine schöne knusprige Kruste gibt. Die Sauce kann man getrennt servieren, sodass sich jeder nach Belieben bedienen kann.

Für 4–6 Personen

FLEISCH

2 Seiten Spareribs (Schweinerippchen), jede bis zu 1,35 kg

SAUCE

250 ml Tomatenketchup
5 EL Apfelessig
4 EL Rohrzucker
4 EL Orangensaft
2 EL Senf
½ TL flüssiges Raucharoma (»liquid smoke«; nach Belieben)
grobes Salz und frisch gemahlener schwarzer Pfeffer

BARBECUE-WÜRZMISCHUNG

5 EL grobes Salz
5 EL frisch gemahlener schwarzer Pfeffer
4 EL Rohrzucker
2 EL Paprikapulver
2 EL Chilipulver
2 EL gemahlener Kreuzkümmel
2 EL gemahlener Koriander
2 EL Cayennepfeffer
1 EL gemahlener Ingwer

Alle Zutaten für die Barbecue-Würzmischung in einer kleinen Schüssel gut vermischen. (Verschlossen an einem kühlen, dunklen Platz aufbewahrt hält sie sich Monate, und sie passt zu allen Arten von Schweinefleisch und zu Hähnchen.)

Den Backofen auf 100 °C vorheizen. Die Rippchen sorgfältig mit Würzmischung überziehen, auf Backbleche legen und für etwa 3 Stunden in den Backofen schieben, bis das Fleisch weich ist und sich leicht von den Knochen löst. Dann herausnehmen.

Inzwischen die Zutaten für die Sauce in einer kleinen Schüssel sorgfältig vermischen und beiseitestellen.

Wenn die Rippchen fast gar sind, im Grill ein kleines, niedriges Feuer anzünden. Den Grillrost möglichst hoch stellen. Die gegarten Rippchen auf den Grill legen und so lange grillen, wie es Ihre Geduld erlaubt, mindestens aber, bis sich eine leichte Kruste gebildet hat. Das kann, abhängig vom Feuer, 10–20 Minuten dauern. Aber je länger die Rippchen gegrillt werden, desto besser. Während der letzten Minute die Rippchen mit Sauce einpinseln.

Die Stücke in einzelne Rippchen zerteilen und servieren, die restliche Sauce dazu reichen.

WÜRZIGE LAMMSTEAKS

MIT GEGRILLTEN CHILI-AVOCADOS

Wir sind große Fans von diesen Lammsteaks. Sie sind zwar nicht so zart wie die Lammkoteletts, aber sie haben einen intensiveren Geschmack und kosten weniger. Zudem können sie sich gegen die kräftigen Aromen behaupten, mit denen wir sie hier kombinieren. Und sollten Sie noch nie gegrillte Avocados gegessen haben: Stellen Sie sich auf einen Hochgenuss ein.

Für 4 Personen

FLEISCH

8 Lammsteaks aus der Schulter, à etwa 175 g
2 EL Olivenöl
2 EL gemahlener Kreuzkümmel
1 EL fein gehackter Knoblauch
grobes Salz und frisch gemahlener schwarzer Pfeffer

AVOCADOS

2 reife Avocados, halbiert und entsteint
2 EL Olivenöl
2 EL Chilipulver
grobes Salz und frisch gemahlener schwarzer Pfeffer

VINAIGRETTE

120 ml Olivenöl
Saft von 2 Limetten (etwa 4 EL)
3 EL gehacktes Koriandergrün
2 EL fein gehackte Chipotle-Chilischote in Adobo-Sauce
1 EL Senf
1 TL fein gehackter Knoblauch
grobes Salz und frisch gemahlener schwarzer Pfeffer

Im Grill ein Feuer anzünden. Wenn die Kohlen durchgeglüht sind, keine Flammen mehr züngeln und die Temperatur im mittleren Bereich liegt *(siehe Seite 34)*, kann gegrillt werden.

Die Zutaten für die Vinaigrette in einer kleinen Schüssel vermischen. Die Vinaigrette beiseitestellen.

Die Steaks dünn mit Olivenöl einpinseln, mit dem Kreuzkümmel einreiben, mit dem Knoblauch bestreuen und großzügig salzen und pfeffern. Auf den Grill legen und garen, bis sie den gewünschten Gargrad erreicht haben (für medium-rare auf jeder Seite 4–5 Minuten). Zur Garprobe mit dem Finger auf das Fleisch drücken *(siehe Seite 37)*. Im Zweifelsfall ein Steak einschneiden. Da das Fleisch noch nachgart, sollte es innen nicht ganz so durch sein, wie Sie es mögen. Die Steaks auf eine Platte heben, locker mit Alufolie abdecken und etwa 10 Minuten ruhen lassen.

Während die Steaks ruhen, die Schnittflächen der Avocados mit Öl einpinseln und großzügig mit Chilipulver, Salz und Pfeffer bestreuen. Die Avocados mit den Schnittflächen nach unten auf den Grill legen und 3–5 Minuten garen, bis sie goldbraun sind und dunkle Streifen haben. Mit den Schnittflächen nach oben um die Koteletts herum anrichten. Die Vinaigrette noch einmal umrühren und großzügig über Koteletts und Avocados träufeln.

ARGENTINIEN: IM RINDFLEISCH-LAND

Wir waren einige Tage draußen in den Pampas, der weiten Graslandschaft, gewesen. Als wir nach Buenos Aires zurückfuhren, erspähten wir den verräterischen Anblick: Fleischberge auf einem Metallgestell, das schräg über einem schwelenden Holzfeuer hing.

Wir bremsten, lenkten unser kleines Auto in den Zufahrtsweg zu der Hütte hinter der Feuergrube und stellten mit Befriedigung fest, dass das Restaurant keinen Namen hatte. Es hatte nur ein Schild, auf dem stand »Domingo-Asado« – »Sonntags-Barbecue«. Jeder weiß, dass sich in Argentinien alles um Rindfleisch dreht, doch bevor man es nicht selbst gesehen hat, ist es schwer zu glauben. Wie es scheint, findet man in jeder Stadt an jeder Straßenecke eine *parrillada*, wo köstliches Rindfleisch aus Weidehaltung serviert wird, meist zu Spottpreisen. Doch die Krönung argentinischen Rindfleisches ist der Asado, ein Ritual, das in den Pampas entstanden ist. Dort feierten die Kuhhirten, die Gauchos, ein Fest, bei dem sie am Morgen eine Kuh schlachteten und dann in Teile zerlegt langsam über einem Holzfeuer garten, wobei sie die einzelnen Teile aßen, sobald sie gar waren. Wie das Barbecue im amerikanischen Süden oder der Cassoulet in der Provence ist der Asado mehr als nur ein Gericht – er ist Bestandteil kultureller Identität. Und die Mahlzeit, die wir in dieser kleinen Hütte vor Buenos Aires bekamen, fand immer noch in der traditionellen Abfolge statt. Zuerst kam eine Platte mit Innereien – gehaltvolles Bries, etwas zäher Darm, fettige Chorizo, dicke Blutwurst – und die obligatorische Schale *chimichurri*-Sauce. Dann folgte, mit einer Flasche Malbec-Wein, ein Teller mit kräftigerer Kost: Rippen, Steaks und das, was die Franzosen Entrecote nennen. Danach waren wir mehr als satt, aber tapfer nahmen wir auch die letzte Platte in Angriff, auf der ein riesiges T-Bone-Steak und ein dickes Rumpsteak lagen. Wir verließen den Tisch praktisch auf allen vieren kriechend, aber wir waren glücklich, dass wir das Herzstück der argentinischen Küche genossen hatten.

RIESIGE T-BONE-STEAKS

MIT GRÜNER PETERSILIEN-SALSA

Das T-Bone ist das klassische amerikanische Steak und besteht aus Filet und Roastbeef. Hier wird es durch eine Sauce ergänzt, die von *chimichurri* inspiriert wurde, einer Sauce, die in Argentinien und Uruguay, den Rindfleisch-Hochburgen, immer auf dem Tisch steht. Sie ist scharf, sauer und frisch und betont das Fleisch perfekt, ohne es zu dominieren. Dieses Gericht ist an Samstagabenden im East Coast Grill, wo Küchenchef Eric Gburski die ehrfurchtgebietenden Steaks persönlich serviert, zu einem der Renner geworden.

Für 4 Personen

FLEISCH

2 große T-Bone-Steaks, à mindestens 675 g, 3–4 cm dick
2 EL Olivenöl
5 EL frisch gemahlener schwarzer Pfeffer
4 EL grobes Salz

SAUCE

5 EL grob gehackte Petersilienblätter
½ kleine rote Zwiebel, geschält und fein gehackt
5 EL bestes Olivenöl
Saft von 1 Zitrone (etwa 4 EL)
4 EL Balsamico-Essig
2 TL Chiliflocken (nach Belieben)
grobes Salz und frisch gemahlener schwarzer Pfeffer

Im Grill ein Mehrzonenfeuer *(siehe Seite 31)* anzünden. Wenn die Kohlen durchgeglüht sind, keine Flammen mehr züngeln und die Temperatur im hohen Bereich liegt *(siehe Seite 34)*, kann gegrillt werden.

Die Steaks rundum mit Öl einpinseln. Großzügig Pfeffer und Salz daraufgeben und behutsam andrücken, damit sie haften bleiben.

Die Steaks auf die heißeste Stelle des Grills legen und auf jeder Seite 6–8 Minuten garen, bis sie gut gebräunt sind. Die Steaks an eine kühlere Stelle heben und mit einer Form aus Metall oder einer Alu-Grillpfanne abdecken und langsam weitergaren, bis sie den gewünschten Gargrad erreicht haben (nach 8–10 Minuten auf jeder Seite sind sie rare). Zur Garprobe mit dem Finger auf die Steaks drücken *(siehe Seite 37)*. Im Zweifelsfall ein Steak an der dicksten Stelle einschneiden. Da es noch nachgart, sollte es nicht ganz so durch sein, wie Sie es mögen.

Während die Steaks auf dem Grill liegen, die Zutaten für die Sauce in einer Schüssel sorgfältig verschlagen.

Die fertigen Steaks in dicke Streifen schneiden und auf einer Platte anrichten. Großzügig mit Sauce beträufeln, die restliche Sauce dazu reichen.

GEGRILLTE LAMMMEDAILLONS

MIT PAPRIKA-OLIVEN-RELISH

Bei Lammrücken handelt es sich um ein wunderbares Stück Fleisch, das zart ist und intensiv nach Lamm schmeckt. Hier schneiden wir daraus Medaillons, die wir mit Koriander- und Fenchelsamen würzen, um ihren Geschmack zu betonen, und dann nur wenige Minuten grillen. Mit einem leicht scharfen Relish serviert, gehören sie zu unseren neuen Lieblingsgerichten vom Lamm. Wenn bereits ein Feuer brennt, können Sie für das Relish frische rote Paprikaschoten grillen *(siehe Seite 78)*, doch mit gegrillten Schoten aus dem Glas oder vom Italiener ist das Relish noch schneller zubereitet.

Für 4 Personen

FLEISCH

4 EL frisch gemahlener schwarzer Pfeffer
4 EL grobes Salz
1 EL Koriandersamen, frisch zerstoßen
1 EL Fenchelsamen, frisch zerstoßen
etwa 1 kg ausgelöster Lammrücken, in 2,5 cm dicke Medaillons geschnitten
2 EL Olivenöl

RELISH

250 g gegrillte Papikaschoten (Fertigprodukt oder selbst zubereitet), gewürfelt
60 g schwarze Oliven (etwa Kalamata-Oliven) in Lake, entsteint und grob gehackt
4 EL grob gehacktes frisches Basilikum
4 EL bestes Olivenöl
4 EL Balsamico-Essig
1 EL fein gehackter Knoblauch
grobes Salz und frisch gemahlener schwarzer Pfeffer

Im Grill ein Feuer anzünden. Wenn die Kohlen durchgeglüht sind, keine Flammen mehr züngeln und die Temperatur im mittleren Bereich liegt *(siehe Seite 34)*, kann gegrillt werden.

Die Zutaten für das Relish in einer kleinen Schüssel sorgfältig vermischen.

Pfeffer, Salz, Koriander und Fenchelsamen in einer kleinen Schüssel gut vermischen. Das Fleisch mit Öl einpinseln und großzügig mit der Gewürzmischung überziehen. Die Mischung behutsam andrücken, damit sie haften bleibt. Die Medaillons direkt über den Kohlen auf den Grill legen und garen, bis sie fast den gewünschten Gargrad erreicht haben (nach 6–8 Minuten auf jeder Seite sind sie rare). Zur Garprobe mit dem Finger auf das Fleisch drücken *(siehe Seite 37)* oder ein Medaillon einschneiden. Da es noch nachgart, sollte es innen nicht ganz so durch sein, wie Sie es mögen.

Die Medaillons auf einer Platte anrichten und auf jedes 1 Löffel Relish setzen, das restliche Relish dazu reichen.

GEGRILLTE LAMMKOTELETTS

MIT PAPRIKA-WALNUSS-RELISH

Der unglaubliche Duft von Lamm, das über offenem Feuer gegart wird, bewirkt bei uns immer zwei Dinge: Zum einen weckt er Erinnerungen an jene Teile der Welt, in denen hauptsächlich Lamm gegessen wird, zum anderen macht er uns hungrig. Das Relish aus gegrillten Paprikaschoten, Nüssen, Minze und süßsaurem Granatapfelsirup, das hier zu den Lammkoteletts gereicht wird, ist unsere Hommage an *muhammara*, den türkischen Klassiker.

Für 4 Personen

FLEISCH

8 Lammkoteletts, à etwa 175 g, 3,5 cm dick
2 EL Olivenöl
1 TL gemahlene Fenchelsamen
grobes Salz und frisch gemahlener schwarzer Pfeffer

RELISH

50 g Walnusskerne
3 rote Paprikaschoten
2 EL bestes Olivenöl
4 EL grob gehackte frische Minze
2 EL Granatapfelsirup
1 TL fein gehackter Knoblauch
grobes Salz und frisch gemahlener schwarzer Pfeffer

Für das Relish den Backofen auf 180 °C vorheizen. Die Walnüsse auf einem Backblech verteilen und 5–10 Minuten rösten, bis sie goldbraun sind, dabei häufig überprüfen. Abkühlen lassen, dann grob hacken.

Im Grill ein Mehrzonenfeuer anzünden *(siehe Seite 31)*. Wenn die Kohlen durchgeglüht sind, keine Flammen mehr züngeln und die Temperatur im hohen Bereich liegt *(siehe Seite 34)*, kann gegrillt werden.

Die Paprikaschoten auf die heiße Seite des Grills legen und 8–10 Minuten grillen, bis die Haut rundum schwarz und blasig ist, dabei immer wieder wenden. Die Schoten in eine Papiertüte geben. Die Tüte verschließen und beiseitelegen, bis die Paprika genügend abgekühlt sind. Vorsichtig die Haut abziehen. Die Schoten halbieren, von Samen und Trennwänden befreien und in Würfel mittlerer Größe schneiden.

Die Koteletts mit Öl einpinseln und mit Fenchelsamen, Salz und Pfeffer bestreuen. Die Koteletts auf die heiße Seite des Grills legen und auf jeder Seite etwa 6 Minuten gut bräunen. Die Koteletts auf die kühlere Seite des Grill heben und weitergaren, bis sie den gewünschten Gargrad erreicht haben, zwischendurch einmal wenden (nach 4–6 Minuten sind sie rare). Zur Garprobe ein Kotelett an der dicksten Stelle einschneiden. Es sollte innen noch nicht ganz so gar sein, wie Sie es mögen. Die Koteletts vom Grill nehmen, locker mit Alufolie abdecken und 5 Minuten ruhen lassen.

Während die Koteletts garen, die Zutaten für das Relish in einer Schüssel sorgfältig vermischen.

Auf vier Teller je 1 Löffel Relish geben und die Koteletts daraufsetzen. Das übrige Relish als Beilage reichen.

KOTELETTS AUF MEDITERRANE ART

MIT APRIKOSEN-MINZE-RELISH

Mediterrane Gewürze geben diesen Schweinekoteletts einen gleichermaßen vertrauten wie exotischen Geschmack. Man könnte sie ganz oft essen, ohne zu viel zu bekommen. Ein Aprikosen-Relish sorgt für Frische und etwas Schärfe. Von der Würzmischung wird etwas übrig bleiben, aber sie hält sich gut und passt auch großartig zu Lamm- oder Hähnchenfleisch.

Für 4 Personen

FLEISCH

4 Stielkoteletts vom Schwein, à 350–400 g, 3,5 cm dick
2 EL Olivenöl

RELISH

3 reife Aprikosen, entsteint und gewürfelt
4 EL grob gehackte frische Minze
Saft von ½ Zitrone (etwa 2 EL)
4 Spritzer Tabasco
grobes Salz und frisch gemahlener schwarzer Pfeffer

WÜRZMISCHUNG

4 EL Sesamsamen
5 EL Koriandersamen, frisch zerstoßen
2 EL gemahlene Bockshornkleesamen
2 EL getrockneter Oregano
1 EL gemahlener Kreuzkümmel
1 EL grobes Salz
1 Prise Zimtpulver

Im Grill ein Mehrzonenfeuer anzünden *(siehe Seite 31)*. Wenn die Kohlen durchgeglüht sind, keine Flammen mehr züngeln und die Temperatur im mittleren Bereich liegt *(siehe Seite 34)*, kann gegrillt werden.

Für die Würzmischung den Sesam in einer Pfanne ohne Fett auf dem Grill 3–5 Minuten rösten, bis er etwas dunkler geworden ist, dabei die Pfanne häufig rütteln, damit er nicht verbrennt.

Die Zutaten für die Würzmischung in einer Schüssel gut vermischen. Die Koteletts mit Öl einpinseln und jedes mit etwa 1 EL Würzmischung überziehen. Die Mischung behutsam andrücken, damit sie haften bleibt.

Die Koteletts auf den heißeren Teil des Grills legen und auf jeder Seite 3–4 Minuten grillen, bis sie gut gebräunt sind. Auf die kühlere Seite des Grills heben, mit einer Metallform oder einer Alu-Grillpfanne abdecken und weitergaren, bis sie den gewünschten Gargrad erreicht haben (nach 8–10 Minuten pro Seite sind sie medium). Zur Garprobe mit dem Finger auf die Koteletts drücken *(siehe Seite 37)*. Im Zweifelsfall ein Kotelett an der dicksten Stelle einschneiden. Da es noch nachgart, sollte es innen nicht ganz so durch sein, wie Sie es mögen.

Während die Koteletts auf dem Grill liegen, Aprikosen, Minze, Zitronensaft, Tabasco, Salz und Pfeffer nach Geschmack in einer kleinen Schüssel sorgfältig vermischen. Das Relish in eine Servierschüssel füllen und beiseitestellen.

Die Koteletts auf einer Platte anrichten und servieren. Das Relish dazu reichen.

GLASIERTE KOTELETTS

MIT RAUCHIGEM MAIS-PAPRIKA-RELISH

Wenn Sie dieses Gericht mit Schweinefleisch aus traditioneller Aufzucht zubereiten, das viel Fett und Geschmack hat, wird es himmlisch werden. Aber selbst mit magerem Fleisch schmeckt es fantastisch, weil Glasur und Relish so viele wunderbare Aromen enthalten. Übrig gebliebenes Relish sollten Sie zu gegrilltem Fisch oder einem kalten Fleisch-Sandwich probieren.

Für 4 Personen

FLEISCH

5 EL dunkler Zuckerrohrsirup
30 g Butter, zerlassen
1 EL Chiliflocken
frisch gemahlener schwarzer Pfeffer
8 ausgelöste Schweinelendenkoteletts à 140 g, etwa 2 cm dick
2 EL Olivenöl
grobes Salz

RELISH

1 rote Paprikaschote
3 Maiskolben, Hüllblätter und Fäden entfernt
4 EL grob gehacktes frisches Basilikum
3 EL bestes Olivenöl
3 EL Balsamico-Essig
1 TL fein gehackter Knoblauch
grobes Salz und frisch gemahlener schwarzer Pfeffer

Im Grill ein Feuer anzünden. Wenn die Kohlen durchgeglüht sind, keine Flammen mehr züngeln und die Temperatur im mittleren Bereich liegt *(siehe Seite 34)*, kann gegrillt werden.

Für das Relish die Paprikaschoten auf den Grill legen und 8–12 Minuten grillen, bis die Haut rundum schwarz und blasig ist, dabei öfter wenden. In eine Papiertüte geben, diese verschließen und die Schoten etwas abkühlen lassen. Vorsichtig die Haut abziehen. Die Schoten halbieren, von Samen, Trennwänden und Stielen befreien und in Würfel mittlerer Größe schneiden. Während die Paprikaschoten abkühlen, die Maiskolben grillen, bis sie braun und etwas weich sind, dabei gelegentlich wenden. Auf ein Brett heben und die Körner abschneiden. Paprikawürfel, Maiskörner, Basilikum, Öl, Essig und Knoblauch gut vermischen und salzen und pfeffern. Das Relish in eine Servierschüssel füllen.

Für die Glasur Sirup, Butter, Chiliflocken und etwa 1 EL Pfeffer in einer kleinen Schüssel gut vermischen.

Die Koteletts mit Küchenpapier trocken tupfen, mit Olivenöl einpinseln und großzügig salzen und pfeffern. Direkt über den Kohlen grillen, bis sie den gewünschten Gargrad erreicht haben, dabei einmal wenden (nach etwa 5 Minuten pro Seite sind sie medium-well done). Jede Seite während der letzten 30 Sekunden Garzeit mit Glasur bestreichen. Zur Garprobe mit dem Finger auf das Fleisch drücken *(siehe Seite 37)*. Im Zweifelsfall ein Kotelett einschneiden. Da es noch nachgart, sollte es nicht ganz so durch sein, wie Sie es mögen. Die Koteletts auf eine Platte heben, locker mit Alufolie abdecken und 5 Minuten ruhen lassen, dann mit der restlichen Glasur und dem Relish servieren.

COWBOY-STEAK

MIT GEGRILLTEM LAUCH UND APRIKOSENSENF

Wir lieben Ribeye-Steaks – auf der Zartheitsskala haben sie einen Platz ganz oben. Da sie schön marmoriert sind, besitzen sie auch ein intensives Aroma. Als Beilage für die Steaks ist Lauch eine schöne Abwechslung zu den üblichen gegrillten Zwiebeln, und anstelle von Meerrettich verwenden wir aufgepeppten körnigen Senf.

Für 2 Personen

FLEISCH

1 EL gemahlener Kreuzkümmel
1 EL gemahlener Koriander
1 EL Chilipulver
2 EL grobes Salz
30 g frisch gemahlener schwarzer Pfeffer
1 kg Ribeye-Steak mit Knochen (Rippensteak), etwa 5 cm dick
2 EL Olivenöl

LAUCH

4 Stangen Lauch (nur die weißen Teile), geputzt und gut gewaschen
1 EL Olivenöl

SENF

4 EL körniger Senf
2 EL fein gehackte getrocknete Aprikosen

Im Grill ein Mehrzonenfeuer anzünden *(siehe Seite 31)*. Wenn die Kohlen durchgeglüht sind, keine Flammen mehr züngeln und die Temperatur im hohen Bereich liegt *(siehe Seite 34)*, kann gegrillt werden.

Kreuzkümmel, Koriander, Chilipulver, Salz und Pfeffer in einer kleinen Schüssel gut vermischen.

Das Steak mit etwas Öl einpinseln. Etwa zwei Drittel der Gewürzmischung daraufstreuen und behutsam andrücken, damit sie haften bleibt. Das Steak auf die heißeste Stelle des Grills legen und auf jeder Seite 5–8 Minuten gut bräunen, dann auf den kühleren Teil des Grills heben und weitergrillen, bis es den gewünschten Gargrad erreicht hat (nach 8–10 Minuten pro Seite ist es rare). Zur Garprobe mit einem Finger auf das Fleisch drücken *(siehe Seite 37)*. Im Zweifelsfall das Fleisch in der Mitte einschneiden. Da es noch nachgart, sollte es innen nicht ganz so durch sein, wie Sie es mögen. Vom Grill nehmen, locker mit Alufolie abdecken und 5 Minuten ruhen lassen.

Während das Steak brät, den Lauch mit dem restlichen Öl einpinseln und mit der verbliebenen Gewürzmischung bestreuen. Wenn das Fleisch auf der kühleren Seite des Grills liegt, den Lauch danebenlegen und 8–12 Minuten grillen, bis er goldbraun ist und dunkle Stellen hat, dabei gelegentlich wenden, damit er gleichmäßig gart. Auf ein Brett heben, längs halbieren und quer in etwa 1 cm breite Streifen schneiden. Warm stellen.

Senf und Aprikosen in einer kleinen Schüssel sorgfältig vermischen.

Das Steak halbieren oder in Scheiben schneiden, auf eine Platte heben und den Lauch, Schnittseite nach oben, drum herum anrichten. Den Aprikosensenf auf Fleisch und Lauch geben und servieren, als Beilage weiteren Senf reichen.

FILETSTEAK MIT GORGONZOLA, SPECK UND PFIRSICH-CHUTNEY

Es steht ein besonderes Ereignis vor der Tür? Sie möchten ein opulentes Steakessen veranstalten? Suchen Sie nicht weiter. Filetsteak ist gleichbedeutend mit Luxus: Es ist das zarteste Stück vom Rind und zergeht beinahe auf der Zunge. Bei dieser italienisch inspirierten Variante des klassischen Trios aus Steak, Blauschimmelkäse und Speck geben wir auf die Steaks eine dünne Scheibe Gorgonzola und streuen Speck darüber. Als i-Tüpfelchen reichen wir ein frisches Pfirsich-Chutney mit italienischen Aromen dazu.

Für 4 Personen

STEAKS

250 g durchwachsener Speck, in kleine Würfel geschnitten
4 Filetsteaks vom Rind à 225–280 g, etwa 5 cm dick
2 EL Olivenöl
grobes Salz und frisch gemahlener schwarzer Pfeffer
250 g Gorgonzola, in vier Scheiben geschnitten

CHUTNEY

2 EL Olivenöl
1 rote Zwiebel, geschält und fein gewürfelt
3 reife, feste Pfirsiche, entkernt und gewürfelt
5 EL Balsamico-Essig
5 EL frisch gepresster Orangensaft
1 EL Rohrzucker
grobes Salz und frisch gemahlener schwarzer Pfeffer

Für das Chutney das Olivenöl in einem großen Topf auf dem Herd erhitzen, bis es heiß ist, aber noch nicht raucht. Die Zwiebel hinzufügen und unter gelegentlichem Rühren in 7–9 Minuten glasig braten. Die Pfirsiche dazugeben und unter häufigem Rühren in 3 Minuten weich garen. Essig, Orangensaft, Zucker, Salz und Pfeffer hinzufügen und die Zutaten zum Kochen bringen. Bei mittlerer Hitze 8–10 Minuten köcheln lassen, bis das Chutney dick wird. Vom Herd nehmen und beiseitestellen.

Im Grill ein Mehrzonenfeuer anzünden *(siehe Seite 31)*. Wenn die Kohlen durchgeglüht sind, keine Flammen mehr züngeln und die Temperatur im hohen Bereich liegt *(siehe Seite 34)*, kann gegrillt werden.

Während der Grill vorgeheizt wird, den Speck auf dem Herd bei mittelschwacher Hitze etwa 7 Minuten braten, bis sie knusprig und braun ist, dabei häufig wenden. Auf Küchenpapier abtropfen lassen, in eine Schüssel geben und abdecken, damit sie warm bleibt.

Die Steaks mit Öl einpinseln und großzügig salzen und pfeffern. Auf den heißesten Bereich des Grills legen und auf jeder Seite 6–8 Minuten gut bräunen. Die Steaks auf den kühleren Teil des Grills heben, mit einer Metallform oder Alu-Grillpfanne abdecken und weitere 8–10 Minuten grillen, bis sie den gewünschten Gargrad haben. Zur Garprobe mit dem Finger auf das Fleisch drücken *(siehe Seite 37)*. Im Zweifelsfall das Fleisch einschneiden. Da es noch nachgart, sollte es innen nicht ganz so durch sein, wie Sie es mögen.

Die Steaks auf eine Platte heben und auf jedes 1 Scheibe Käse legen. Die Steaks locker mit Alufolie abdecken und etwa 5 Minuten ruhen lassen, bis der Käse geschmolzen ist. Den Speck darüberstreuen. Steaks mit dem Chutney servieren.

GLASIERTE SCHWEINELENDE

MIT DATTEL-SALBEI-RELISH

Schweinelende eignet sich ideal zum Grillen, da sie in wenigen Minuten gar ist und mit ganz vielen Aromen harmoniert. Hier überziehen wir sie vor dem Grillen mit würzigen Senfkörnern und bepinseln sie, kurz bevor sie vom Grill genommen wird, mit einer scharf-süßen Mischung aus Honig und Senf (so spät, damit der Honig nicht verbrennt). Um das Aromenspektrum abzurunden, servieren wir das Fleisch mit einem säuerlich-süßen Dattel-Salbei-Relish.

Für 4 Personen

FLEISCH

2 Schweinelenden à 350–400 g
grobes Salz
3 EL braune Senfkörner
3 EL frisch gemahlener schwarzer Pfeffer
3 EL Olivenöl
4 EL körniger Senf
4 EL Honig

RELISH

1 EL frisch zerstoßene Koriandersamen (ersatzweise 1½ TL gemahlener Koriander)
4 EL entsteinte und gewürfelte Datteln
Saft von ½ Orange (etwa 4 EL)
Saft von 1 Zitrone (etwa 4 EL)
4 EL grob gehackte frische Petersilie
2 EL grob gehackter frischer Salbei
1 EL geschälter und fein gehackter frischer Ingwer
1 EL fein gehackte Orangenschale

Im Grill ein Feuer anzünden. Wenn die Kohlen durchgeglüht sind, keine Flammen mehr züngeln und die Temperatur im mittleren Bereich liegt *(siehe Seite 34)*, kann gegrillt werden.

Für das Relish die Koriandersamen, sofern verwendet, in einer Pfanne ohne Fett auf dem Grill 3–5 Minuten rösten, bis sie duften und etwas dunkler geworden sind, dabei die Pfanne häufig rütteln, damit sie nicht verbrennen.

Die Schweinelenden mit Küchenpapier trocken tupfen und großzügig salzen. Senfkörner, Pfeffer und Öl in einer Schüssel vermischen und damit das Fleisch einreiben. Die Mischung behutsam andrücken, damit sie haften bleibt. In einer anderen kleinen Schüssel Senf und Honig gut vermischen.

Die Lenden auf den Grill legen und grillen, bis sie den gewünschten Gargrad erreicht haben, dabei alle 3–4 Minuten wenden, damit sie gleichmäßig garen (nach 12–15 Minuten sind sie medium). Während der letzten 30 Sekunden Garzeit rundum mit der Senf-Honig-Mischung bestreichen. Zur Garprobe mit dem Finger auf das Fleisch drücken *(siehe Seite 37)*. Im Zweifelsfall eine Lende an der dicksten Stelle einschneiden. Da das Fleisch noch nachgart, sollte es innen nicht ganz so durch sein, wie Sie es mögen. Die Lenden auf ein Brett heben und locker mit Alufolie abdecken.

Während das Fleisch ruht, die Zutaten für das Relish in einer kleinen Schüssel behutsam vermischen.

Das Fleisch in 1 cm dicke Scheiben schneiden, auf einer Platte anrichten und mit dem Honigsenf beträufeln. Das Relish als Beilage reichen.

STEAK MIT HARISSA UND ORANGEN-FENCHEL-RELISH

Dieses Gericht ist für Leute, die es scharf lieben. In Marokko würde man wohl Lamm verwenden, aber wir finden, dass die komplexe Schärfe der orientalischen Harissa-Paste und das kühlende Relish auch perfekt zu kräftigem Steak passen. Wenn Sie in Eile oder nicht besonders pedantisch sind, können Sie die Orangen klein schneiden, anstatt sie zu filetieren.

Für 4 Personen

FLEISCH

1 kg pariertes Rindfleisch aus dem Bauchlappen (Dünnung; beim Metzger vorbestellen), in 4 Stücke geschnitten

grobes Salz und frisch gemahlener schwarzer Pfeffer

RELISH

grobes Salz

1 Fenchelknolle, geputzt und in dünne Scheiben geschnitten

1 große Orange

2 EL Rotweinessig

2 EL grob gehackte frische Minze

frisch gemahlener schwarzer Pfeffer

HARISSA-PASTE

4 EL Olivenöl

4 EL Chiliflocken (oder zerstoßene getrocknete rote Chilischoten)

2 TL frisch gemahlene Koriandersamen, geröstet *(siehe Seite 86)* oder 1 EL gemahlener Koriander

2 EL Kreuzkümmelsamen

1 EL Fenchelsamen

1 EL fein gehackter Knoblauch

Im Grill ein Mehrzonenfeuer anzünden *(siehe Seite 31)*. Wenn die Kohlen durchgeglüht sind, keine Flammen mehr züngeln und die Temperatur im mittleren Bereich liegt *(siehe Seite 34)*, kann gegrillt werden.

Für das Relish auf dem Herd in einem Topf Salzwasser zum Kochen bringen und den Fenchel darin 2 Minuten blanchieren. Abtropfen und abkühlen lassen. Die Orange mit einem scharfen Messer schälen, dabei auch den weißen Bast entfernen. Über eine Schüssel halten, um herabtropfenden Saft aufzufangen, und entlang der Trennhäute einschneiden, um die Filets herauszulösen. Kerne entfernen. Die Filets in eine zweite Schüssel legen. 2 EL Saft, den Fenchel, Essig, Minze, Salz und Pfeffer dazugeben. Das Relish sorgfältig durchheben und beiseitestellen.

Für die Harissa-Paste Öl, Chiliflocken, Koriander, Kreuzkümmel, Fenchelsamen und Knoblauch zu einer Paste zerreiben. Das Fleisch mit Küchenpapier gut trocken tupfen, großzügig salzen und pfeffern und mit der Paste einreiben.

Die Fleischstücke auf den heißesten Teil des Grills legen und etwa 4 Minuten gut bräunen. Umdrehen und weitergrillen, bis der gewünschte Gargrad erreicht ist (nach 4–5 Minuten ist es medium-rare). Zur Garprobe mit dem Finger auf die Steaks drücken *(siehe Seite 37)*. Im Zweifelsfall ein Steak an der dicksten Stelle einschneiden. Da es noch nachgart, sollte es nicht ganz so durch sein, wie Sie es mögen. Die Steaks auf ein Brett heben, locker mit Alufolie abdecken und 5 Minuten ruhen lassen.

Die Steaks schräg zur Faser in dünne Scheiben schneiden und mit dem Relish als Beilage servieren.

SCHWEINERIPPCHEN AUF ORIENTALISCHE ART

Das erste Mal aß ich (Chris) Rippchen in einem Chinarestaurant in der Stadt Virginia, in der ich aufgewachsen bin. Selbst heute noch kommt mir, wenn ich an Rippchen denke, diese Köstlichkeit in den Sinn. Diese aufgepeppte Variante hat jedoch intensivere Aromen und lässt sich zudem einfacher zubereiten. Wenn Sie diese Rippchen als Fingerfood bei einer Party servieren – wofür sie perfekt geeignet sind –, sollten Sie die doppelte Menge zubereiten, denn sie werden im Handumdrehen verschwunden sein.

Als Vorspeise für 6 Personen

FLEISCH

2 Seiten zarte, fleischige Schweinerippchen, à etwa 900 g

2 EL Öl

grobes Salz und frisch gemahlener weißer Pfeffer (ersatzweise schwarzer Pfeffer)

SAUCE

5 EL fein zerstoßene geröstete Erdnusskerne

4 EL grob gehackte Frühlingszwiebeln

4 EL Hoisinsauce

4 EL Sojasauce

4 EL Reisessig

3 EL Sesamöl

2 EL scharfe Chilisauce (*Sriracha*; im Asienladen erhältlich)

2 EL geschälter und fein gehackter frischer Ingwer

Auf einer Seite des Grills mit so viel Kohlen, wie in einen halben Schuhkarton passen würden, ein Feuer anzünden.

Die Rippchen mit Öl einpinseln und großzügig salzen und pfeffern.

Wenn die Flammen erloschen und die Kohlen mit weißer Asche bedeckt sind, die Rippchen auf die Seite des Grills legen, auf der sich keine Kohlen befinden. Dabei darauf achten, das nichts direkt über den Kohlen liegt. Die Haube auf den Grill setzen, die Lüftungsschlitze zu einem Viertel geöffnet. Die Rippchen 20 Minuten garen, wenden und noch einmal 20 Minuten grillen.

Inzwischen die Zutaten für die Sauce in einer sehr großen Schüssel gut vermischen.

Die gegarten Rippchen auf ein Brett heben, auseinanderschneiden und zu der Sauce in der Schüssel geben. Durchheben, bis sie gut mit Sauce überzogen sind, und sofort – mit einem Berg Papierservietten – servieren.

AUS DEM MEER

WERFEN SIE EINEN BLICK AUF DIE STRÄNDE DER TROPISCHEN WELT, UND ES WIRD KLAR, WESHALB SCHON SEIT ALTEN ZEITEN DIESE WUNDERBARE BEZIEHUNG ZWISCHEN FISCHEN UND MEERESFRÜCHTEN UND GRILLFEUERN BESTEHT. DA WIR STRÄNDE UND DIE TROPEN LIEBEN, SIND WIR GROSSE FANS VON GEGRILLTEM FISCH UND ANDEREN MEERESBEWOHNERN. ANGESICHTS DER FOLGENDEN REZEPTE WERDEN SIE DAS SICHER AUCH BALD SEIN.

THUNFISCHSTEAKS

MIT INGWER, WASABI UND SOJASAUCE

Als ich (Chris) vor mehr als 20 Jahren mein Restaurant East Coast Grill in Cambridge, Massachusetts eröffnete, stand dieses Gericht bereits auf der Speisekarte. Und heute ist es immer noch unser beliebtestes Gericht. Sein Erfolgsgeheimnis liegt darin, dass es so einfach ist. Und ob es gelingt, hängt einzig davon ab, dass man superfrischen Thunfisch in Sushi-Qualität verwendet. Achten Sie darauf, dass die Steaks wirklich dick sind und wie Rindersteaks zubereitet werden. Wir finden, dass sie rare am besten schmecken, aber das entscheiden Sie. Eingelegter Ingwer und Wasabi sind in Asienläden, großen Supermärkten oder Bioläden, auch bei Internetversendern, erhältlich.

Für 4 Personen

4 EL Sesamsamen
4 superfrische Thunfischsteaks, à 225–280 g, etwa 7,5 cm dick
3 EL Sesamöl
2 EL frisch gemahlener weißer Pfeffer
2 EL grobes Salz
4 Frühlingszwiebeln, geputzt und in schmale Streifen geschnitten
4 EL eingelegter Ingwer
3 EL Wasabipulver, mit so viel Wasser vermischt, dass es die Konsistenz von nassem Sand erhält
5 EL gute dunkle Sojasauce

Im Grill ein Feuer anzünden. Wenn die Kohlen durchgeglüht sind, keine Flammen mehr züngeln und die Temperatur im oberen Bereich liegt *(siehe Seite 34)*, kann gegrillt werden.

Den Sesam in einer Pfanne ohne Fett auf dem Grill (oder bei mittlerer Hitze auf dem Herd) rösten, bis er etwas dunkler ist, dabei die Pfanne häufig rütteln, damit er nicht verbrennt. Beiseitestellen.

Die Thunfischsteaks mit dem Sesamöl einpinseln, mit Pfeffer und Salz bestreuen. Direkt über den Kohlen auf den Grill legen und auf jeder Seite 4–5 Minuten gut bräunen. Wenn sich auf beiden Seiten eine dunkelbraune Kruste gebildet hat, die Steaks an den Rändern des Rostes noch einmal etwa 2 Minuten grillen, dann auf eine Platte oder einen Teller heben.

Die Steaks mit Frühlingszwiebeln und Sesam bestreuen und mit Ingwer, Wasabi und Sojasauce als Beilage servieren.

GEGRILLTER KALMAR

MIT ZITRONE, CHILI, KORIANDER UND KNOBLAUCH

Hier bedienen wir uns einer Garmethode, mit der sonst Hähnchen zubereitet wird – man beschwert den Kalmar auf dem Grill mit einem Ziegelstein, damit er rundum gut gebräunt wird. Dies hat zusätzlich den Vorteil, dass er sehr rasch gart und nicht zäh wird. Außerdem ist es immer lustig, wenn sich Gäste wundern, wofür man wohl einen in Alufolie gewickelten Ziegelstein braucht.

Als Vorspeise für 4 Personen

KALMAR

675 g küchenfertige Kalmare mit Armen (trennen Sie die Arme von den Körpern ab oder bitten Sie Ihren Fischhändler darum), sorgfältig gewaschen und gut abgetropft

2 EL Olivenöl

1 EL Chiliflocken

grobes Salz und frisch gemahlener schwarzer Pfeffer

DRESSING

5 EL grob gehacktes Koriandergrün

4 EL bestes Olivenöl

Saft von 1 Zitrone (etwa 4 EL)

1 TL fein gehackter Knoblauch

7 Spritzer Tabasco (oder nach Geschmack)

Im Grill ein Feuer anzünden. Wenn die Kohlen durchgeglüht sind, keine Flammen mehr züngeln und die Temperatur im oberen Bereich liegt *(siehe Seite 34)*, kann gegrillt werden. Einen sauberen Ziegelstein in Alufolie einwickeln und neben den Grill legen.

Die Kalmare mit Olivenöl, Chiliflocken sowie Salz und Pfeffer nach Geschmack in eine große Schüssel geben und die Zutaten behutsam durchheben. Die Arme auf Spieße stecken, damit sie beim Grillen nicht durch den Rost fallen.

Für das Dressing Koriander, Öl, Zitronensaft, Knoblauch und Tabasco in einer großen Schüssel sorgfältig vermischen. Das Dressing beiseitestellen.

Einige Kalmartuben über den Kohlen auf den Grill legen und den Ziegel so daraufsetzen, dass sie ganz bedeckt sind. Auf jeder Seite etwa 2 Minuten grillen, bis sie durchgegart sind, dann den Ziegel entfernen und die Kalmare noch einmal etwa 30 Sekunden grillen, bis sie goldbraun und knusprig sind. Mit den übrigen Tuben ebenso verfahren. Mit der letzten Portion die Arme neben dem Ziegel auf den Grill legen. Die Arme etwa 2 Minuten garen, bis sie gleichmäßig gebräunt und knusprig sind.

Die Kalmartuben in Ringe schneiden, mit den Armen in das Dressing geben und die Zutaten durchheben. Auf einer Platte anrichten und servieren.

PORTUGAL: DER FISCH, DER ALLES ÄNDERTE

Manchmal fragt man mich, was die beste Mahlzeit war, die ich (Doc) jemals gegessen habe. Dann ist einer meiner Favoriten ein ganz einfaches Mittagessen, das ich vor Jahren an einem Strand im Süden Portugals bekommen habe.

Ich war mit Freunden auf Reisen, und da wir sehr wenig Geld hatten, beschlossen wir, nicht im Hotel zu übernachten, sondern am Strand zu campen. Zum Glück war nicht weit von unserem provisorischen Lagerplatz entfernt ein kleines Restaurant direkt auf dem Sand, das eigentlich nur aus ein paar überdachten Tischen bestand. Die Ausstattung war bescheiden – ein mit Holz befeuerter Grill, ein Herd und ein großer Kühlschrank –, und als wir hinkamen, schien es auch nicht viel zu essen zu geben. Es sah aus, als ob wir nur auf etwas Gemüse und vielleicht noch Bratkartoffeln hoffen könnten. Aber im Kühlschrank stand kalter Weißwein, und es war ein herrlicher Tag, also setzten wir uns. Leider schienen wir unsere Wirtsleute nicht dazu bewegen zu können, uns Essen zu servieren. Doch nach etwa einer halben Stunde entdeckten wir den Grund: Das Hauptgericht traf gerade erst ein. Ein kleines Fischerboot legte am Strand an, mehrere Männer sprangen heraus und trugen Eimer mit Fischen die Dünen hinauf. Der junge Koch bezahlte die Fische, säuberte sie rasch und warf sie auf das Holzfeuer, das er angezündet hatte, als das Boot in Sichtweite gekommen war. Ich muss zugeben, dass ich ein wenig Bedenken hatte. Bei den Fischen handelte es sich um Sardinen, und ich bin nie ein Fan von Fischen mit dunklem, fettem Fleisch gewesen. Doch das sollte sich mit dieser Mahlzeit für immer ändern. Der Salat war knackig und erfrischend, die Kartoffeln schmeckten erdig und lecker, aber die Sardinen übertrafen alles. Heiß vom Grill mit knuspriger Haut und dunklem, saftigem Fleisch waren sie eine Offenbarung. Fettfische wurden meine Freunde, und sie sind es bis zum heutigen Tag geblieben.

GEGRILLTE SARDINEN

MIT ZITRONE, PAPRIKA UND PETERSILIE

Frische Sardinen sind wunderbare Fische für den Grill, mit einem herrlichen, fleischigen Geschmack. Hier ergänzen wir sie einfach durch einige traditionelle portugiesische Aromen und grillen sie dann. Wer sie etwas ungewöhnlicher zubereiten will, kann das normale Paprikapulver durch *pimentón de la Vera* ersetzen, geräuchertes Paprikapulver aus Spanien mit einem charakteristischen, rauchigen Geschmack.

Als Vorspeise für 4 Personen

4 EL bestes Olivenöl
1 TL zerdrückter Knoblauch
1 TL gutes Paprikapulver
12 frische küchenfertige Sardinen
2 Zitronen, 1 halbiert, 1 geviertelt
4 EL grob gehackte frische Petersilie
grobes Salz und frisch gemahlener schwarzer Pfeffer

Das Olivenöl in einer kleinen Schüssel mit Knoblauch und Paprikapulver vermischen. Die Mischung über die Sardinen gießen, dann die beiden Zitronenhälften über ihnen ausdrücken und die Petersilie, Salz und Pfeffer darüberstreuen.

Die Sardinen direkt über den Kohlen auf den Grill legen und auf jeder Seite 3–4 Minuten grillen, bis sie außen gut gebräunt und innen gerade durchgegart sind. Zur Garprobe eine der Sardinen an der dicksten Stelle einschneiden, um festzustellen, ob das Fleisch völlig gar ist.

Die Sardinen mit den Zitronenvierteln zum Beträufeln servieren.

LACHS MIT KREUZKÜMMEL

UND CHILI-ORANGEN-BUTTER

Lachs eignet sich perfekt für den Grill, da sein Fleisch so fest ist, dass es nicht zerfällt, und sein kräftiger, typischer Geschmack sich gegen das Grillaroma behaupten kann. Hier fordern wir den Lachs mit Kreuzkümmel und aromatisierter Butter, die scharfen, rauchigen Chipotle-Chili und andere lateinamerikanische Zutaten enthält, noch stärker heraus. Zum Glück ist der Fisch dieser Herausforderung gewachsen und das Ergebnis sensationell.

Für 4 Personen

FISCH

3 EL frisch gemahlene Kreuzkümmelsamen (ersatzweise 1½ EL gemahlener Kreuzkümmel)

4 Stücke Lachsfilet (ersatzweise Heilbutt) à etwa 250 g

2 EL Olivenöl

grobes Salz und frisch gemahlener schwarzer Pfeffer

BUTTER

60 g weiche Butter

2 EL fein gehackter Chipotle-Chili in Adobo-Sauce (Fertigprodukt)

2 EL grob gehacktes Koriandergrün

Saft von 1 Limette (etwa 2 EL)

1 EL fein gehackte Orangenschale

grobes Salz und frisch gemahlener schwarzer Pfeffer

Die Butter mit Chili, Koriandergrün, Limettensaft und Orangenschale in einer kleinen Schüssel sorgfältig vermischen und mit Salz und Pfeffer würzen. In Klarsichtfolie wickeln, zu einer Rolle formen und in den Kühlschrank legen, bis sie hart ist. (Im Kühlschrank hält sich die Butter 1 Woche, im Tiefkühlschrank mehrere Monate.)

Die Kreuzkümmelsamen (sofern verwendet) in einer Pfanne ohne Fett auf dem Herd bei mittlerer Hitze 3–5 Minuten rösten, bis sie aromatisch duften und etwas dunkler sind, dabei die Pfanne häufig rütteln, damit sie nicht anbrennen. Beiseitestellen.

Im Grill ein Feuer anzünden. Wenn die Kohlen durchgeglüht sind, keine Flammen mehr züngeln und die Temperatur im mittleren Bereich liegt *(siehe Seite 34)*, kann gegrillt werden.

Die Lachsfilets auf beiden Seiten mit Olivenöl einpinseln und großzügig salzen und pfeffern. Den Kreuzkümmel (die Samen oder das Pulver) daraufstreuen und behutsam andrücken, damit er haften bleibt. Die Filets über den Kohlen auf den Grill legen und auf jeder Seite 6–8 Minuten grillen, bis sie beinahe gar sind. Zur Garprobe mit einem Finger auf den Fisch drücken *(siehe Seite 37)*. Im Zweifelsfall ein Filet an der dicksten Stelle einschneiden, um zu prüfen, ob es fast durchgegart ist. Die Filets auf eine Platte heben. Auf jedes 1 oder 2 Scheiben Butter legen, dann den Fisch servieren.

SCHWERTFISCHSTEAKS
MIT RÄUCHERLACHS-SCHNITTLAUCH-BUTTER

Wenn Sie im Grillen von Fisch keine Erfahrung haben, dann ist dies genau das richtige Rezept zum Üben. Schwertfisch mit seinem festen Fleisch eignet sich ideal. Er ist nicht schwerer zuzubereiten als ein Steak, und sein mildes weißes Fleisch harmoniert perfekt mit einer Vielzahl von Aromen. Und wenn Sie die Lachsbutter im Voraus zubereiten (im Kühlschrank hält sie sich mehrere Tage, im Gefrierschrank 2–3 Monate), können Sie abends nach der Arbeit dieses Gericht im Handumdrehen auf den Tisch zaubern.

Für 4 Personen

FISCH

4 Schwertfischsteaks à 250 g, etwa 2,5 cm dick
2 EL Olivenöl
3 EL frisch gemahlener schwarzer Pfeffer
1 EL grobes Salz

BUTTER

125 g weiche Butter
60 g Räucherlachs, grob gehackt
Saft von ½ Zitrone (etwa 2 EL)
5 Spritzer Tabasco
3 EL feine Schnittlauchröllchen
grobes Salz und frisch gemahlener schwarzer Pfeffer

Im Grill ein Feuer anzünden. Wenn die Kohlen durchgeglüht sind, keine Flammen mehr züngeln und die Temperatur im oberen Bereich liegt *(siehe Seite 34)*, kann gegrillt werden.

Die Fischsteaks mit dem Öl einpinseln. Großzügig Salz und Pfeffer daraufstreuen und behutsam andrücken, damit sie haften bleiben. Die Steaks direkt über den Kohlen auf den Grill legen und auf jeder Seite 5–7 Minuten grillen, bis sie gerade gar sind. Zur Garprobe mit dem Finger auf das Fleisch drücken *(siehe Seite 37)*. Im Zweifelsfall ein Steak einschneiden, um zu prüfen, ob es durchgegart ist.

Während der Fisch auf dem Grill liegt, die Butter mit Räucherlachs, Zitronensaft und Tabasco in der Küchenmaschine glatt pürieren. Schnittlauch, Salz und Pfeffer nach Geschmack hinzufügen und untermischen.

Die Steaks auf einer Platte anrichten und auf jedes etwas Lachs-Schnittlauch-Butter geben, dann sofort servieren.

GEGRILLTER SEEBARSCH MIT MITTELMEERSALAT

Wir haben das Glück, viel Zeit an der südlichen Küste von Massachusetts zu verbringen, und (wenn wir noch mehr Glück haben), fangen wir dort manchmal Felsenfische. Dieses einfache, sommerliche Rezept gehört zu unseren bevorzugten Zubereitungsmethoden *(siehe Seite 104–105)*. Der Fisch mit seinem zarten Geschmack kann ganz schlicht gegrillt und dann mit den dezenten Aromen eines Tomaten-Gurken-Salates kombiniert werden. Seebarsch schmeckt übrigens ebenso köstlich.

Für 4 Personen

FISCH

4 Seebarschfilets à 250 g
2 EL Öl
grobes Salz und frisch gemahlener schwarzer Pfeffer

SALAT

2 große Tomaten, entkernt und grob gewürfelt
1 Salatgurke, geschält und mittelgroß gewürfelt
½ rote Zwiebel, geschält und fein gewürfelt
60 g entsteinte schwarze Oliven

DRESSING

Saft von 1½ Zitronen (etwa 5 EL)
4 EL fein gehacktes frisches Basilikum
1 Prise Chiliflocken
grobes Salz und frisch gemahlener schwarzer Pfeffer
5 EL bestes Olivenöl

Im Grill ein Mehrzonenfeuer *(siehe Seite 31)* anzünden. Wenn die Kohlen durchgeglüht sind, keine Flammen mehr züngeln und die Temperatur im mittleren Bereich liegt *(siehe Seite 34)*, kann gegrillt werden.

Die Fischfilets mit dem Öl einpinseln und großzügig salzen und pfeffern. Auf die heißere Seite des Grills legen und auf jeder Seite 6–8 Minuten garen, bis sie außen eine dunkle Kruste bekommen und innen nicht mehr glasig sind. Sollte das Fleisch zu dunkel werden, die Filets auf die kühlere Seite des Grills heben und mit einer Metallform oder Alu-Grillpfanne abdecken, um sie fertig zu garen. Zur Garprobe mit dem Finger auf den Fisch drücken *(siehe Seite 37)*. Im Zweifelsfall ein Filet einschneiden, um zu prüfen, ob es gerade durchgegart ist.

Während der Fisch auf dem Grill liegt, die Zutaten für den Salat in eine Schüssel geben. Für das Dressing Zitronensaft, Basilikum, Chiliflocken, Salz und Pfeffer in einer kleinen Schüssel vermischen, dann das Olivenöl sorgfältig unterschlagen. So viel Dressing an den Salat geben, dass die Zutaten gerade damit überzogen werden. Den Salat gut durchheben.

Den Salat auf vier Teller verteilen und die Fischfilets darauf anrichten.

AUSTERN MIT SPECK

Manche Menschen essen Austern nur roh, andere nur gegart. Wir gehören beiden Parteien an. Dieses Gericht folgt einer großartigen Tradition, die man an den Buchten der Pazifikküste nördlich von San Francisco findet. Dort kauft man sich einen Beutel Austern und einen Beutel Holzkohle und grillt sie an Ort und Stelle. Wir servieren die Austern mit einer einfachen Barbecue-Sauce und geben gemäß unserer Überzeugung, dass fast alles durch geräuchertes Schweinefleisch noch besser wird, etwas Speck über die Austern.

Als Vorspeise für 4 Personen

250 g Bauchspeck (z. B. Pancetta), fein gewürfelt
50 g Butter
4 EL Tomatenketchup
Saft von 1 Zitrone (etwa 4 EL)
2 EL grob gehackte frische Petersilie
6 Spritzer Tabasco
3 Spritzer Worcestersauce
grobes Salz und frisch gemahlener schwarzer Pfeffer
24 ausgelöste Austern mit den Schalen

Im Grill ein Feuer anzünden. Wenn die Kohlen durchgeglüht sind, keine Flammen mehr züngeln und die Temperatur im mittleren Bereich liegt *(siehe Seite 34)*, kann gegrillt werden.

In der Zwischenzeit den Speck in einer Pfanne auf dem Herd bei mittlerer Hitze unter häufigem Rühren in etwa 7 Minuten knusprig braten. Auf Küchenpapier abtropfen lassen.

Die Butter in einem kleinen Topf zerlassen. Ketchup, Zitronensaft, die Hälfte der Petersilie (den Rest als Garnitur aufbewahren), Tabasco, Worcestersauce, Salz und Pfeffer unterschlagen. Den Topf vom Herd nehmen.

Die flache obere Schalenhälfte der Austern entfernen, die Austern in der unteren Schalenhälfte lösen und (in der unteren Schalenhälfte) über den Kohlen auf den Grill setzen. 2–3 Minuten garen, bis sich die Ränder zu kräuseln beginnen. Auf jede Auster etwa 1 EL Sauce geben und weitergaren, bis die Sauce so heiß ist, dass sie zu blubbern beginnt. Die Austern auf eine Platte heben, mit Petersilie und Speck bestreuen und servieren, aber Vorsicht – die Austernschalen sind sehr heiß.

ZACKENBARSCH AUF SÜDSTAATEN-ART MIT TABASCO-MAIS-MAYONNAISE

In den 1980er-Jahren wurde in Amerika die Cajun-Küche plötzlich immens populär. In unserer Version eines populären Gerichts aus dieser Küche wird der Fisch mit einer Gewürzmischung eingerieben und auf den Grill gelegt, wo er durch die Gewürze eine schöne Kruste erhält. (Wenn Zackenbarsch nicht erhältlich ist, verwenden Sie Seebarsch oder Roten Schnapper.) Die würzige Mayonnaise mit dem knackigen Mais und den süßlichen Gewürzgurken passt praktisch zu jedem weißfleischigen Fisch, egal wie er zubereitet wird.

Für 4 Personen

FISCH

3 EL Paprikapulver
2 EL gemahlener Koriander
2 EL grobes Salz
1 EL Senfpulver
1 EL frisch gemahlener schwarzer Pfeffer
1 EL Cayennepfeffer
4 Zackenbarschsteaks oder -filets à 225–280 g
3 EL Olivenöl

SAUCE

grobes Salz
1 Maiskolben, Hüllblätter und Fäden entfernt
150 g Mayonnaise
4 EL fein gehackte Gewürzgurken
3 EL grob gehackte frische Petersilie
2–3 EL Tabasco (Menge nach Geschmack; oder eine andere scharfe Sauce)
2 EL Senf
1 EL Selleriesalz
frisch gemahlener schwarzer Pfeffer

Für die Sauce auf dem Herd in einem großen Topf Salzwasser zum Kochen bringen und den Maiskolben darin einige Minuten blanchieren. Abtropfen lassen, dann die Körner abschneiden.

Die Maiskörner mit den anderen Zutaten für die Sauce in einer kleinen Schüssel sorgfältig vermischen, eventuell noch salzen. Die Mayonnaise in eine Schüssel füllen und bis zur Verwendung abgedeckt in den Kühlschrank stellen.

Im Grill ein Feuer anzünden. Wenn die Kohlen durchgeglüht sind, keine Flammen mehr züngeln und die Temperatur im mittleren Bereich liegt *(siehe Seite 34)*, kann gegrillt werden.

Paprikapulver, Koriander, Salz, Senfpulver, schwarzen Pfeffer und Cayennepfeffer in einer kleinen Schüssel gut vermischen. Den Fisch mit Olivenöl einpinseln und großzügig mit Gewürzmischung überziehen. Die Mischung andrücken, damit sie haften bleibt. Den Fisch direkt über den Kohlen auf den Grill legen und pro Seite 6–8 Minuten garen, bis er gerade gar ist. Zur Garprobe mit dem Finger daraufdrücken *(siehe Seite 37)*. Im Zweifelsfall ein Steak oder Filet einschneiden, um zu prüfen, ob es durchgegart ist.

Den Fisch auf eine Platte heben und servieren, die Mayonnaise dazu reichen.

SEETEUFEL MIT WÜRZIGER VINAIGRETTE

Sein festes Fleisch und sein milder, süßlicher Geschmack haben dem Seeteufel bei Grillern viele Freunde eingebracht. Und auch wenn er oft »Arme-Leute-Hummer« genannt wird, kann er sich gegen intensive Aromen tatsächlich besser behaupten als Hummer. Bei diesem einfachen Gericht nutzen wir diese Eigenschaft, indem wir den Fisch vor dem Grillen mit Kreuzkümmel und Koriander überziehen und ihn anschließend mit einer würzigen Vinaigrette beträufeln, die Aromen aus Lateinamerika enthält.

Für 4 Personen

FISCH

3 EL frisch zerstoßene Kreuzkümmelsamen
2 EL gemahlener Koriander
grobes Salz und frisch gemahlener schwarzer Pfeffer
4 Seeteufelfilets à etwa 250 g
2 EL Olivenöl

VINAIGRETTE

5 EL bestes Olivenöl
Saft von 2 Limetten (etwa 4 EL)
3 EL grob gehackter frischer Oregano
3 EL fein gehackte frische Chilischote
1 TL fein gehackter Knoblauch
grobes Salz und frisch gemahlener schwarzer Pfeffer

Im Grill ein Feuer anzünden. Wenn die Kohlen durchgeglüht sind, keine Flammen mehr züngeln und die Temperatur im mittleren Bereich liegt *(siehe Seite 34)*, kann gegrillt werden.

Kreuzkümmel, Koriander, Salz und Pfeffer in einer kleinen Schüssel sorgfältig vermischen. Die Filets mit dem Öl einpinseln und großzügig mit der Gewürzmischung überziehen. Die Mischung behutsam andrücken, damit sie haften bleibt. Den Fisch auf den Grill legen und auf jeder Seite 6–8 Minuten grillen, bis er gerade gar ist. Zur Garprobe mit dem Finger auf das Fleisch drücken *(siehe Seite 37)*. Im Zweifelsfall ein Filet einschneiden, um zu prüfen, ob es durchgegart ist.

Während der Fisch auf dem Grill liegt, die Zutaten für die Vinaigrette in einer kleinen Schüssel sorgfältig verschlagen.

Die Fischfilets auf eine Platte heben, großzügig mit Vinaigrette beträufeln und servieren, die restliche Vinaigrette dazu reichen.

TYPISCHE AROMEN SÜDOSTASIEN

In den vergangenen Jahrzehnten hat die Küche Südostasiens die internationale kulinarische Bühne erobert. Ihre vielleicht hervorstechendste Eigenschaft ist ihr Hang, in einem Gericht scharfe, saure, süße und salzige Aromen zu kombinieren, sodass jeder Bissen zu einem Geschmacksfeuerwerk wird, das häufig durch die kluge Verwendung von fermentierten Produkten aus Meeresfrüchten noch mehr Intensität erhält. Dem westlichen Gaumen entspricht vielleicht Fischsauce am ehesten. Möchten Sie mit anderen fermentierten Produkten experimentieren, gehen Sie in ein asiatisches Lebensmittelgeschäft. Wir lieben den explosiven Charakter südostasiatischer Aromen und glauben, dass auch Sie es tun werden, wenn Sie einige dieser Würzen ausprobiert haben.

Südostasiatische Würzpaste

Ergibt etwa 140 g

Streichen Sie diese feurige Currypaste auf Lamm- oder Rindfleisch, das gegrillt werden soll.

2 EL Sesamöl
3 EL neutrales Öl
2 EL zerstoßene Koriandersamen
4 EL fein gehackte Chilischote (am besten Jalapeño)
2 EL geschälter und fein gehackter frischer Ingwer
2 Stängel Zitronengras, fein gehackt (nur den zarten inneren Teil des unteren Drittels verwenden)
2 EL fein gehackter Knoblauch
1 EL gemahlener weißer Pfeffer
2 TL grobes Salz

Alle Zutaten in einer kleinen Schüssel sorgfältig vermischen oder, falls die Paste feiner werden soll, im Mörser zerreiben; völlig glatt sollte die Paste aber nicht sein. Abgedeckt im Kühlschrank aufbewahrt hält sie 2–3 Tage.

Südostasiatische Gewürzmischung

Ergibt etwa 120 g

Diese Gewürzmischung kann man für jedes große Stück Fleisch oder Geflügel verwenden, das gegrillt wird.

4 EL Currypulver
4 EL gemahlener Koriander
2 EL gemahlener Kreuzkümmel
2 EL gemahlener weißer Pfeffer
2 EL grobes Salz
1 EL Kurkuma
1 EL gemahlener Ingwer
1 EL Cayennepfeffer

Alle Zutaten in einer kleinen Schüssel gut vermischen. In einem luftdicht verschlossenen Behälter an einem kühlen, dunklen Platz aufbewahrt, hält die Mischung mehrere Monate.

Südostasiatische Würzpaste

Chili-Fischsaucen-Dip

Ergibt etwa 240 ml

Ein einfacher, aber vielseitiger Dip für Spieße aus Hähnchenfleisch, Fisch, Garnelen oder Schweinefleisch.

5 EL thailändische Fischsauce
Saft von 3 Limetten (etwa 6 EL)
2 frische Chilischoten (am besten Jalapeño), in schmale Ringe geschnitten
2 TL Zucker

Alle Zutaten in einer kleinen Schüssel verrühren, bis sich der Zucker aufgelöst hat. Abgedeckt im Kühlschrank aufbewahrt hält sich die Sauce 4–5 Tage.

Mango-Ingwer-Relish

Ergibt etwa 350 g

Dieses Relish ist eine großartige Beilage zu praktisch allem, was gegrillt wird. Wir mögen es aber vor allem zu Fisch, Meeresfrüchten oder Hähnchen.

1 große reife, feste Mango, geschält, entsteint und fein gewürfelt
4 EL grob gehackte Frühlingszwiebeln
Saft von 2 Limetten (etwa 4 EL)
2 EL geschälter und fein gehackter frischer Ingwer
2 EL thailändische Fischsauce
1 EL fein gehackte Chilischote

Alle Zutaten in einer mittelgroßen Schüssel gut vermischen. Abgedeckt im Kühlschrank aufbewahrt hält sich das Relish 2–3 Tage.

TYPISCHE ZUTATEN/OBERE REIHE (VON LINKS NACH RECHTS) Koriandergrün, Koriandersamen, Fischsauce, Zitronengras; **ZWEITE REIHE** Kaffirlimettenblätter, Knoblauch, Schalotte, Thai-Basilikum; **DRITTE REIHE** Minze, getrocknete Garnelen, Ingwer, Tamarinde; **UNTERE REIHE** Frische Chilischoten, Kokosmilch, Garnelenpaste, Galgant

Pfirsich-Chili-Relish

Ergibt etwa 280 g

Die feurigen Sambals stammen ursprünglich aus Malaysia und Indonesien. Heute findet man sie in ganz Südostasien und auch im Süden Afrikas. Diese Variante passt wunderbar zu Schweine- und Lammfleisch und aromareichem Fisch wie Makrele oder Blaubarsch.

2 reife, feste Pfirsiche, geschält, entsteint und fein gewürfelt
2 EL fein gehackte frische Chilischote (am besten Jalapeño)
2 EL grob gehacktes Koriandergrün
2 EL thailändische Fischsauce
1 EL geschälter und fein gehackter frischer Ingwer
Saft von 1 ½ Limetten (etwa 3 EL)
1 TL Zucker

Alle Zutaten in einer mittelgroßen Schüssel sorgfältig vermischen. Das Relish sofort verwenden, da die Pfirsiche nicht sehr lang halten.

Mango-Ingwer-Relish

HEILBUTT MIT LIMETTENMAYO UND PEKANNÜSSEN

Mayonnaise und Pekannüsse kann man im Voraus zubereiten, die Mayonnaise muss aber im Kühlschrank aufbewahrt werden. Wenn Ihre Gäste dann kommen, brauchen Sie nur noch den Heilbutt zu grillen. (Die würzigen Pekannüsse sind übrigens auch für sich ein großartiger Snack.)

Für 4 Personen

FISCH

4 Heilbuttsteaks à etwa 250 g
2 EL Olivenöl
grobes Salz und frisch gemahlener schwarzer Pfeffer

MAYONNAISE

200 g Mayonnaise
Saft von 1 Limette (etwa 2 EL)
2 EL grob gehacktes Koriandergrün
1 Chipotle-Chilischote in Adobo-Sauce, fein gehackt (Fertigprodukt)

PEKANNÜSSE

50 g Pekannusskerne, grob zerstoßen
1 TL Olivenöl
1 Prise Zucker
1 Prise Chilipulver
1 Prise gemahlener Kreuzkümmel
1 Prise Cayennepfeffer
grobes Salz und frisch gemahlener schwarzer Pfeffer

Im Grill ein Feuer anzünden. Wenn die Kohlen durchgeglüht sind, keine Flammen mehr züngeln und die Temperatur im mittleren Bereich liegt *(siehe Seite 34)*, kann gegrillt werden.

Inzwischen Mayonnaise, Limettensaft, Koriander und Chilischote in einer kleinen Schüssel sorgfältig vermischen.

Pekannüsse, Öl, Zucker und Gewürze in einer kleinen Pfanne auf dem Herd bei mittlerer Hitze etwa 5 Minuten rösten, bis sie aromatisch duften, dabei häufig durchrühren. Zum Abkühlen in eine kleine Schüssel geben.

Den Heilbutt mit dem Öl einpinseln und großzügig salzen und pfeffern. Direkt über den Kohlen auf den Grill legen und auf jeder Seite 5–6 Minuten grillen, bis er gerade gar ist. Zur Garprobe mit dem Finger daraufdrücken *(siehe Seite 37)*. Im Zweifelsfall ein Steak an der dicksten Stelle einschneiden, um zu prüfen, ob es durchgegart ist.

Die Steaks auf einer Platte anrichten, großzügig Mayonnaise daraufgeben und die Pekannüsse darüberstreuen.

GEGRILLTE MAKRELE MIT AVOCADO-MAIS-SALSA

Wir verwenden für dieses hawaiische Rezept gerne Mahi-Mahi, auf deutsch Goldmakrele. Der subtropische Fisch ist sehr weitverbreitet und trägt deshalb verschiedene Namen. Sein hawaiischer Name bedeutet »stark-stark«. Er wird aber auch Delfinfisch genannt, weil er häufig Delfine begleitet. Er ist einer der schönsten Speisefische und schimmert nach dem Fangen blau, grün, golden und silbern. Auf dem Grill macht er sich wunderbar, denn er hat zartes Fleisch mit einem feinen Geschmack.

Als Vorspeise für 4 Personen

FISCH

je 1 EL Chilipulver, gemahlener Kreuzkümmel und gemahlener Koriander

4 Goldmakrelen à etwa 250 g (ersatzweise Schwertfisch- oder Heilbuttfilet)

2 EL Olivenöl

grobes Salz und frisch gemahlener schwarzer Pfeffer

SALSA

grobes Salz

2 Maiskolben, Hüllblätter und Fäden entfernt

1 reife, feste Avocado, entsteint, geschält und fein gewürfelt

Saft von 3 Limetten (etwa 5 EL)

4 EL grob gehacktes Koriandergrün

3 EL Olivenöl

1 TL fein gehackte frische Chilischote (vorzugsweise Jalapeño)

frisch gemahlener schwarzer Pfeffer

Den Mais für die Salsa blanchieren. Auf dem Herd in einem großen Topf Salzwasser zum Kochen bringen. Die Maiskolben darin 20 Minuten garen, dann abtropfen lassen und die Körner abschneiden.

Die Zutaten für die Salsa in einer mittelgroßen Schüssel behutsam, aber sorgfältig vermischen. Die Salsa mit Klarsichtfolie abgedeckt bis zum Servieren in den Kühlschrank stellen.

Im Grill ein Feuer anzünden. Wenn die Kohlen durchgeglüht sind, keine Flammen mehr züngeln und die Temperatur im mittleren Bereich liegt *(siehe Seite 34)*, kann gegrillt werden.

Chilipulver, Kreuzkümmel und Koriander in einer kleinen Schüssel sorgfältig vermischen. Die Fischfilets auf beiden Seiten mit Öl einpinseln, großzügig salzen und pfeffern und mit der Gewürzmischung einreiben. Über den Kohlen auf den Grill legen und auf jeder Seite 5–6 Minuten grillen, bis sie gerade gar sind. Zur Garprobe mit dem Finger daraufdrücken *(siehe Seite 37)*. Im Zweifelsfall ein Filet an der dicksten Stelle einschneiden, um zu prüfen, ob es durchgegart ist.

Die Filets auf Tellern anrichten und auf jedes 1 Löffel Salsa geben. Die restliche Salsa dazu reichen.

GARNELEN ZUM PULEN

MIT BASILIKUM UND ZITRONE

Dieses Gericht darf man unbekümmert mit den Fingern essen. Ich (Chris) wuchs an der Ostküste der USA auf und beteiligte mich als Jugendlicher an manchem »Garnelenkochen«, bei dem wir in das Garwasser für die Garnelen eine bestimmte Gewürzmischung namens Old Bay Seasoning schütteten. Hier brechen wir ein wenig mit der Tradition, indem wir die Garnelen zuerst grillen und anschließend würzen. Probieren Sie zu dem Gericht ein eiskaltes Bier.

Als Vorspeise für 4 Personen

500 g ungeschälte rohe Garnelen (16–20 Stück)
2 EL Olivenöl
grobes Salz und frisch gemahlener schwarzer Pfeffer
Saft von 2 Zitronen (etwa 120 ml)
4 EL grob gehacktes frisches Basilikum
50 g weiche Butter
2 EL fein gehackter Knoblauch
1 EL Würzmischung Old Bay Seasoning (im Onlinehandel erhältlich)
6 Spritzer Tabasco

Im Grill ein Feuer anzünden. Wenn die Kohlen durchgeglüht sind, keine Flammen mehr züngeln und die Temperatur im mittleren Bereich liegt *(siehe Seite 34)*, kann gegrillt werden.

Die Schalen der Garnelen mit einem kleinen scharfen Messer oder einer kleinen Schere am Rücken aufschneiden und die Därme entfernen.

In einer großen Schüssel Öl, Salz und Pfeffer mischen und die Garnelen darin wenden, dann über den Kohlen auf den Grill legen und auf jeder Seite 4–5 Minuten grillen, bis sie gar sind. Zur Garprobe eine Garnele an der dicksten Stelle aufschneiden, um zu prüfen, ob sie durchgegart ist.

Während die Garnelen auf dem Grill liegen, Zitronensaft, Basilikum, Butter, Knoblauch, Würzmischung, Tabasco, Salz und Pfeffer in einer großen Schüssel sorgfältig vermischen. Die gegarten Garnelen in die Schüssel geben und behutsam durchheben, bis die Butter geschmolzen ist und die Garnelen überzogen hat. Die Garnelen in der Schüssel servieren, dazu eine zweite große Schüssel für die Schalen reichen.

HEILBUTTSTEAKS MIT TOMATEN-MINZE-CHUTNEY

Heilbutt ist ein Fisch mit festem, weißem Fleisch und zarten Geschmack, der eine relativ leichte Zubereitungsweise verlangt. Daher kombinieren wir ihn hier mit leichten säuerlichen Aromen. Für dieses Rezept können Sie auch anderen weißfleischigen Fisch wie Schellfisch, Seehecht oder Kabeljau verwenden.

Für 4 Personen

FISCH

4 EL frisch zerstoßene Koriandersamen
2 TL frisch zerstoßener weißer Pfeffer
1 EL grobes Salz
4 Heilbuttsteaks à 225–280 g, etwa 2,5 cm dick
2 EL Olivenöl

CHUTNEY

2 große reife Tomaten, entkernt und gewürfelt
½ mittelgroße Gurke, gewürfelt
Saft von 2 Zitronen (etwa 120 ml)
4 EL grob gehackte frische Minze
2 EL geschälter und fein gehackter frischer Ingwer
1 EL Sesamöl
1 EL fein gehackte frische Chilischote
grobes Salz und frisch gemahlener schwarzer Pfeffer

Im Grill ein Feuer anzünden. Wenn die Kohlen durchgeglüht sind, keine Flammen mehr züngeln und die Temperatur im mittleren Bereich liegt *(siehe Seite 34)*, kann gegrillt werden.

Koriander, weißen Pfeffer und Salz in einer kleinen Schüssel sorgfältig vermischen. Die Heilbuttsteaks mit Öl einpinseln und mit der Gewürzmischung überziehen. Die Mischung behutsam andrücken, damit sie haften bleibt. Die Filets direkt über den Kohlen auf den Grill legen und auf jeder Seite 5–6 Minuten grillen, bis sie gerade gar sind. Zur Garprobe mit dem Finger auf den Fisch drücken *(siehe Seite 37)*. Im Zweifelsfall ein Steak einschneiden, um zu prüfen, ob es durchgegart ist.

Während der Fisch auf dem Grill liegt, die Zutaten für das Chutney in einer kleinen Schüssel sorgfältig vermischen.

Die Heilbuttsteaks auf einer Platte anrichten und auf jedes 1 Löffel Chutney setzen, dann servieren. Das restliche Chutney dazu reichen.

JAKOBSMUSCHEL-COCKTAIL

Dies ist eine Variante des lateinamerikanischen Klassikers *ceviche*, für den Fisch im Saft von Zitrusfrüchten »gegart« wird. Hier grillen wir die Muscheln kurz, ehe wir sie in Limettensaft legen. Gehaltvoller wird die Vorspeise durch Tomate, Avocado und Palmenherzen. Das Gericht kann auch an einem Sommertag als Mittagessen für zwei Personen serviert werden.

Als Vorspeise für 4 Personen

SALAT

3 EL Kreuzkümmelsamen
1 große Tomate, entkernt und fein gewürfelt
1 reife, feste Avocado, entsteint, geschält, fein gewürfelt und dünn mit frisch gepresstem Zitronensaft beträufelt
100 g Palmenherzen, in 5 mm dicke Scheiben geschnitten
½ Romana-Salat, quer in schmale Streifen geschnitten

DRESSING

Saft von 3 Limetten (etwa 6 EL)
4 EL bestes Olivenöl
2 EL fein gehackte frische Chilischote
2 EL grob gehackter frischer Oregano
1 TL fein gehackter Knoblauch
grobes Salz und frisch gemahlener schwarzer Pfeffer

MUSCHELN

500 g ausgelöste große Jakobsmuscheln (etwa 16 Stück)
2 EL Öl
1 EL gemahlener Kreuzkümmel
grobes Salz und frisch gemahlener schwarzer Pfeffer

Die Kreuzkümmelsamen auf dem Herd in einer Pfanne ohne Fett bei mittlerer Hitze 2–3 Minuten rösten, bis sie aromatisch duften und etwas dunkler sind, dabei regelmäßig die Pfanne rütteln, damit sie nicht verbrennen. Die Samen im Mörser zerstoßen oder in einer Tüte mit dem Pfannenboden zerklopfen.

Im Grill ein Feuer anzünden. Wenn die Kohlen durchgeglüht sind, keine Flammen mehr züngeln und die Temperatur im mittleren Bereich liegt *(siehe Seite 34)*, kann gegrillt werden.

Für den Salat Tomate, Avocado und Palmenherzen in eine große Schüssel geben. Für das Dressing Limettensaft, Olivenöl, Chili, Oregano, Knoblauch, Salz und Pfeffer in einer kleinen Schüssel gut verschlagen. Beides beiseitestellen.

Die Muscheln mit dem Öl einpinseln, mit Kreuzkümmel, Salz und Pfeffer bestreuen. Direkt über den Kohlen auf den Grill legen und auf jeder Seite 3–4 Minuten grillen, bis sie gerade gar sind. Zur Garprobe eine der größten Muscheln einschneiden, um zu prüfen, ob sie durchgegart ist.

Die Muscheln in die Schüssel mit der Salatmischung geben. Das Dressing noch einmal aufschlagen und so viel in die Schüssel geben, dass die Zutaten gerade davon überzogen werden. Den Salat durchheben. Zum Servieren die Salatstreifen auf vier Teller verteilen und jeweils ein Viertel des Muschelcocktails darauf anrichten. Kreuzkümmel darüberstreuen.

MAROKKO: DER ZAUBER DER KÜSTE

Sollte man entscheiden, welches der bekannteste Ort Marokkos ist, würde man wohl Djemaa el Fna wählen, den farbenfrohen zentralen Marktplatz von Marrakesch. Vor allem bei Nacht tobt dort das Leben: Die Rufe der Schlangenbeschwörer und Wasserverkäufer gehören dazu wie die funkelnden Gewänder der Gaukler, das Gedränge der riesigen Menge und der allgegenwärtige Rauch von Grillfeuern. Doch Marokko hat auch eine stillere Seite.

Ganz anders sieht es im wenig bekannten Rabat aus, das Hauptstadt und administrativer Dreh- und Angelpunkt des Landes ist. Gezielt hätten wir in dieser recht ruhigen Stadt nie haltgemacht, doch vor einigen Jahren verbrachten wir dort einige Tage, während wir auf Visa für Algerien warteten (damals schwer zu bekommen, da sich beide Länder in einem Grenzkonflikt befanden). Während unseres Aufenthaltes verliebten wir uns langsam in den sanften Charme der Stadt – in die breiten Straßen, großen Gärten, die Art-déco-Häuser im Kolonialviertel, das prächtige Mausoleum von Mohammed V., die kleine, exotische Altstadt. Es ist eine Stadt, in der man umherschlendern kann, ohne hektischen Verkehr und die gnadenlosen Händler, die Marrakesch und Fès schwer erträglich machen können. Das Schönste aber waren die Restaurants am Meer. Am besten gefiel uns ein einfaches Restaurant mit etwa einem Dutzend Tischen, die am Wasser aufgereiht standen, und einer großartigen Bougainvillea, die die rissigen Wände emporkletterte. Dort begegneten wir zum ersten Mal *chermoula*. Auf superfrischen Fischen, die genau die richtige Zeit auf einem Holzkohlengrill gelegen hatten, war diese klassische, leicht scharfe Kräutersauce die ideale Ergänzung für die süßlichen, leicht rauchigen Fische. Wir gingen jeden Nachmittag dorthin, um in der Sonne zu sitzen, den Wellen zu lauschen und von den Meistern zu lernen, wie man Fisch und intensive Aromen in vollkommener Harmonie vereint.

MAROKKANISCHE JAKOBSMUSCHELN

Die grüne Kräutersauce dieses Gerichtes ist unsere Variante der marokkanischen *chermoula*, die gewöhnlich zu Fisch und Meeresfrüchten gereicht wird. Wir lieben sie nicht nur, weil sie köstlich schmeckt, sondern weil sie auch ein perfektes Beispiel dafür ist, wie gut intensive Aromen mit Meeresfrüchten harmonieren und den zarten Geschmack von Fisch ergänzen, statt ihn zu dominieren. Zusätzlich geben wir den Jakobsmuscheln hier eine Kreuzkümmel-Koriander-Kruste.

Für 4 Personen

MUSCHELN

1 kg ausgelöste große Jakobsmuscheln (etwa 24 Stück)
4 EL Olivenöl
2 EL Kreuzkümmelsamen
1 EL gemahlener Koriander
1 EL Paprikapulver
grobes Salz und frisch gemahlener schwarzer Pfeffer

SAUCE

30 g grob gehacktes Koriandergrün
4 EL grob gehackte frische Petersilie
4 EL bestes Olivenöl
2 EL Rotweinessig
3 Knoblauchzehen, geschält
1 TL Chiliflocken

Im Grill ein Feuer anzünden. Wenn die Kohlen durchgeglüht sind, keine Flammen mehr züngeln und die Temperatur im oberen Bereich liegt *(siehe Seite 34)*, kann gegrillt werden.

Die Zutaten für die Sauce in einer Küchenmaschine oder im Mixer glatt pürieren. Die Sauce in eine Schüssel füllen und beiseitestellen.

Jakobsmuscheln, Olivenöl, Kreuzkümmel, Koriander, Paprikapulver, Salz und Pfeffer in eine große Schüssel geben. Die Zutaten behutsam durchheben, bis die Muscheln gleichmäßig mit dem Gewürzöl überzogen sind. Die Muscheln über den Kohlen auf den Grill legen und auf jeder Seite 3–4 Minuten grillen, bis sie gerade gar sind. Zur Garprobe eine Muschel einschneiden, um zu prüfen, ob sie durchgegart ist.

Zum Servieren die Muscheln auf vier Teller verteilen und mit etwas Sauce beträufeln. Die restliche Sauce dazu reichen.

SEETEUFEL MIT KREBSFLEISCH, PARMASCHINKEN UND ARTISCHOCKENHERZEN

Gegrillter Seeteufel ist der perfekte Partner für ein Trio aus italienischen Zutaten mit intensiven Aromen – zartes Krabbenfleisch, knuspriger, salziger Schinken und wunderbar nussige Artischockenherzen. Wenn Sie Zeit und Lust haben, verwenden Sie frische Artischockenherzen, die besonders lecker sind (Zubereitung siehe Seite 258); für dieses Rezept kann aber auch ein Fertigprodukt verwendet werden.

Für 4 Personen

4 Seeteufelfilets à etwa 250 g
2 EL Öl
grobes Salz und frisch gemahlener schwarzer Pfeffer
12 dünne Scheiben Parmaschinken
4 gegarte Artischockenherzen (aus dem Glas oder frisch), geviertelt
175 g Krebsfleisch (Crabmeat), zerpflückt
Saft von 1 Zitrone (etwa 4 EL)
4 EL grob gehackte frische Petersilie
3 EL bestes Olivenöl

Im Grill ein Feuer anzünden. Wenn die Kohlen durchgeglüht sind, keine Flammen mehr züngeln und die Temperatur im mittleren Bereich liegt *(siehe Seite 34)*, kann gegrillt werden.

Die Fischfilets mit dem Öl einpinseln und großzügig salzen und pfeffern. Direkt über den Kohlen auf den Grill legen und auf jeder Seite 6–8 Minuten grillen, bis sie gerade gar sind. Zur Garprobe mit dem Finger auf den Fisch drücken *(siehe Seite 37)*. Im Zweifelsfall ein Filet einschneiden, um zu prüfen, ob es durchgegart ist.

Inzwischen den Parmaschinken am Rand des Feuers auf den Grillrost legen und auf jeder Seite etwa 1 Minute garen, bis er an den Rändern braun und knusprig wird.

Artischockenherzen und Krebsfleisch in eine mittelgroße Schüssel geben und Zitronensaft, Petersilie, Olivenöl, Salz und Pfeffer hinzufügen. Die Zutaten behutsam durchheben.

Die Fischfilets auf einer Platte anrichten, die Artischocken-Krebsfleisch-Mischung daraufschöpfen und den zerbröselten Parmaschinken darüberstreuen. Sofort servieren.

LACHS MIT KREUZKÜMMEL

UND GURKEN-CHILI-SALSA

Kreuzkümmel und Lachs sind ein wirklich schönes Paar. Lachs hat nämlich genügend Eigengeschmack, um es mit dem Gewürz aufzunehmen. Durch die Verwendung von ganzen Samen entsteht zudem eine knusprige Kruste, die einen guten Kontrast zu dem zarten Fisch bildet. Dieses Rezept wurde von dem Koch Jason Lord des East Coast Grill für seinen berühmten lateinamerikanischen Sonntagsbrunch perfektioniert. Die sommerliche Salsa schmeckt auch zu jedem anderen aromareichen Fischen wie Blaubarsch, Thunfisch und selbst Sardinen wunderbar.

Für 4 Personen

FISCH

4 Lachsfilets mit Haut à etwa 250 g
2 EL Olivenöl
2 EL Kreuzkümmelsamen, frisch zerstoßen
grobes Salz und frisch gemahlener schwarzer Pfeffer

SALSA

½ Salatgurke, fein gewürfelt
100 g milde grüne Chilischoten (Menge nach Geschmack)
4 EL grob gehacktes Koriandergrün
Saft von 2 Limetten (etwa 4 EL)
1 TL gemahlener Kreuzkümmel
1 TL gemahlener Koriander
1 TL Chilipulver
grobes Salz und frisch gemahlener schwarzer Pfeffer

Im Grill ein Feuer anzünden. Wenn die Kohlen durchgeglüht sind, keine Flammen mehr züngeln und die Temperatur im mittleren Bereich liegt *(siehe Seite 34)*, kann gegrillt werden.

Die Lachsfilets auf beiden Seiten mit Öl einpinseln und großzügig mit Kreuzkümmel, Salz und Pfeffer überziehen. Die Gewürze behutsam andrücken, damit sie haften bleiben. Die Filets mit der Hautseite nach unten auf den Grill legen und 6–8 Minuten garen. Wenden und noch einmal 6–8 Minuten grillen, bis sie gerade gar sind. Zur Garprobe mit dem Finger auf das Fleisch drücken *(siehe Seite 37)*. Im Zweifelsfall ein Filet an der dicksten Stelle einschneiden, um zu prüfen, ob es durchgegart ist.

Während der Lachs auf dem Grill liegt, die Zutaten für die Salsa in eine Schüssel geben und behutsam durchheben.

Die Fischfilets auf einer Platte anrichten und je 1 Löffel Salsa daraufgeben, die restliche Salsa getrennt dazu reichen.

MUSCHELN MIT MANGO-CURRY-SAUCE

Miesmuscheln eignen sich wunderbar für den Grill, weil zum einen das Raucharoma großartig mit Muscheln harmoniert und sie zum anderen selbst melden, wann sie gar sind, indem sie sich öffnen. Die Sauce für diese schmackhaften Muscheln *(siehe Seite 132–133)* bereiten wir in einem Topf direkt auf dem Grill zu. So entsteht eine ideale Vorspeise, die Sie Ihren Gästen servieren können, während Sie das Hauptgericht zubereiten, da Sie Ihren Platz am Grill nie verlassen müssen.

Als Vorspeise für 4–6 Personen

125 g weiche Butter
1 EL gutes Currypulver
1 EL geschälter und fein gehackter frischer Ingwer
120 ml Mangosaft (ersatzweise je 60 ml Orangen- und Ananassaft
1 EL fein gehackte frische Chilischote
2 kg Miesmuscheln (45–50 Stück), gebürstet und entbartet
4 Scheiben gutes Baguette, etwa 2,5 cm dick
Saft von 2 Limetten (etwa 4 EL)
4 EL grob gehacktes Koriandergrün
grobes Salz und frisch gemahlener schwarzer Pfeffer

Auf einer Seite des Grills mit so viel Kohle, wie in einen Schuhkarton passen würde, ein Feuer anzünden *(siehe Seite 31)*. Wenn die Kohlen durchgeglüht sind, keine Flammen mehr züngeln und die Temperatur im oberen Bereich liegt *(siehe Seite 34)*, kann gegrillt werden.

Für die Sauce Butter, Currypulver und Ingwer in eine flache Alu-Grillpfanne geben, in der auch die Muscheln Platz haben. Die Grillpfanne nahe der Kohlen – aber nicht direkt über den Kohlen – auf den Grill setzen und den Inhalt etwa 2 Minuten unter gelegentlichem Rühren garen, bis die Butter geschmolzen ist und die Zutaten aromatisch duften. Mangosaft und Chili hinzufügen. Wenn die Sauce köchelt, die Grillpfanne vom Feuer fort an die Seite des Grillrostes schieben.

Die Muscheln auf der heißen Seite des Grills direkt auf den Rost legen und 6–8 Minuten garen, bis sie sich öffnen. Mit der Grillzange in die Grillpfanne mit der Sauce heben, noch geschlossene Muscheln wegwerfen.

Während die Muscheln auf dem Grill liegen, die Brotscheiben am Rand des Feuers auf jeder Seite etwa 2 Minuten leicht rösten.

Die Muscheln in der Form kurz durchrühren, um sie mit Sauce zu überziehen, mit dem Limettensaft beträufeln und mit Koriander, Salz und Pfeffer würzen. In der Pfanne servieren. Das Brot zum Auftupfen der Sauce dazu reichen.

GARNELEN-TACOS MIT CHILISAUCE

Seit Jahren gehören diese Tacos zu den beliebtesten Gerichten in Chris' East Coast Grill. Das hat drei Gründe: Die Leute lieben Garnelen, sie lieben mexikanische Aromen und – was vielleicht am wichtigsten ist – sie stellen sich ihre Mahlzeit gern selbst zusammen. Mit einer Taco-Gartenparty können Sie alle Wünsche erfüllen.

Als Vorspeise für 4 Personen

GARNELEN

500 g Garnelen (16–20 Stück), geschält, Schwanzfächer entfernt

2 EL Olivenöl

1 EL Chilipulver

Salz und frisch gemahlener schwarzer Pfeffer

SAUCE

30 g getrocknete Chilischoten, für 40 Minuten in heißem Wasser eingeweicht, abgetropft und im Mixer püriert

1 TL gemahlener Kreuzkümmel

Saft von 2 Limetten (etwa 4 EL)

grobes Salz und frisch gemahlener schwarzer Pfeffer

FÜLLUNGEN

1 reife, feste Avocado, geschält, entsteint, fein gewürfelt und dünn mit Zitronensaft beträufelt

½ kleine rote Zwiebel, geschält und in dünne Streifen geschnitten

125 g Weißkohl, in Streifen geschnitten

4 EL grob gehacktes Koriandergrün

1 große Tomate, gewürfelt

2 Scheiben geschälte frische Ananas, etwa 1 cm dick

1 EL Olivenöl

Salz und frisch gemahlener schwarzer Pfeffer

TACOS

8 Mais- oder Weizentortillas, 15–20 cm Ø

Im Grill ein Feuer anzünden. Wenn alle Kohlen brennen, keine Flammen mehr züngeln und die Temperatur im oberen Bereich liegt *(siehe Seite 34)*, kann gegrillt werden.

Die Zutaten für die Füllungen mit Ausnahme der Ananas sowie Öl, Salz und Pfeffer einzeln in Schüsseln geben und auf einer Platte arrangieren. Abdecken und beiseitestellen. Die Saucenzutaten in einer kleinen Schüssel vermischen.

Die Ananasscheiben mit Olivenöl einpinseln, salzen und pfeffern und auf jeder Seite 3–4 Minuten grillen, bis sie goldbraun sind, dann würfeln, in eine kleine Schüssel füllen und zum Warmhalten abdecken.

Die Garnelen mit Olivenöl einpinseln und mit dem Chilipulver sowie reichlich Salz und Pfeffer bestreuen. Direkt über den Kohlen auf den Grill legen und pro Seite 3–4 Minuten grillen, bis sie gerade gar sind. Zur Garprobe eine Garnele einschneiden. Die Garnelen eventuell halbieren, in eine Schüssel geben und locker abdecken, damit sie warm bleiben.

Die Tortillas etwa 1 Minute auf dem Grill toasten, bis sie weich und biegsam sind, dabei etwa alle 10 Sekunden wenden. Die warmen Tortillas aufeinander gelegt in eine große Serviette oder Alufolie einwickeln und mit den anderen Zutaten servieren. Jeder Gast kann sich sein Taco selbst zusammenstellen.

SCHWERTFISCH MIT TOMATEN-ROSINEN-RELISH

Es macht Spaß, Zutaten, die man sonst im Laden kauft, selbst zuzubereiten. Sie werden so auch viel besser. Hier trocknen wir für das Relish Trauben und Tomaten, indem wir sie bei schwacher Hitze für bis zu zehn Stunden in den Backofen legen. Sie werden von der Konsistenz und den reinen Aromen, die sie dem Relish verleihen, begeistert sein. Das Relish ist eine wunderbare Ergänzung für gegrillten Schwertfisch.

Für 4 Personen

FISCH

4 Schwertfischsteaks à 250 g, etwa 2,5 cm dick
2 EL Olivenöl
2 EL Koriandersamen, frisch zerstoßen
grobes Salz und frisch gemahlener schwarzer Pfeffer

RELISH

6 Eiertomaten, halbiert und entkernt
2 EL einfaches Olivenöl
200 g kernlose helle Weintrauben
4 EL bestes Olivenöl
2 EL grob gehackter frischer Oregano
1 EL trockener Sherry
1 EL fein gehackter Knoblauch
1 Prise Chiliflocken
grobes Salz und frisch gemahlener schwarzer Pfeffer

Den Backofen auf 110 °C vorheizen. Auf ein Backblech den Rost setzen. Die Tomatenhälften mit dem einfachen Olivenöl bepinseln und mit den Schnittseiten nach unten auf den Rost legen. Die Weintrauben danebenlegen und Blech und Rost auf mittlerer Schiene in den Ofen schieben. Die Weintrauben nach 4–6 Stunden herausnehmen, wenn sie wie dicke Rosinen aussehen. Die Tomaten weitere 2–4 Stunden trocknen lassen, bis sie um etwa ein Viertel geschrumpft und außen verschrumpelt, innen aber noch weich und saftig sind. Die getrockneten Hälften noch einmal halbieren.

Getrocknete Weintrauben und Tomaten mit dem gutem Olivenöl, Oregano, Sherry, Knoblauch, Chiliflocken, Salz und Pfeffer in einer Schüssel sorgfältig vermischen.

Im Grill ein Feuer anzünden. Wenn die Kohlen durchgeglüht sind, keine Flammen mehr züngeln und die Temperatur im hohen Bereich liegt *(siehe Seite 34)*, kann gegrillt werden.

Die Schwertfischsteaks mit Öl einpinseln und großzügig mit Koriander, Salz und Pfeffer würzen. Die Gewürze behutsam andrücken, damit sie haften bleiben. Die Steaks direkt über den Kohlen auf jeder Seite 5–7 Minuten grillen, bis sie gerade gar sind. Zur Garprobe mit dem Finger daraufdrücken *(siehe Seite 37)*. Im Zweifelsfall ein Steak an der dicksten Stelle einschneiden, um zu prüfen, ob es durchgegart ist.

Die Steaks auf einer Platte anrichten und auf jedes 1 Löffel Relish geben. Das restliche Relish dazu reichen.

THUNFISCH AUF HAWAII-ART

MIT SCHNELLEM GURKEN-SESAM-RELISH

In meiner ziemlich planlos verlaufenden Jugend verbrachte ich (Chris) einige Zeit in Lahaina auf der Hawaii-Insel Maui, wo ich surfte und gelegentlich in Restaurantküchen arbeitete. Ich aß sehr oft *poke*, rohen Fisch; das ist ein traditioneller Imbiss in Haiwaii. Hier ist eine Variante, für die wir Thunfisch scharf anbraten und mit traditionellen Aromen kombinieren. Da der Fisch nur kurz auf dem Grill liegt, essen Sie mit jedem Bissen gebratenen und rohen Thunfisch gleichzeitig – großartig!

Als Vorspeise für 4 Personen

FISCH

3 EL Sesamsamen

1 superfrisches Thunfischsteak etwa 450 g, etwa 5 cm dick

2 EL Sesamöl

2 EL frisch zerstoßener weißer Pfeffer

2 EL frisch zerstoßene Koriandersamen (ersatzweise 1 EL gemahlener Koriander)

1 EL grobes Salz

3 Frühlingszwiebeln, fein gehackt

RELISH

1 Salatgurke, falls gewünscht geschält und entkernt, fein gewürfelt

3 EL Sesamöl

Saft von 1 Limette (etwa 2 EL)

2 EL geschälter und fein gehackter frischer Ingwer

1 EL Zucker

grobes Salz

Im Grill ein Feuer anzünden. Wenn die Kohlen durchgeglüht sind, keine Flammen mehr züngeln und die Temperatur im oberen Bereich liegt *(siehe Seite 34)*, kann gegrillt werden.

In der Zwischenzeit den Sesam auf dem Herd in einer Pfanne ohne Fett bei mittlerer Hitze 3–5 Minuten rösten, bis er aromatisch duftet und etwas dunkler ist. Dabei die Pfanne häufig rütteln, damit er nicht verbrennt. Danach beiseitestellen.

Die Zutaten für das Relish in einer mittelgroßen Schüssel gut vermischen und auf vier Salatteller verteilen.

Den Thunfisch in vier Stücke schneiden und in eine Schüssel geben. Mit dem Sesamöl beträufeln, Pfeffer, Koriander und Salz hinzufügen und die Zutaten behutsam durchheben. Die Thunfischstücke auf die heißeste Stelle des Grills legen und anbraten, bis sie auf mindestens zwei Seiten eine dunkelbraune knusprige Kruste haben (pro Seite 3–4 Minuten). Innen sollten sie noch roh sein.

Den Thunfisch auf ein Schneidebrett heben und in dünne Scheiben schneiden. Die Scheiben auf den Tellern fächerförmig neben dem Gurkenrelish anrichten. Gerösteten Sesam und Frühlingszwiebeln darüberstreuen, dann das Gericht servieren.

PFEFFRIGE MAKRELEN
MIT TOMATEN-OLIVEN-RELISH

Die aromatische Makrele mit ihrem typischen Geschmack gehört zu unseren Lieblingsfischen und kann sich gut gegen die Aromen des Grills behaupten. Das Relish, das wir hier dazu servieren, hat portugiesische Anklänge als Hommage an die Sardinen, die wir vor vielen Jahren an einem Strand in der Algarve aßen (siehe Seite 96) und die uns überzeugten, dass aromatischer Fisch gegrillt wunderbar schmeckt.

Für 4 Personen

FISCH

4 Makrelenfilets, à etwa 250 g (ersatzweise Filet von Blaubarsch oder Lachs)

2 EL Olivenöl

WÜRZMISCHUNG

2 EL frisch gemahlener schwarzer Pfeffer
1 EL fein gehackte Zitronenschale
½ TL gemahlener Ingwer
grobes Salz

RELISH

1 EL Kreuzkümmelsamen (ersatzweise 1½ TL gemahlener Kreuzkümmel)

2 reife Tomaten, entkernt und grob gewürfelt
80 g entsteinte grüne Oliven, grob gehackt
4 EL bestes Olivenöl
4 EL grob gehackte frische Petersilie
4 EL grob gehackte frische Minze
2 TL abgetropfte Kapern
grobes Salz und frisch gemahlener schwarzer Pfeffer

Bei Verwendung ganzer Kreuzkümmelsamen für das Relish diese auf dem Herd in einer Pfanne bei mittlerer Hitze 3–5 Minuten rösten, bis sie aromatisch duften und etwas dunkler sind. Beiseitestellen.

Im Grill ein Feuer entzünden. Wenn die Kohlen durchgeglüht sind, keine Flammen mehr züngeln und die Temperatur im mittleren Bereich liegt *(siehe Seite 34)*, kann gegrillt werden.

Inzwischen für das Relish Kreuzkümmel, Tomaten, Oliven, Olivenöl, Petersilie, Minze und Kapern in einer mittelgroßen Schüssel gut vermischen. Das Relish nach Geschmack salzen und pfeffern.

Für die Würzmischung Pfeffer, Zitronenschale, Ingwer und Salz nach Geschmack in einer kleinen Schüssel gut vermengen.

Die Makrelenfilets mit Olivenöl einpinseln und mit Würzmischung überziehen. Die Mischung behutsam andrücken, damit sie haften bleibt. Die Filets über den Kohlen auf den Grill legen und auf jeder Seite 4–6 Minuten garen, bis sie außen gut gebräunt und innen gerade gar sind. Zur Garprobe ein Filet an der dicksten Stelle einschneiden, um zu prüfen, ob es durchgegart ist.

Zum Servieren auf jedes Filet 1 Löffel Relish geben, das restliche Relish dazu reichen.

MUSCHELN IN CHILI-BUTTER-SAUCE

Dies ist eine Variante der *Clams Johnson*, eines Gerichts, das Ende der 1980er-Jahre von unserem Freund Steve Johnson kreiert wurde, heute Koch und Besitzer des Restaurants Rendevouz in Cambridge, Massachusetts. Wir suchen gern an der Küste von Massachusetts nach Venusmuscheln, und so gegart werden sie großartig. Wie Miesmuscheln harmonieren sie gut mit dem rauchigen Aroma des Grills – und: Man hört, wenn sie gar sind, weil sie sich dann mit einem Knall öffnen. Man kann diese Muscheln übrigens auch zu Nudeln servieren.

Als Vorspeise für 4 Personen

125 g weiche Butter
120 ml trockener Weißwein
1 EL fein gehackter Knoblauch
1 TL Chiliflocken
32 Venusmuscheln, gebürstet
4 Scheiben gutes Baguette, etwa 2,5 cm dick
4 EL grob gehackte frische Petersilie
grobes Salz und frisch gemahlener schwarzer Pfeffer

Auf einer Seite des Grills mit so viel Kohle, wie in einen Schuhkarton passen würde, ein Feuer anzünden. Wenn die Kohlen durchgeglüht sind, keine Flammen züngeln und die Temperatur im oberen Bereich liegt *(siehe Seite 34)*, kann gegrillt werden.

Butter, Wein, Knoblauch und Chiliflocken in eine Alu-Grillpfanne geben, in der alle Muscheln nebeneinander Platz haben. Die Pfanne nahe der Kohlen, aber nicht direkt darüber, auf den Grill setzen und die Mischung etwa 2 Minuten garen, bis sie aromatisch duftet und die Butter geschmolzen ist. Dabei einige Male umrühren. Wenn die Sauce köchelt, die Form vom Feuer weg an den Rand des Grills schieben.

Die Muscheln auf der heißen Seite des Grills direkt auf den Rost legen und 8–10 Minuten garen, bis sie aufplatzen. Mit der Grillzange in die Form mit der Sauce heben. (Alle Muscheln, die sich nicht geöffnet haben, wegwerfen.)

Während die Muscheln garen, die Brotscheiben rund um den Rand des Grillrostes legen und auf jeder Seite etwa 2 Minuten leicht rösten.

Die Muscheln in der Aluform kurz wenden, um sie mit Sauce zu überziehen, und großzügig mit Petersilie, Salz und Pfeffer bestreuen. In der Form servieren, dazu das getoastete Brot zum Auftupfen der Sauce reichen.

BLAUBARSCH MIT EXOTISCHEN GEWÜRZEN UND MIRIN-SENF-SAUCE

Die Japaner sind ja Meister in der Zubereitung von Fisch und Meeresfrüchten und besonders geschickt im Umgang mit aromatischen Fischen wie Aal oder Makrele. Hier haben wir eine süßsaure Sauce nach japanischer Art mit Blaubarsch kombiniert, der ebenfalls viel Eigengeschmack besitzt. Zudem überziehen wir den Fisch vor dem Grillen mit selbst hergestelltem Fünf-Gewürze-Pulver. Sie können auch mehr von der Gewürzmischung zubereiten und später für andere Fische verwenden, die gegrillt werden.

Für 4 Personen

FISCH

4 Blaubarschfilets à etwa 250 g (ersatzweise Lachs oder Makrele)
2 EL Sesamöl
grobes Salz und frisch gemahlener schwarzer Pfeffer

GEWÜRZMISCHUNG

1 TL gemahlener Ingwer
1 TL gemahlener weißer Pfeffer
1 TL gemahlener Koriander
1 Prise gemahlener Zimt
1 Prise gemahlener Kardamom

SAUCE

4 EL Dijonsenf
60 ml Mirin (süßer Reiswein)
2 EL Reisessig
2 EL Sesamöl
2 EL fein gehackte Frühlingszwiebeln
grobes Salz und frisch gemahlener schwarzer Pfeffer

Im Grill ein Feuer anzünden. Wenn die Kohlen durchgeglüht sind, keine Flammen mehr züngeln und die Temperatur im mittleren Bereich liegt *(siehe Seite 34)*, kann gegrillt werden.

Die Zutaten für die Gewürzmischung in einer kleinen Schüssel sorgfältig vermischen.

Die Fischfilets mit Sesamöl einpinseln, nach Geschmack salzen und pfeffern und großzügig mit der Gewürzmischung überziehen. Die Mischung behutsam andrücken, damit sie haften bleibt. Die Filets über den Kohlen auf den Grill legen und auf jeder Seite 6–8 Minuten grillen, bis sie gerade gar sind. Zur Garprobe mit dem Finger auf das Fleisch drücken *(siehe Seite 37)*. Im Zweifelsfall ein Filet an der dicksten Stelle einschneiden, um zu prüfen, ob es durchgegart ist.

Während die Filets auf dem Grill liegen, die Sauce zubereiten: Senf, Mirin, Essig, Sesamöl und Frühlingszwiebeln in einer kleinen Schüssel vermischen und die Sauce nach Geschmack salzen und pfeffern.

Die Fischfilets mit etwas Sauce beträufelt servieren, die restliche Sauce dazu reichen.

GARNELEN NACH THAILÄNDISCHER ART

Garnelen auf dem Grill zu garen, ist ein Kinderspiel – sie sind schnell und einfach zubereitet und sehr schmackhaft. Sie müssen eigentlich nur darauf achten, dass sie nicht übergart werden. Sobald sie durchgegart sind, muss man sie sofort vom Feuer nehmen. Hier kombinieren wir sie mit thailändischen Zutaten, darunter das klassische Trio Minze, Basilikum und Koriander, zu einer rasch zubereiteten, aber aromaintensiven Vorspeise.

Als Vorspeise für 4 Personen

500 g Riesengarnelen, geschält, mit Schwanzfächern
2 EL Olivenöl
grobes Salz und frisch gemahlener weißer Pfeffer
1 Rezept Chili-Fischsaucen-Dip (siehe Seite 115)
1 EL grob gehackte frische Minze
1 EL grob gehacktes frisches Thai-Basilikum (ersatzweise normales Basilikum)
1 EL grob gehacktes Koriandergrün

Im Grill ein Feuer anzünden. Wenn die Kohlen durchgeglüht sind, keine Flammen mehr züngeln und die Temperatur im oberen Bereich liegt *(siehe Seite 34)*, kann gegrillt werden.

Die Garnelen mit Öl einpinseln und großzügig mit Salz und weißem Pfeffer bestreuen. Direkt über den Kohlen auf den Grill legen und auf jeder Seite 3–4 Minuten grillen, bis sie gerade gar sind. Zur Garprobe mit dem Finger auf die Garnelen drücken *(siehe Seite 37)*. Im Zweifelsfall eine Garnele an der dicksten Stelle einschneiden, um zu prüfen, ob sie durchgegart ist.

Die Garnelen in eine große Schüssel geben. Den Dip hinzufügen und die Garnelen durchheben, bis sie gut davon überzogen sind. Minze, Basilikum und Koriandergrün untermischen. Die Garnelen auf vier Teller verteilen und servieren.

ALLES, WAS FLIEGT

HÄHNCHEN, DAS VERBREITETSTE GEFLÜGEL, ERHÄLT IM RAUCH EINES HEISSEN HOLZKOHLEFEUERS GEGART EINEN GANZ NEUEN GESCHMACK. WENIGER GEBRÄUCHLICHE GEFLÜGELARTEN WIE ENTE, WACHTELN UND TÄUBCHEN WERDEN AUF DEM GRILL EBENFALLS WUNDERBAR UND MIT AROMEN AUS ALLER WELT KOMBINIERT UNWIDERSTEHLICH.

WÜRZIGE HÄHNCHENBRUST

MIT PFLAUMEN-INGWER-SAUCE

Wir lieben die Kombination von Obst und Fleisch, und auch bei Geflügel macht sie sich sehr gut. Die stückigen Pflaumen für die Sauce zeigen schon ihren Kontrast zwischen Innerem und Äußerem der Früchte. Für eine feinere Konsistenz kann man die Sauce nach dem Garen aber pürieren. Sollten keine guten Pflaumen erhältlich sein, können sie durch Aprikosen, Pfirsiche oder sogar Mangos ersetzt werden.

Für 4 Personen

HÄHNCHENBRUST

4 entbeinte Hähnchenbrüste mit Haut à 300–350 g
3 EL Olivenöl
grobes Salz und frisch gemahlener schwarzer Pfeffer
4 EL fein gehackte Orangenschale

SAUCE

2 EL Olivenöl
1 mittelgroße rote Zwiebel, geschält und fein gewürfelt
3 reife Pflaumen, entsteint und geviertelt
1 EL geschälter und fein gehackter frischer Ingwer
Saft von 1 Zitrone (etwa 4 EL)
5 EL grob gehackte frische Petersilie
grobes Salz und frisch gemahlener schwarzer Pfeffer

Im Grill ein Feuer anzünden. Wenn die Kohlen durchgeglüht sind, keine Flammen mehr züngeln und die Temperatur im mittleren Bereich liegt *(siehe Seite 34)*, kann gegrillt werden.

Die Hähnchenbrüste mit Öl einpinseln, großzügig salzen und pfeffern und mit der Orangenschale bestreuen. Die Schale behutsam andrücken, damit sie haften bleibt. Die Hähnchenbrüste mit der Hautseite nach unten direkt über den Kohlen auf den Grill legen und 7–9 Minuten grillen, dann wenden und noch einmal 7–9 Minuten grillen, bis sie gar sind. Zur Garprobe mit dem Finger auf das Fleisch drücken *(siehe Seite 37)*. Im Zweifelsfall eine Brust an der dicksten Stelle einschneiden, um sicherzustellen, dass sie innen nicht mehr rosa ist.

Während die Hähnchenbrust auf dem Grill liegt, die Sauce zubereiten. Das Öl auf dem Herd in einer großen Pfanne mittelstark erhitzen, bis es heiß ist, aber noch nicht raucht. Die Zwiebeln darin unter gelegentlichem Rühren 11–13 Minuten braten, bis sie goldbraun sind. Pflaumen und Ingwer hinzufügen und unter häufigem Rühren etwa 3 Minuten garen, bis die Pflaumen weich, aber noch nicht musig sind. Den Topf vom Herd nehmen, Zitronensaft und Petersilie hineinrühren und die Sauce nach Geschmack salzen und pfeffern.

Die Hähnchenbrust heiß mit etwas Sauce auf jeder Portion servieren, die restliche Sauce dazu reichen.

GEGRILLTE ENTENBRUST

MIT ORANGEN-KARDAMOM-GLASUR

Hier eine Variante des französischen Klassikers *canard à l'orange*. Sie ist aber viel einfacher zuzubereiten und mit dem feinen Aroma von Kardamom und Ingwer ein wenig ausgefallener. Der Ingwer ist leicht knackig und ergänzt die säuerliche Süße des Orangensaftes. Ein großartiges Rezept, wenn Sie ein Gericht suchen, das etwas ungewöhnlicher ist, aber nicht stundenlange Zubereitung erfordert.

Für 4 Personen

ENTENBRUST

4 Entenbrüste mit Haut à 300–350 g, möglichst viel Fett entfernt, die Haut eventuell eingeschnitten

2 EL Olivenöl

grobes Salz und frisch gemahlener schwarzer Pfeffer

GLASUR

250 ml Orangensaft

250 ml Rotwein

2 EL geschälter und fein gehackter frischer Ingwer

1 EL fein gehackte Orangenschale

2 grüne Kardamomkapseln, leicht zerdrückt

2 EL Rohrzucker

grobes Salz und frisch gemahlener schwarzer Pfeffer

Im Grill ein Feuer anzünden. Wenn die Kohlen durchgeglüht sind, keine Flammen mehr züngeln und die Temperatur im mittleren Bereich liegt *(siehe Seite 34)*, kann gegrillt werden.

Die Zutaten für die Glasur in einem kleinen Topf vermischen und auf dem Herd bei mittlerer Hitze unter gelegentlichem Rühren zum Kochen bringen. Die Mischung 25–30 Minuten gerade noch köcheln lassen, bis sie um etwa zwei Drittel reduziert ist. Vom Herd nehmen und beiseitestellen.

Die Entenbrüste mit dem Öl einpinseln, großzügig salzen und pfeffern und mit der Hautseite nach unten rund um den Rand der Kohlen auf dem Grill legen. Die Brüste auf jeder Seite 5–7 Minuten langsam grillen, damit das Fett gleichmäßig austritt und die Haut Zeit hat, knusprig zu werden. Sollte das herabtropfende Fett Flammen wecken, die Brüste so legen, dass sie nicht direkt darüber liegen. Zuletzt die Brüste großzügig mit Glasur bestreichen und jede Seite noch einmal 1 Minute grillen. Wenn sie gut gebräunt sind, zur Garprobe mit dem Finger daraufdrücken *(siehe Seite 37)*. Im Zweifelsfall eine Brust an der dicksten Stelle einschneiden. Da sie noch nachgart, sollte sie innen nicht ganz so gar sein, wie Sie es mögen (wir bevorzugen die Entenbrust medium-rare).

Die Entenbrust servieren, die restliche Glasur dazu reichen.

TYPISCHE AROMEN **INDIEN**

Von den Linsen-Reis-Gerichten Gujarats über die Tandoor-Küche des Punjab bis zu den feurigen Lammgerichten in Andhra Pradesh sind die Küchen Indiens mindestens ebenso vielfältig wie die Küchen Europas. Für alle typisch ist jedoch der kluge Einsatz von vielen Gewürzen, die oft ganz oder in Gewürzmischungen, sogenannten Masalas, verwendet werden. Die folgenden fünf Rezepte zeigen, wie alltägliche Gerichte ohne große Mühe durch Gewürze aufregend anders zubereitet werden können.

Indisches Masala

Ergibt etwa 120 g

Diese Gewürzmischung eignet sich ausgezeichnet, um Steaks, jede Art von Koteletts oder Hähnchenfleisch vor dem Grillen einzureiben.

4 EL Koriandersamen
2 EL Kreuzkümmelsamen
2 EL gelbe Senfkörner
2 EL Fenchelsamen
2 EL weiße Pfefferkörner
2 kleine getrocknete rote Chilischoten
2 EL grobes Salz
1 EL gemahlener Ingwer
1 EL gemahlene Kurkuma

Koriander, Kreuzkümmel, Senfkörner, Fenchelsamen, Pfeffer und Chilis in einer Pfanne ohne Fett 3–4 Minuten bei mittlerer Hitze rösten, bis sie aromatisch duften, dabei die Pfanne häufig rütteln. Vom Herd nehmen und auf Zimmertemperatur abkühlen lassen. Mit Salz, Ingwer und Kurkuma in einer Gewürzmühle oder sauberen Kaffeemühle zu einem groben Pulver vermahlen. In einem luftdicht verschlossenen Gefäß hält sich die Mischung an einem kühlen, dunklen Platz mehrere Monate.

Curry-Minze-Paste

Ergibt etwa 80 g

Mit dieser Paste können Lamm-, Hähnchen- und Schweinefleisch kurz vor dem Grillen eingerieben oder bis zu 3 Stunden vor dem Garen mariniert werden.

30 g frische Minzeblätter
15 g frisches Koriandergrün
2 EL Currypulver
2 EL Öl
1 EL fein gehackter frischer Ingwer
1 EL grobes Salz

Alle Zutaten in einer kleinen Schüssel vermischen oder im Mörser zu einer Paste zerreiben. Im Kühlschrank hält die Paste 2–3 Tage.

Indisches Masala

Kokosnuss-Relish
Ergibt etwa 200 g

Perfekt für Fischfilets und Hähnchenbrust.

120 g geriebene frische Kokosnuss, oder Kokosraspel (Fertigprodukt)
Saft von 2 Limetten (etwa 4 EL)
4 EL grob gehacktes Koriandergrün
2 EL grob gehackte frische grüne Chilischote
1 EL geschälter und fein gehackter frischer Ingwer
1 TL Zucker
grobes Salz und frisch gemahlener schwarzer Pfeffer

Alle Zutaten in einer kleinen Schüssel gut vermischen. Abgedeckt im Kühlschrank hält sich das Relish 2–3 Tage.

Würziges Tomaten-Relish
Ergibt etwa 340 g

Stellen Sie hiervon eine Schüssel auf den Tisch, wenn Sie kleinere Stücke Fisch, Hähnchen oder Schweinefleisch servieren.

1 reife Tomate, entkernt und fein gewürfelt
100 g gewürfelte Salatgurke
5 EL grob gehacktes Koriandergrün
Saft von 1 Zitrone (etwa 4 EL)
2 EL fein gehackte frische grüne Chilischote
1 EL braune Senfkörner
1 TL gemahlener Kreuzkümmel
grobes Salz und frisch gemahlener schwarzer Pfeffer

Alle Zutaten in einer Schüssel gut vermischen. Abgedeckt im Kühlschrank hält das Relish 3–4 Tage.

TYPISCHE ZUTATEN/OBERE REIHE (VON LINKS NACH RECHTS) Kurkuma, Kardamon, Fenchelsamen, Senfkörner; **ZWEITE REIHE** Limette, Kreuzkümmel, Ingwer, Minze; **DRITTE REIHE** Safran, Tamarinde, Kokosmilch, Bockshornklee; **UNTERE REIHE** Koriandergrün, Chilis, Koriandersamen, Knoblauch

Chutney von getrockneten Aprikosen
Ergibt etwa 400 g

Dieses Chutney ist besonders für den Winter geeignet und passt zu Schweinefleisch, Lamm und jedem Fleisch aus dem Backofen.

2 EL Olivenöl
½ kleine rote Zwiebel, geschält und fein gewürfelt
180 g grob gehackte getrocknete Aprikosen
1 EL geschälter und fein gehackter frischer Ingwer
1 EL fein gehackte frische Chilischote
60 ml frisch gepresster Orangensaft
60 ml Rotweinessig
Saft von 1 Limette (etwa 2 EL)
grobes Salz und frisch gemahlener schwarzer Pfeffer

Das Öl in einem Topf mittelstark erhitzen, bis es heiß ist, aber noch nicht raucht. Die Zwiebeln darin unter gelegentlichem Rühren in 7–9 Minuten glasig braten. Aprikosen, Ingwer und Chili hinzufügen und unter häufigem Rühren etwa 2 Minuten garen, bis sie aromatisch duften. Orangensaft und Essig untermischen und alles zum Kochen bringen. Die Mischung bei schwacher Hitze unter häufigem Rühren etwa 10 Minuten sanft garen, bis sie dick wird. Etwas abkühlen lassen, dann den Limettensaft untermischen und salzen und pfeffern. Im Kühlschrank hält das Chutney eine Woche.

Würziges Tomaten-Relish

WACHTELN MIT ERDNUSSSAUCE

Wir lieben Wachteln, denn sie schmecken köstlich und man kann sie auch in Gesellschaft mit den Fingern essen. Zudem eignen sie sich großartig zum Grillen, da sie rasch gar sind, und das rauchige Grillaroma ihren recht zarten Geschmack wunderbar ergänzt. Wir kombinieren sie gern mit kräftigen Saucen wie etwa der mexikanisch inspirierten *mole*.

Als Vorspeise für 8 Personen, als Hauptgericht für 4 Personen

WACHTELN

8 Wachteln, teilweise entbeint oder nach Entfernen des Rückgrates flach gedrückt

2 EL Olivenöl

grobes Salz und frisch gemahlener schwarzer Pfeffer

4 EL grob gezupftes Koriandergrün

Saft von 1 Limette (etwa 2 EL)

SAUCE

4 getrocknete milde rote Chilischoten, Samen und Stiele entfernt

3 EL Olivenöl

1 kleine rote Zwiebel, geschält und fein gewürfelt

4 EL ungesalzene geröstete Erdnüsse

2 EL geschälter und fein gehackter Knoblauch

½ große Tomate, entkernt und gehackt

5 EL heller Essig

2 EL Orangensaft

1 TL gemahlener Kreuzkümmel

1 TL gemahlener Koriander

1 Prise Zimtpulver

grobes Salz und frisch gemahlener schwarzer Pfeffer

Im Grill ein Feuer anzünden. Wenn die Kohlen durchgeglüht sind, keine Flammen mehr züngeln und die Temperatur im mittleren Bereich liegt *(siehe Seite 34)*, kann gegrillt werden.

Für die Sauce die Chilis auf dem Herd in einer kleinen Pfanne bei mittlerer Hitze 2–3 Minuten rösten, bis sie aromatisch duften. In einer kleinen Schüssel mit kochendem Wasser übergießen und für 40 Minuten zum Quellen beiseitestellen, dann abtropfen lassen.

Das Öl in einem Topf mittelstark erhitzen, bis es heiß ist, aber noch nicht raucht. Die Zwiebel hinzufügen und unter gelegentlichem Rühren in 7–9 Minuten glasig braten. Erdnüsse und Knoblauch dazugeben und etwa 2 Minuten unter häufigem Rühren garen, bis sie aromatisch duften. Chilis, Tomate, Essig, Orangensaft, Kreuzkümmel, Koriander, Zimt, Salz und Pfeffer unterrühren. Den Topfinhalt zum Köcheln bringen und 15 Minuten unter gelegentlichem Rühren garen. Etwas abkühlen lassen und in einer Küchenmaschine oder im Mixer pürieren. Die Sauce wieder in den Topf geben.

Die Wachteln mit Öl einpinseln, großzügig salzen und pfeffern und direkt über den Kohlen auf den Grill legen. Pro Seite 4–6 Minuten garen. Zum Prüfen mit einem Messer nahe am Knochen einstechen: Das Fleisch darf nur noch einen Hauch von Rosa haben. In eine große flache Schüssel heben und locker abdecken, damit sie warm bleiben.

Die Sauce wieder erhitzen, falls nötig, mit Wasser verdünnen und über die Wachteln gießen. Die Wachteln darin wenden, dann mit dem Koriandergrün bestreuen und dem Limettensaft beträufeln. Gleich servieren.

HÄHNCHEN MIT ROSINEN-VINAIGRETTE

Bei diesem Rezept für den Spätsommer oder Frühherbst wird Hähnchen mit Äpfeln kombiniert – eine einfache und köstliche Zusammenstellung, die man aber so selten findet, dass sie ungewöhnlich erscheint.

Für 4 Personen

HÄHNCHENBRUST

4 Hähnchenbrüste mit Haut und Knochen à 300–350 g
2 EL Öl
grobes Salz und frisch gemahlener schwarzer Pfeffer

ÄPFEL

2 Granny Smith (oder andere feste grüne, leicht säuerliche Äpfel), halbiert und Kerngehäuse entfernt
1 EL Öl
grobes Salz und frisch gemahlener schwarzer Pfeffer

VINAIGRETTE

5 EL bestes Olivenöl
4 EL Balsamico-Essig
4 EL Sultaninen, fein gehackt
2 EL fein gehackter frischer Salbei
1 TL Rohrzucker

Im Grill ein Mehrzonenfeuer anzünden *(siehe Seite 31)*. Wenn die Kohlen durchgeglüht sind, keine Flammen mehr züngeln und die Temperatur im mittleren Bereich liegt *(siehe Seite 34)*, kann gegrillt werden.

Die Hähnchenbrüste mit dem Öl einpinseln, großzügig salzen und pfeffern und mit der Hautseite nach unten auf die heißeste Stelle des Grills legen. Etwa 4 Minuten grillen, bis die Haut sehr braun und knusprig ist. Wenden und die andere Seite ebenfalls 4 Minuten garen. Die Brüste mit der Hautseite nach unten auf die kühlere Seite des Grills heben, mit einer umgedrehten Alu-Grillpfanne abdecken und weitere 10–12 Minuten grillen, bis sie völlig gar, aber noch nicht trocken sind. Zur Garprobe mit dem Finger daraufdrücken *(siehe Seite 37)*. Im Zweifelsfall die größte Brust an der dicksten Stelle einschneiden, um zu prüfen, ob das Fleisch an den Knochen nicht mehr rosa ist.

Während das Fleisch auf dem Grill liegt, für die Vinaigrette Olivenöl, Essig, Sultaninen, Salbei und Zucker in einer großen Schüssel, in der mindestens eine Hähnchenbrust Platz hat, verschlagen, bis sich der Zucker aufgelöst hat.

Wenn die Hähnchenbrüste auf dem Grill liegen, die Apfelhälften mit Öl einpinseln, großzügig salzen und pfeffern und mit den Schnittseiten nach unten neben die Hähnchenbrüste legen. Etwa 5 Minuten garen, bis die Schnittseiten goldbraun sind.

Die gegarten Hähnchenbrüste nacheinander in der Vinaigrette wenden, dann auf eine Platte heben. Die Apfelhälften um das Fleisch anrichten und über beides die restliche Vinaigrette träufeln.

KNOBLAUCH-HÄHNCHEN MIT CHINAKOHLSALAT

Wenn Sie wenig Zeit haben, können Sie diese leckere Hähnchenbrust auch ohne den Salat zubereiten. Aber er ergänzt die kräftigen Aromen der Hähnchenbrust auf feine Weise, und der einzigartige Geschmack des Zitronengrases lohnt die Mühe, das weiche Innere freizulegen und zu hacken.

Für 4 Personen

HÄHNCHENBRUST

3 EL Sesamöl
2 EL fein gehackter Knoblauch
2 EL fein gehackte frische Chilischote
2 EL grobes Salz
2 EL frisch gemahlener schwarzer Pfeffer
4 ganze entbeinte Hähnchenbrüste mit Haut à 300–350 g

SALAT

5 EL Reisessig
3 EL Sojasauce
1 EL Sesamöl
2 EL geschälter und fein gehackter frischer Ingwer
2 Stängel Zitronengras, fein gehackt (nur den zarten inneren Teil des unteren Drittels verwenden)
2 EL grob gehacktes frisches Thai-Basilikum
Saft von 1 Limette (etwa 2 EL)
2 EL Zucker
grobes Salz und frisch gemahlener schwarzer Pfeffer
½ kleiner Chinakohl, quer in schmale Streifen geschnitten

Im Grill ein Feuer anzünden. Wenn die Kohlen durchgeglüht sind, keine Flammen mehr züngeln und die Temperatur im mittleren Bereich liegt *(siehe Seite 34)*, kann gegrillt werden.

Für das Hähnchen Sesamöl, Knoblauch, Chilis, Salz und Pfeffer in einer kleinen Schüssel gut vermischen. Die Hähnchenbrüste mit der Mischung einreiben, mit der Hautseite nach unten auf den Grill legen und auf jeder Seite 7–9 Minuten grillen, bis sie gar sind. Zur Garprobe mit dem Finger auf das Fleisch drücken *(siehe Seite 37)*. Im Zweifelsfall die größte Brust an der dicksten Stelle einschneiden, um zu prüfen, ob sie durchgegart ist.

Während das Fleisch auf dem Grill liegt, alle Salatzutaten mit Ausnahme des Kohls in einer kleinen Schüssel gut verschlagen. Den Kohl in eine große Schüssel geben und so viel Dressing hinzufügen, dass sie gerade mit ihm überzogen werden. Den Salat sorgfältig durchheben und auf vier Teller verteilen.

Die Hähnchenbrust auf ein Schneidebrett heben und quer in Streifen schneiden. Fächerförmig auf dem Salat anrichten und mit dem restlichen Dressing beträufeln.

HÄHNCHENBRUST AUF WESTINDISCHE ART
MIT SÄUERLICHER ORANGENSAUCE

Bei dieser Hommage an die Jerk-Meister von Jamaikas Boston Bay *(siehe Seite 162)* wird eine aromatische Würzpaste auf zarter Hähnchenbrust zu einer superscharfen Kruste. Dies ist ein ideales Gericht, wenn Sie Hähnchen mögen, aber der üblichen Zubereitungsarten überdrüssig sind. Die säuerliche Orangensauce ergänzt die feurige Hähnchenbrust optimal, passt aber auch zu jedem anderen gegrillten Geflügel.

Für 4 Personen

HÄHNCHENBRUST

4 entbeinte und enthäutete ganze Hähnchenbrüste, à 300–350 g
5 EL milder Senf
4 scharfe rote Chilischoten (z. B. Scotch-Bonnet), Stiele entfernt
1 EL geschälter und fein gehackter frischer Ingwer
1 EL gutes Currypulver
4 EL grob gehackte Frühlingszwiebeln
grobes Salz und frisch gemahlener schwarzer Pfeffer

SAUCE

etwa 250 ml frisch gepresster Orangensaft
5 EL Essig
5 EL Olivenöl
2 EL grob gehackter frischer Oregano
1 EL fein gehackter Knoblauch
1 EL fein gehackte frische Chilischote
grobes Salz und frisch gemahlener schwarzer Pfeffer

Die Hähnchenbrüste in eine große flache Schüssel legen. Senf, Chilis, Ingwer, Currypulver, Frühlingszwiebeln, Salz und Pfeffer im Mixer oder in einer Küchenmaschine glatt pürieren und über das Fleisch geben. Die Brüste durch Wenden damit überziehen und abgedeckt für 1 Stunde in den Kühlschrank stellen. Zwischendurch ein- oder zweimal wenden.

In der Zwischenzeit im Grill ein Feuer anzünden. Wenn die Kohlen durchgeglüht sind, keine Flammen mehr züngeln und die Temperatur im mittleren Bereich liegt *(siehe Seite 34)*, kann gegrillt werden.

Die Zutaten für die Sauce in einer mittelgroßen Schüssel sorgfältig vermischen. Die Sauce beiseitestellen.

Die Hähnchenbrüste direkt über den Kohlen auf den Grill legen und auf jeder Seite 7–9 Minuten grillen, bis sie gar sind. Zur Garprobe mit dem Finger auf das Fleisch drücken *(siehe Seite 37)*. Im Zweifelsfall die größte Brust an der dicksten Stelle einschneiden, um zu prüfen, ob sie durchgegart ist.

Zum Servieren die Hähnchenbrüste auf einer Platte anrichten und die Sauce darüberschöpfen.

HÄHNCHENKEULEN

MIT ORANGEN UND GRÜNEN OLIVEN

Wir finden, dass Hähnchenkeulen total unterschätzt werden: Sie haben weit mehr Geschmack als die beliebteren Brüste, sie kosten nur etwa die Hälfte, und man kann sie mit den Fingern essen. In diesem Rezept geben wir ihnen ein wenig exotischen Charme, der hoffentlich ihr Image aufpoliert, und servieren sie mit einer marokkanisch angehauchten Mischung aus Orangen und Oliven, die durch Zitronensaft, Knoblauch und scharfem Chili aufgepeppt wird.

Für 4 Personen

2 große Orangen
110 g entsteinte grüne Oliven
Saft von 1½ Zitronen (etwa 5 EL)
4 EL bestes Olivenöl
1 TL fein gehackter Knoblauch
1 TL Chiliflocken
grobes Salz und frisch gemahlener schwarzer Pfeffer
8 Hähnchenunterkeulen

Im Grill ein Feuer anzünden. Wenn die Kohlen durchgeglüht sind, keine Flammen mehr züngeln und die Temperatur im niedrigen Bereich liegt *(siehe Seite 34)*, kann gegrillt werden.

Mit einem Sparschäler die äußere Schale der Orangen entfernen, fein hacken und beiseitestellen. (Es sollten etwa 2 EL sein.) Mit einem scharfen Messer den weißen Bast der Orangen vollständig entfernen und wegwerfen. Die Orangen über eine Schüssel halten, um den Saft aufzufangen. Entlang der Trennhäute einschneiden, um die Filets herauszulösen, Kerne dabei entfernen. Die Filets zusammen mit Oliven, Zitronensaft, Olivenöl, Orangenschale, Knoblauch, Chiliflocken, Salz und Pfeffer zum Orangensaft geben und alles gut vermischen. Beiseitestellen.

Die Hähnchenkeulen großzügig salzen und pfeffern, direkt über den Kohlen auf den Grill legen und 12–14 Minuten garen, dabei wenden, damit sie gleichmäßig bräunen. Zur Garprobe mit dem Finger auf das Fleisch drücken *(siehe Seite 37)*. Im Zweifelsfall die größte Keule an der dicksten Stelle einschneiden, um sicherzustellen, dass das Fleisch auch am Knochen nicht mehr rosa ist.

Die Keulen auf einer Platte anrichten und die Orangen-Oliven-Mischung darüberschöpfen.

JAMAIKA: SCHARFE KÜCHE

Nach dem Abschluss der Kochschule hatte ich (Chris) mehrere Jobs – als Koch auf einer Privatjacht, die fast nie den Hafen verließ, als Beikoch in einem Ressort auf Hawaii, als Souschef in einem großen Hotel in Boston …

Zwar lernte ich überall dazu, doch keine Arbeit beflügelte meine Fantasie. Und so beschloss ich schließlich, das zu tun, was jeder vernünftige junge Mann tun würde – ich kündigte und begab mich auf eine traumhafte Surftour durch die Karibik und Süd- und Zentralamerika. Es war die vielleicht beste Entscheidung meines Lebens, denn auf dieser Reise fanden meine formale Ausbildung und meine Liebe zu aromareicher, unkomplizierter Küche zusammen. Nach etwa einem Drittel der Reise hatte ich das Glück, eine Reihe fauler Nachmittage an Jamaikas Nordküste nahe Boston Bay verbringen zu können. Wie jeder Fan weiß, ist dies die Heimat der einzigartigen »Jerk«-Küche, die einst entflohene Sklaven, die sogenannten Maroons, entwickelt haben. In dieser Küche wird Fleisch (meist Hähnchen- oder Schweinefleisch) mit einer Würzpaste aus Scotch-Bonnet-Chilis überzogen, einer der schärfsten Chilischoten der Welt, die aber auch ein typisches florales Aroma besitzt. Anschließend wird das Fleisch über einem rauchenden Feuer, meist aus Pimentbaumholz, langsam gegart. Die Jungs, die an den Feuergruben die Speisen garen, sind vielleicht die ultimative Verkörperung von Lässigkeit – aber die Gerichte, die sie zubereiten, sind Köstlichkeiten, von Rauch durchdrungen, aromatisch, brennend scharf. Ich wurde rasch süchtig nach ihnen. Überdies lernte ich die Stärken von Würzpasten kennen. Da sie frische Zutaten wie Knoblauch und Chilis enthalten, haben sie noch lebendigere Aromen als Mischungen aus getrockneten Gewürzen. Und mehr kann man wirklich nicht verlangen – faule Tage in der Sonne, tolles Essen und kulinarischer Anschauungsunterricht, der für den Rest des Lebens nützlich ist.

HÖLLISCH SCHARFE CHICKEN WINGS

Diese superscharfen Hähnchenflügel, die ihren Kick durch die unglaubliche Scotch-Bonnet-Chili oder eine andere sehr scharfe Chilischote erhalten, gehören zu den beliebtesten Snacks der supermännlichen Beiköche in Chris's *East Coast Grill*. Wenn sie frisch vom Grill kommen, werden Sie hundertprozentig auf sie abfahren, selbst wenn Sie kein Chili-Liebhaber sind.

Als Vorspeise für 4 Personen

1 kg Chicken Wings (Hähnchenflügel)
2 EL Olivenöl
grobes Salz und frisch gemahlener schwarzer Pfeffer
4 EL Essig
1 große frische scharfe Chilischote (z. B. Scotch Bonnet oder Red Hot), fein gehackt (etwa 2 EL)
2 EL Senf
2 EL getrockneter Oregano
grobes Salz und frisch gemahlener schwarzer Pfeffer
2 EL fein gehackte Frühlingszwiebeln
1 Limette, halbiert

Im Grill ein Feuer anzünden. Wenn die Kohlen durchgeglüht sind, keine Flammen mehr züngeln und die Temperatur im mittleren Bereich liegt *(siehe Seite 34)*, kann gegrillt werden.

Jeden Flügel in drei Teile schneiden. Die Spitzen wegwerfen oder zur Zubereitung von Fond aufbewahren.

Die Flügelstücke mit dem Öl einpinseln, großzügig salzen und pfeffern und direkt über den Kohlen auf den Grill legen. Die Flügel 10–15 Minuten grillen, bis sie goldbraun sind, dabei immer wieder wenden, damit sie gleichmäßig garen. Zur Garprobe einen Flügel einschneiden, um zu prüfen, dass das Fleisch am Knochen nicht mehr rosa ist.

Während die Flügel auf dem Grill liegen, Essig, Chilischote, Senf, Oregano, Salz und Pfeffer in einer großen Schüssel, in der alle Flügel Platz haben, gut vermischen.

Die gegarten Flügel in die Schüssel geben und wenden, um sie mit Sauce zu überziehen. Dann mit den Frühlingszwiebeln bestreuen und mit dem Saft der Limettenhälften beträufeln. Das Gericht in der Schüssel servieren.

TÄUBCHEN MIT INGWER-GLASUR

Wildgeflügel eignet sich großartig für den Grill, da es sich gut bei starker Hitze garen lässt. Dies gilt vor allem für dicke junge Täubchen, die uns in vielem an Rindfleisch erinnern. Am besten werden sie, wie Rind, nicht ganz durchgegart serviert.

Für 4 Personen

TÄUBCHEN

Saft von 1 Zitrone (etwa 4 EL)
4 EL Olivenöl
2 EL geschälter und fein gehackter frischer Ingwer
2 EL frisch zerstoßene Koriandersamen
1 EL fein gehackter Knoblauch
4 mittelgroße Tauben, nach Entfernen des Rückgrates flach gedrückt
grobes Salz und frisch gemahlener schwarzer Pfeffer

GLASUR

4 EL Honig
2 EL grob gehackte frische Minze
1 EL geschälter und fein geriebener frischer Ingwer
1 EL frisch gepresster Zitronensaft
1 TL Chiliflocken

GARNITUR

6 dicke Scheiben durchwachsener Speck, grob gewürfelt
5 frische Feigen, längs halbiert
1 EL Olivenöl
grobes Salz und frisch gemahlener schwarzer Pfeffer
5 EL Granatapfelkerne
4 EL grob gehackte frische Petersilie

Für die Täubchen Zitronensaft, Olivenöl, Ingwer, Koriander und Knoblauch in einer Schüssel gut vermischen. Die Tauben großzügig salzen und pfeffern, nebeneinander in eine flache Glasschale legen. Mit der Marinade übergießen und durch Wenden damit überziehen. Mit Klarsichtfolie abgedeckt für 1–3 Stunden in den Kühlschrank stellen.

Für die Garnitur den Speck in einer Pfanne bei mittlerer Hitze 6–8 Minuten braten, bis er knusprig ist. Auf Küchenpapier abtropfen lassen. Die Feigen mit Öl einpinseln und großzügig salzen und pfeffern.

Für die Glasur Honig, Minze, Ingwer, Zitronensaft und Chiliflocken in einer kleinen Schüssel gut vermischen.

Im Grill ein Mehrzonenfeuer anzünden *(siehe Seite 31)*. Wenn die Kohlen durchgeglüht sind, keine Flammen mehr züngeln und die Temperatur im mittleren Bereich liegt *(siehe Seite 34)*, kann gegrillt werden.

Die Tauben auf die heiße Seite des Grills legen und auf jeder Seite 5–7 Minuten grillen, bis sie gerade gar sind. Zur Garprobe einen Schenkel an der dicksten Stelle einschneiden. Es sollte klarer Saft austreten und das Fleisch am Knochen nur noch einen Hauch von Rosa haben. Die Täubchen auf die kühlere Seite des Grills heben, großzügig mit Glasur bestreichen und auf jeder Seite noch einmal 2 Minuten garen. (Vorsicht, dass die Glasur nicht verbrennt.)

Wenn die Täubchen umgelegt sind, die Feigen mit den Schnittseiten nach unten auf die heiße Seite des Grills setzen und 2–3 Minuten garen, bis sie gerade gebräunt sind. Täubchen und Feigen auf einer Platte anrichten und mit Speck, Granatapfelkernen und Petersilie bestreuen.

RAUCHIGE HÄHNCHENKEULEN

MIT AHORNSIRUP-GRILLSAUCE

Wir sind große Fans von Hähnchenkeulen. Sie schmecken köstlich, lassen sich leicht zubereiten und haben gerade genug Fett, um auf dem Grill nicht auszutrocknen. Hier bereiten wir sie herrlich süß und klebrig nach einer altmodischen Methode zu, die meist für Hähnchenflügel verwendet wird *(siehe Seite 168–169)*. Wir finden aber, dass sie zu Keulen noch besser passt. Diese schmecken nicht nur heiß vom Grill großartig, sondern auch kalt, was sie perfekt für Picknicks macht.

Für 4 Personen

HÄHNCHENKEULEN

8 große Hähnchenoberkeulen mit Knochen à etwa 250 g

WÜRZMISCHUNG

2 EL gemahlener Koriander
2 EL Paprikapulver
2 EL gemahlener Kreuzkümmel
2 EL Rohrzucker
2 EL frisch gemahlener schwarzer Pfeffer
1 EL grobes Salz

SAUCE

4 EL Tomatenketchup
5 EL Ahornsirup
Saft von 1 Zitrone (etwa 4 EL)

Auf einer Seite des Grills mit so viel Kohlen, wie in einen großen Schuhkarton passen würden, ein Feuer anzünden. Wenn die Flammen erloschen und die Kohlen mit weißer Asche bedeckt sind *(siehe Seite 34)*, kann gegrillt werden.

Die Zutaten für die Würzmischung in einer kleinen Schüssel gut vermischen.

Die Keulen großzügig mit Würzmischung überziehen und diese behutsam andrücken, damit sie haften bleibt. Die Keulen mit der Hautseite nach unten auf die kohlenfreie Seite des Grills legen, dabei darauf achten, dass nichts direkt über den Kohlen liegt. Die Haube auf den Grill setzen, die Lüftungsschlitze zu einem Viertel geöffnet. Die Keulen etwa 1 Stunde garen, nach 30 Minuten eine Handvoll Holzkohle nachlegen und die Keulen wenden. Zur Garprobe eine der Keulen an der dicksten Stelle einschneiden. Das Fleisch am Knochen sollte nicht mehr rosa sein.

Während die Keulen auf dem Grill liegen, Ketchup, Ahornsirup und Zitronensaft in einer kleinen Schüssel sorgfältig vermischen. Die Keulen während der letzten 10 Minuten der Garzeit mit der Glasur einpinseln, die restliche Sauce als Beilage zu den Keulen servieren.

GLASIERTE FASANENBRUST

Als wir aufwuchsen, war das Nonplusultra feiner Küche Fasanenbrust »unter Glas«. Eine ziemlich alberne Zubereitungsmethode, und sie trug leider diesem wunderbaren Stück Geflügel einen schlechten Ruf ein. Wir versuchen ihn hier wiederherzustellen, indem wir es mit einer Variante der traditionellen Cumberlandsauce servieren, die besonders einfach ist und den Grillspaß erhöht.

Für 4–6 Personen

FASANENBRUST

6 entbeinte Fasanenbrüste à 140–175 g
2 EL Olivenöl
grobes Salz und frisch gemahlener schwarzer Pfeffer
3 EL grob gehackte frische Thymianblätter

GLASUR

125 ml Portwein
80 g Gelee von Roten Johannisbeeren
1 EL fein gehackte Orangenschalen
grobes Salz und frisch gemahlener schwarzer Pfeffer

Im Grill ein Feuer anzünden. Wenn die Kohlen durchgeglüht sind, keine Flammen mehr züngeln und die Temperatur im mittleren Bereich liegt *(siehe Seite 34)*, kann gegrillt werden.

Für die Glasur Portwein, Johannisbeergelee, Orangenschale, Salz und Pfeffer in einem kleinen Topf vermischen. Auf dem Herd bei mittlerer Hitze zum Köcheln bringen und mit dem Schneebesen schlagen, bis sich das Gelee aufgelöst hat. Bei schwacher Hitze 25–30 Minuten köcheln lassen, bis die Glasur auf die Hälfte reduziert ist und eine klebrige Konsistenz hat. Die Glasur in eine kleine Schüssel füllen und beiseitestellen.

Die Fasanenbrüste mit dem Olivenöl einpinseln und großzügig salzen und pfeffern. Den Thymian daraufstreuen und festklopfen. Die Brüste direkt über den Kohlen auf den Grill legen und auf jeder Seite 6–8 Minuten garen. 30 Sekunden vor Ende der Garzeit die Glasur daraufpinseln. Zur Garprobe mit dem Finger auf das Fleisch drücken *(siehe Seite 37)*. Im Zweifelsfall eine Brust einschneiden, um sicherzustellen, dass das Fleisch in der Mitte nur noch einen Hauch von Rosa hat. Servieren, die restliche Glasur dazu reichen.

SCHARF GEWÜRZTE STUBENKÜKEN

MIT KARAMELL-ZWIEBELN, SPECK UND SALBEI

Dies ist unsere modernisierte Variante der Methode, nach der Auguste Escoffier, der große französische Koch des 19. Jahrhunderts, Speisen zu grillen pflegte, und für die man eine Menge Brotkrumen braucht. Heute ist sie eher unüblich, aber das Ergebnis ist immer noch köstlich. Das Servieren der Stubenküken macht Spaß, da es maßlos, beinahe dekadent wirkt, wenn jeder ein ganzes Tier bekommt *(siehe Seite 174–175)*.

Für 4 Personen

Zwiebel-Speck-Garnitur

STUBENKÜKEN

4 Stubenküken à 675 g, nach Entfernen des Rückgrates flach gedrückt

grobes Salz und frisch gemahlener schwarzer Pfeffer

HÜLLE

5 EL körniger Senf

1 EL Worcestersauce

1 EL Tabasco

60 g frische Brotkrumen

2 EL grob gehackte frische Petersilie

2 EL fein gehackter Knoblauch

grobes Salz und frisch gemahlener schwarzer Pfeffer

GARNITUR

225 g durchwachsener Speck (z. B. Pancetta), fein gewürfelt

2 rote Zwiebeln, geschält und in dünne Scheiben geschnitten

grobes Salz und frisch gemahlener schwarzer Pfeffer

1 EL grob gehackter frischer Salbei

Im Grill ein Mehrzonenfeuer anzünden *(siehe Seite 31)*. Wenn die Kohlen durchgeglüht sind, keine Flammen mehr züngeln und die Temperatur im mittleren Bereich liegt *(siehe Seite 34)*, kann gegrillt werden.

Die Stubenküken großzügig salzen und pfeffern, mit der Hautseite nach unten auf diese heißere Seite des Grills legen und etwa 15 Minuten garen, bis die Haut gut gebräunt ist. (Sollten die Küken zu rasch bräunen, schiebt man sie auf die kühlere Seite des Grills.) Die Küken umdrehen und etwa weitere 15 Minuten garen, bis auch die andere Seite braun und knusprig ist. Zur Garprobe einen Oberschenkel oder die Stelle zwischen einem Flügel und der Brust einschneiden. Das Fleisch am Knochen sollte nicht mehr rosa sein.

Während die Küken auf dem Grill liegen, für die Garnitur den Speck auf dem Herd in einer großen Pfanne bei mittlerer Hitze unter häufigem Rühren etwa 7 Minuten braten, bis er knusprig und braun ist. Auf Küchenpapier abtropfen lassen, das Fett bis auf 2 EL aus der Pfanne gießen. Die Zwiebeln in die Pfanne geben, nach Geschmack salzen und pfeffern und 20–30 Minuten unter gelegentlichem Rühren braten, bis sie gut karamellisiert sind. 1–2 Minuten vor Ende der Garzeit den Salbei hinzufügen. Die Pfanne vom Herd nehmen.

Für den Überzug Senf, Worcestersauce und Tabasco in einer kleinen Schüssel sorgfältig verrühren. In einer zweiten Schüssel Brotkrumen, Petersilie, Knoblauch, Salz und Pfeffer gleichmäßig vermischen.

Die gegarten Küken auf die kühlere Seite des Grills heben, mit der Senfsauce einpinseln und großzügig mit der Brotkrumenmischung bestreuen. Die Krumen behutsam andrücken, damit sie haften bleiben. Die Küken weitere 1–2 Minuten auf dem Grill rösten, dann auf eine Platte heben. Karamellisierte Zwiebeln und Pancetta darübergeben, dann servieren.

Brotkrumenmischung

WÜRZIGE CHICKEN WINGS

Ein besonderer Vorteil von Hähnchenflügeln ist ihr hoher Anteil an knuspriger, superaromatischer Haut. Um das zu betonen, wenden wir die Flügel, wenn sie vom Grill kommen, in einer würzigen Kräutermischung, damit die Haut einen schönen Überzug erhält. Vermutlich brauchen wir es Ihnen nicht zu sagen, aber diese Flügel sind ein großartiger Snack, wenn Freunde zum Fußballschauen da sind.

Für 4 Personen

CHICKEN WINGS

1,5 kg Chicken Wings (Hähnchenflügel)
3 EL Olivenöl
2 EL scharfes geräuchertes Paprikapulver (am besten spanisches *pimentón de la Vera picante*)
grobes Salz und frisch gemahlener schwarzer Pfeffer

DRESSING

4 EL bestes Olivenöl
Saft von 1 Zitrone (etwa 4 EL)
4 EL grob gehackte gemischte frische Kräuter der Wahl: etwa Petersilie, Salbei, Rosmarin, Thymian und Oregano
2 EL trockener Sherry
1 EL fein gehackter Knoblauch
1 EL Chiliflocken
grobes Salz und frisch gemahlener schwarzer Pfeffer

Im Grill ein Feuer anzünden. Wenn die Kohlen durchgeglüht sind, keine Flammen mehr züngeln und die Temperatur im mittleren Bereich liegt *(siehe Seite 34)* liegt, kann gegrillt werden.

Die Flügel in drei Stücke schneiden. Die Spitzen wegwerfen oder zur Zubereitung von Fond aufbewahren.

Die Flügelstücke mit Öl einpinseln, mit Paprikapulver, Salz und Pfeffer bestreuen und direkt über den Kohlen auf den Grill legen. 10–15 Minuten garen, bis sie goldbraun sind, dabei gelegentlich wenden. Zur Garprobe einen Flügel einschneiden, um sicherzustellen, dass das Fleisch am Knochen nicht mehr rosa ist.

Während die Flügel auf dem Grill liegen, für das Dressing Olivenöl, Zitronensaft, frische Kräuter, Sherry, Knoblauch, Chiliflocken, Salz und Pfeffer in einer Schüssel vermischen, in der alle Flügel Platz haben.

Die gegarten Flügel in die Schüssel geben und wenden, um sie mit dem Dressing zu überziehen. Die Flügel heiß in der Schüssel mit reichlich Papierservietten servieren.

UNTER DER HAUBE

AM LIEBSTEN SITZEN WIR MIT FREUNDEN GEMÜTLICH BEISAMMEN UND TRINKEN DAS EINE ODER ANDERE KALTE BIER, WÄHREND EINE KÖSTLICHKEIT AUF DEM GRILL STILL UND LEISE DAS RAUCHIGE AROMA DES FEUERS AUFNIMMT, GANZ IM SINN UNSERES WICHTIGSTEN KÜCHENMANTRAS: »ARBEITE INTELLIGENTER, NICHT HÄRTER.« UND DIE ERGEBNISSE SIND FANTASTISCH.

RINDFLEISCH AUF TEXANISCHE ART

MIT BARBECUESAUCE

In Texas grillt man am liebsten Rinderbrust; ein optimales Beispiel dafür, wie man ein zähes Stück Fleisch durch langes, langsames Garen in eine superzarte Köstlichkeit verwandeln kann. Wir legen das Fleisch, z. B. den Schweinebraten aus North Carolina *(siehe Seite 196)*, dann am Abend auf den Grill und lassen es über Nacht bis zum Morgen garen. Aber es kann auch ein schöner Zeitvertreib für einen faulen Sonntag sein, eine großartige Gelegenheit, mit Freunden abzuhängen und den Tag mit einer wirklich köstlichen Mahlzeit zu beenden. Die Sauce kann bis zu einer Woche im Voraus zubereitet und abgedeckt im Kühlschrank aufbewahrt werden.

Für 8–10 Personen

FLEISCH

4,5–5,5 kg Rinderbrust
3 EL Olivenöl
4 EL grobes Salz
4 EL frisch gemahlener schwarzer Pfeffer

SAUCE

150 ml Tomatenketchup
120 ml Apfelessig
4 EL Rohrzucker
2 EL scharfe Sauce (Fertigprodukt) nach Geschmack
1 TL gemahlener Kreuzkümmel
1 TL Paprikapulver
1 TL grobes Salz
1 TL frisch gemahlener schwarzer Pfeffer

Auf einer Seite des Grills mit so viel Kohlen, wie in einen großen Schuhkarton passen würden, ein Feuer anzünden.

Das Fleisch mit Öl einpinseln und gleichmäßig mit Salz und Pfeffer bestreuen. Die Gewürze behutsam andrücken, damit sie haften bleiben.

Wenn die Flammen erloschen und die Kohlen mit weißer Asche bedeckt sind, das Fleisch auf die Seite des Grillrostes legen, unter der sich keine Kohlen befinden – es darf nichts direkt über dem Feuer liegen. Die Haube auf den Grill setzen, die Lüftungsschlitze zu einem Viertel geöffnet. Das Fleisch 8–10 Stunden garen, dabei etwa alle 30 Minuten eine Handvoll Kohlen nachlegen. Zur Garprobe eine große Gabel in das Fleisch stechen und das Stück hochheben – wenn es von der Gabel rutscht, ist es gar.

Inzwischen die Sauce zubereiten: Die Zutaten in einem kleinen Topf sorgfältig vermischen, auf dem Herd bei mittlerer Hitze köcheln lassen und 5 Minuten garen, damit sich die Aromen verbinden. Die Sauce vom Herd nehmen und in eine Schüssel füllen.

Zum Servieren das Fleisch quer zur Faser in dünne Scheiben schneiden, die Sauce dazu reichen.

SUPERSCHARFER SCHWEINEBRATEN

MIT WÜRZIGEM ANANAS-CHUTNEY

In den vergangenen Jahren ist die »Jerk«-Küche *(siehe Seite 162)* zu einer häufig nachgeahmten (und missverstandenen) Küche geworden. Dieser Schweinebraten *(siehe Seite 184–185)*, zu dem wir ein würziges Chutney reichen, das ebenfalls die Aromen Jamaikas enthält, ist vielleicht nicht ganz authentisch, aber ziemlich nahe dran. Die Garzeit kann 8 Stunden betragen.

Für 8 Personen

FLEISCH

2,25 kg Schweinebraten von der Schulter, ohne Knochen

grobes Salz und frisch gemahlener schwarzer Pfeffer

CHUTNEY

2 EL Olivenöl

½ rote Zwiebel, geschält und gewürfelt

½ rote Paprikaschote, entkernt und gewürfelt

1 kleine oder ½ große Ananas, geschält und in 1 cm große Stücke geschnitten

2 EL gutes Currypulver

1 EL geschälter und fein gehackter frischer Ingwer

1 Prise Pimentpulver

5 EL Apfelessig

2 EL Rohrzucker

grobes Salz und frisch gemahlener schwarzer Pfeffer

JERK-WÜRZMISCHUNG

4 EL milder Senf

4 EL Rotweinessig

4 EL grob gehackte Frühlingszwiebeln

3 ganze scharfe Chilischoten (z. B. Habanero- oder Scotch-Bonnet) mit Samen, gehackt

3 Knoblauchzehen, geschält

3 EL getrockneter Thymian

2 EL getrockneter Oregano

2 EL dunkler Zuckerrohrsirup

Würziges Ananas-Chutney

Auf einer Seite des Grills mit so viel Kohlen, wie in einen halben Schuhkarton passen würden, ein Feuer anzünden. Wenn die Flammen erloschen und die Kohlen mit weißer Asche bedeckt sind, kann gegrillt werden.

In der Zwischenzeit für die Jerk-Würzmischung die Zutaten im Mixer oder in einer Küchenmaschine pürieren.

Das Fleisch mit Küchenpapier trocken tupfen, großzügig salzen und pfeffern und mit der Würzmischung einreiben.

Das Fleisch auf die Seite des Grillrostes legen, auf der sich keine Kohlen befinden – es darf nichts direkt über dem Feuer liegen. Die Haube auf den Grill setzen, Lüftungsschlitze zu einem Viertel geöffnet. Fleisch 5–8 Stunden garen, dabei etwa alle 30 Minuten eine Handvoll Holzkohle nachlegen. Zur Garprobe eine große Gabel tief in das Fleisch stechen und den Braten hochheben. Wenn er von der Gabel rutscht, ist er gar. Andernfalls braucht er noch etwas Zeit.

Inzwischen das Chutney zubereiten: Das Öl in einem großen Topf auf dem Herd mittelstark erhitzen, bis es heiß ist, aber noch nicht raucht. Zwiebel und Paprika darin unter gelegentlichem Rühren 7–9 Minuten garen, bis die Zwiebel glasig ist. Ananas, Currypulver, Ingwer und Piment dazugeben und alles unter gelegentlichem Rühren etwa 3 Minuten garen. Essig und Zucker hinzufügen, den Topfinhalt zum Kochen bringen und bei schwacher Hitze 6–8 Minuten köcheln lassen, dabei gelegentlich umrühren, damit nichts ansetzt. Wenn das Chutney dick ist, den Topf vom Herd nehmen. Das Chutney mit Salz und Pfeffer abschmecken und in eine Schüssel füllen. (Es kann bis zu 5 Tage im Voraus zubereitet und abgedeckt im Kühlschrank aufbewahrt werden.)

Das gegarte Fleisch vom Grill nehmen und etwas abkühlen lassen. In Scheiben schneiden und mit dem Ananas-Chutney servieren.

TYPISCHE AROMEN **KARIBIK**

In den Aromen der Westindischen Inseln spiegelt sich die komplexe Geschichte der Region wider. So sind etwa Piment und der Scotch-Bonnet-Chili auf den Inseln heimisch. Bananen und Kokosnüsse aber wurden von Europäern eingeführt, und das immens beliebte Currypulver brachten Inder mit, die nach Ende der Sklaverei hierherkamen, um auf den Plantagen zu arbeiten. Aus diesem Schmelztiegel entstanden verschiedene charakteristische, aromareiche Küchen. Probieren Sie ein paar der folgenden Rezepte aus, so bringen Sie das Flair der Inseln direkt in Ihre Küche.

Zwiebel-Tamarinden-Chutney

Ergibt etwa 450 g

Der einzigartige herb-saure Geschmack der Tamarinde verleiht diesem Chutney sein typisches Aroma. Wir mögen es zu Schweinebraten, es schmeckt aber auch zu Rind und Lamm.

2 EL Olivenöl
2 große rote Zwiebeln, geschält und in Streifen geschnitten
1 EL geschälter und fein gehackter frischer Ingwer
2 EL Tamarindenpüree
1 EL gutes Currypulver
75 ml Apfelessig
5 EL Rohrzucker
grobes Salz und frisch gemahlener schwarzer Pfeffer
3 EL grob gehackte frische Minze

Das Öl in einem großen Topf mittelstark erhitzen. Die Zwiebeln darin unter gelegentlichem Rühren in 11–13 Minuten goldbraun braten. Ingwer, Tamarinde und Currypulver hinzufügen und etwa 2 Minuten unter häufigem Rühren garen, bis sie aromatisch duften. Essig und Zucker dazugeben, zum Köcheln bringen und rühren, damit sich der Zucker auflöst. Den Topfinhalt bei schwacher Hitze etwa 10 Minuten köcheln lassen, bis er dick wird, dabei häufig umrühren, damit er nicht anbrennt. Das Chutney salzen und pfeffern, vom Herd nehmen und die Minze hineinrühren. Im Kühlschrank hält es sich bis zu 10 Tage.

Westindisches Steak-Relish

Ergibt etwa 180 g

Wir nennen es »Steak-Relish« – und zu gegrilltem Steak schmeckt es göttlich –, aber es passt auch wunderbar zu Koteletts.

75 g Tamarindenmark
1 EL Senfpulver
1 EL fein gehackter Knoblauch
1 EL geschälter und fein gehackter frischer Ingwer
1 EL fein gehackte frische Chilischote
1 EL dunkler Zuckerrohrsirup
grobes Salz und frisch gemahlener schwarzer Pfeffer

Das Tamarindenmark in einer Schüssel mit heißem Wasser bedecken und 30 Minuten stehen lassen, damit es weich wird. Die restlichen Zutaten sorgfältig unterrühren. Abgedeckt im Kühlschrank aufbewahrt hält sich das Relish 3–4 Tage.

Westindisches Steak-Relish

Guaven-Barbecuesauce

Ergibt etwa 500 ml

Sie werden diese Sauce sowohl zu Fleisch als auch zu Geflügel und Fisch mögen – man kann sie 30 Sekunden vor Ende der Grillzeit aufpinseln oder als Beilage servieren – oder beides.

250 ml Tomatenketchup
5 EL Guavensaft (ersatzweise Pfirsichsaft)
4 EL dunkler Zuckerrohrsirup
Saft von 2 Limetten (etwa 4 EL)
2 EL geschälter und fein gehackter frischer Ingwer
grobes Salz und frisch gemahlener schwarzer Pfeffer

Alle Zutaten in einer mittelgroßen Schüssel sorgfältig vermischen. Abgedeckt im Kühlschrank hält sich die Sauce bis zu 1 Woche.

Ananas-Curry-Relish

Ergibt etwa 500 g

Wir mögen diese Sauce besonders gern zu gegrilltem Fisch oder Hähnchen, aber eigentlich passt sie zu sehr vielen Gerichten.

500 g frische Ananas, fein gewürfelt
Saft von 2 Limetten (etwa 4 EL)
2 EL grob gehackte Frühlingszwiebeln
1 EL fein gehackte frische Chilischote
1 EL geschälter und fein gehackter frischer Ingwer
1 EL Currypulver

Alle Zutaten in einer mittelgroßen Schüssel sorgfältig vermischen. Abgedeckt im Kühlschrank hält sich das Relish 3–4 Tage.

TYPISCHE ZUTATEN/OBERE REIHE (VON LINKS NACH RECHTS) Tamarinde, Limetten, Muskatnuss; **ZWEITE REIHE** Ingwer, Guave, Orange; **DRITTE REIHE** Kokosflocken, Piment, Knoblauch; **UNTERE REIHE:** Currypulver, Chilischoten, Oregano

Adobo-Paste

Ergibt etwa 200 g

Mit dieser Paste kann man Grillgut (bis zu 4 Stunden) marinieren oder Hähnchen-, Schweine- oder Rindfleisch einreiben, kurz bevor es auf den Grill kommt.

4 EL Paprikapulver
3 EL getrockneter Oregano
2 EL fein gehackter Knoblauch
1 EL gemahlener Kreuzkümmel
1 EL Chiliflocken
1 EL fein gehackte Limettenschale
2 EL Olivenöl
grobes Salz und frisch gemahlener schwarzer Pfeffer

Alle Zutaten in einer kleinen Schüssel sorgfältig vermischen. Abgedeckt im Kühlschrank hält die Paste 2–3 Tage.

Ananas-Curry-Relish

SCHWEINEBRATEN MIT KRÄUTERKRUSTE

UND SENFFRÜCHTEN

Schweinefleisch, Obst und Senf sind ein perfektes Trio, und daher kombinieren wir hier Schweinekarree mit unserer Version der italienischen *mostarda di frutta*, die wir aus Trockenfrüchten und Senfpulver zubereiten. Sie können für das Rezept auch ausgelöstes Karree verwenden, mit Knochen hat dieses Fleischstück aber einen intensiveren Geschmack.

Für 6–8 Personen

FLEISCH

4 EL Olivenöl
4 EL grob gehackter frischer Salbei
2 EL zerstoßene Fenchelsamen
2 EL fein gehackter Knoblauch
2,25 kg Schweinekarree mit Knochen
grobes Salz und frisch gemahlener schwarzer Pfeffer

SENFFRÜCHTE

250 ml Wasser
50 g Senfpulver
120 ml Essig
4 EL Rohrzucker
1 EL geschälter und fein gehackter frischer Ingwer
60 g Rosinen
300 g gewürfelte Trockenfrüchte (Aprikosen, Pfirsiche, Feigen, Mangos)
grobes Salz und frisch gemahlener schwarzer Pfeffer

Auf einer Seite des Grills mit so viel Kohlen, wie in einen halben Schuhkarton passen würden, ein Feuer anzünden.

Öl, Salbei, Fenchelsamen und Knoblauch in einer kleinen Schüssel zu einer lockeren Paste zerreiben. Das Fleisch sorgfältig mit Küchenpapier trocken tupfen, großzügig salzen und pfeffern und rundum mit der Würzpaste einreiben.

Wenn die Flammen erloschen und die Kohlen mit weißer Asche bedeckt sind, das Fleisch auf die Seite des Grillrostes legen, unter der sich keine Kohlen befinden – es darf nichts über dem Feuer liegen. Die Haube auf den Grill setzen, die Lüftungsschlitze zu einem Viertel geöffnet. Das Fleisch etwa 1 Stunde grillen, bis es gar ist, nach etwa 30 Minuten eine Handvoll Kohlen nachlegen. Zur Garprobe ein Bratenthermometer so in die Mitte des Fleisches stechen, dass es die Knochen nicht berührt, und nach 5 Sekunden die Temperatur ablesen. Bei 57 °C ist das Fleisch medium, bei 66 °C medium-well done, bei 71 °C well-done. Wir nehmen das Fleisch gern bei 64 °C herunter. Das Fleisch vom Grill nehmen, locker mit Alufolie abdecken und etwa 20 Minuten ruhen lassen.

Inzwischen für die Senffrüchte Wasser und Senfpulver in einer Schüssel glatt rühren. Auf dem Herd in einem Topf Essig, Zucker und Ingwer bei mittlerer Hitze zum Kochen bringen, dabei rühren, damit sich der Zucker auflöst. Bei schwacher Hitze unter häufigem Rühren etwa 10 Minuten köcheln lassen, bis die Masse dick wird. Den Senf und dann die Trockenfrüchte unterrühren. Die Früchte noch einmal 15–20 Minuten köcheln lassen, bis die Masse dick ist, dann salzen und pfeffern und in eine Schüssel füllen.

Das Fleisch von den Knochen lösen und auf einer Platte anrichten, die Senffrüchte dazu reichen.

IM RAUCH GEBRATENE HÄHNCHEN

Mit Knoblauch und Rosmarin aromatisierte Hähnchen, die bei indirekter Hitze im Rauch eines kleinen Feuers gegart werden, sind ein Klassiker. Ein Gericht wie dieses könnte man den ganzen Sommer hindurch einmal in der Woche servieren, ohne zu viel zu bekommen. Und falls Sie noch nie etwas im Rauch gegart haben *(siehe Seite 18)*, ist dies eine wunderbare Gelegenheit, es auszuprobieren. Die Zubereitung ist ganz einfach, aber die Hähnchen erhalten ein großartiges rauchiges Aroma.

Für 6 Personen

2 ganze Brathähnchen à etwa 1,35 kg
3 EL Olivenöl
3 EL fein gehackter Knoblauch
3 EL grob gehackter frischer Rosmarin
2 EL grobes Salz
2 EL frisch gemahlener schwarzer Pfeffer
2 Zitronen, halbiert

Auf einer Seite des Grills mit so viel Kohlen, wie in eineinhalb große Schuhkartons passen würden, ein Feuer anzünden.

Die Hähnchen mit der Brust nach oben auf die Arbeitsfläche legen und jedes möglichst flach drücken. Beide Hähnchen mit dem Olivenöl einreiben. Den Knoblauch mit Rosmarin, Salz und Pfeffer zerdrücken. Die Mischung gleichmäßig auf den Hähnchen verteilen und vorsichtig andrücken, damit sie haften bleibt.

Wenn die Flammen erloschen und die Kohlen mit weißer Asche bedeckt sind, die Hähnchen mit der Brust nach unten und mit dem Beinen zum Feuer auf die Seite des Grillrostes legen, unter der sich keine Kohlen befinden. Dabei darauf achten, dass nichts direkt über den Kohlen liegt. Die Haube auf den Grill setzen, die Lüftungsschlitze zu einem Viertel geöffnet. Die Hähnchen 30 Minuten garen, dann umdrehen und einen halben Schuhkarton Kohlen nachlegen. Die Hähnchen noch einmal 30–45 Minuten garen. Zur Garprobe einen Schenkel an der dicksten Stelle bis zum Knochen einschneiden. Das Fleisch sollte nicht mehr rosa sein. Die Temperatur lässt sich bei einem flach gedrückten Hähnchen schlecht messen; falls Sie trotzdem ein Bratthermometer verwenden, sollte die Endtemperatur 71 °C betragen.

Die gegarten Hähnchen auf ein Schneidebrett heben, locker mit Alufolie abdecken und etwa 10 Minuten ruhen lassen. Dann jedes in 6 Stücke schneiden, mit Zitronensaft beträufeln und servieren.

BARBECUE-HÄHNCHEN

Diese Garmethode ist ein wenig aufwendiger als die auf Seite 191 beschriebene, aber eigentlich kinderleicht. Da die Hähnchen nicht direkt über den Kohlen gegart werden, besteht keine Gefahr, dass eine Glasur verbrennt. Daher können wir sie mit einer einfachen, leckeren Mischung aus Ketchup und Zucker überziehen, bevor sie auf den Grill kommen. Serviert werden die Hähnchen in traditioneller Barbecue-Manier mit einer dicken klebrigen Sauce.

Für 6 Personen

HÄHNCHEN

180 ml Tomatenketchup
2 EL Rohrzucker
1 TL gemahlener Koriander
1 TL gemahlener Kreuzkümmel
2 ganze Brathähnchen à etwa 1,35 kg
grobes Salz und frisch gemahlener schwarzer Pfeffer

SAUCE

250 ml Apfelsaft
125 ml Apfelessig
2 EL fein gehackte Orangenschale
2 EL Rohrzucker
1 EL Selleriesalz

Auf einer Seite des Grills mit so viel Kohlen, wie in eineinhalb große Schuhkartons passen würden, ein Feuer anzünden.

Für die Hähnchen Ketchup, Zucker, Koriander und Kreuzkümmel in einer kleinen Schüssel sorgfältig vermischen.

Die Hähnchen mit der Brust nach oben auf die Arbeitsfläche legen und jedes möglichst flach drücken. Die Hähnchen großzügig salzen und pfeffern und dick mit der Ketchupmischung überziehen.

Wenn die Flammen erloschen und die Kohlen mit weißer Asche bedeckt sind, die Hähnchen mit der Brust nach unten und den Beinen zum Feuer auf die Seite des Grillrostes legen, unter der sich keine Kohlen befinden. Dabei darauf achten, dass nichts direkt über dem Feuer liegt. Die Haube auf den Grill setzen, die Lüftungsschlitze zu einem Viertel geöffnet. Die Hähnchen 30 Minuten garen, dann umdrehen und einen halben Schuhkarton Kohlen nachlegen. Die Hähnchen noch einmal 30–45 Minuten garen. Zur Garprobe einen Schenkel an der dicksten Stelle bis auf den Knochen einschneiden. Das Fleisch sollte nicht mehr rosa sein. Die Temperatur lässt sich bei einem flach gedrückten Hähnchen schlecht messen; falls Sie trotzdem ein Bratenthermometer verwenden, sollte die Endtemperatur 71 °C betragen.

Inzwischen auf dem Herd die Sauce zubereiten. Alle Zutaten in einem kleinen Topf vermischen und bei mittlerer Hitze gerade zum Kochen bringen. Dann die Sauce bei schwacher Hitze unter häufigem Rühren etwa 20 Minuten köcheln lassen, bis sie um etwa zwei Drittel eingekocht und dick und sirupartig ist. Die fertige Sauce in eine Schüssel füllen.

Die gegarten Hähnchen auf ein Schneidebrett heben, locker mit Alufolie abdecken und etwa 10 Minuten ruhen lassen. Dann jedes in 6 Stücke schneiden und mit der Sauce servieren.

RAUCHIGES RINDFLEISCH

MIT PFEFFERSAUCE

Dies ist eigentlich ganz normales Roastbeef mit traditioneller Pfeffersauce. Das Fleisch wird aber in schwarzem Pfeffer gewendet und auf dem Grill gebraten, wodurch es ein wunderbar intensives Raucharoma erhält. Die feine Sauce macht dieses Roastbeef zu einem Gericht für besondere Gelegenheiten.

Für 10–12 Personen

FLEISCH

2,75–3,5 kg Rindfleisch aus der Oberschale
3 EL Olivenöl
110 g frisch gemahlener schwarzer Pfeffer
110 g grobes Salz

SAUCE

250 ml Weinbrand
50 g grüne Pfefferkörner, abgetropft und abgespült
500 ml Rinderfond
250 g Sahne
125 g kalte Butter, gewürfelt
4 EL grob gehackte frische Petersilie
grobes Salz und frisch gemahlener schwarzer Pfeffer

Auf einer Seite des Grills mit so viel Kohlen, wie in einen großen Schuhkarton passen würden, ein Feuer anzünden.

Das Fleisch mit dem Öl einpinseln. Salz und Pfeffer daraufstreuen und andrücken, damit sie haften bleiben.

Wenn die Flammen erloschen und die Kohlen mit weißer Asche bedeckt sind, das Fleisch auf die Seite des Grillrostes legen, unter der sich keine Kohlen befinden. Darauf achten, dass nichts direkt über dem Feuer liegt. Die Haube auf den Grill setzen, die Lüftungsschlitze zu einem Viertel geöffnet. Das Fleisch garen, bis es den gewünschten Gargrad erreicht hat (nach 45–60 Minuten ist es medium-rare), nach 30 Minuten eine Handvoll Holzkohle nachlegen. Zur Garprobe mit dem Finger auf das Fleisch drücken *(siehe Seite 37)*. Im Zweifelsfall ein Bratenthermometer in die Mitte des Bratens stecken und nach 5 Sekunden die Temperatur ablesen – bei 49 °C ist er rare, bei 52 °C medium-rare, bei 57 °C medium, bei 65 °C medium-well und bei 71 °C well done (wir nehmen ihn gern bei 50 °C herunter). Das Fleisch vom Grill nehmen, locker mit Folie abdecken und vor dem Aufschneiden mindestens 15 Minuten ruhen lassen.

Während das Fleisch auf dem Grill liegt, auf dem Herd die Sauce zubereiten. Weinbrand und Pfefferkörner in einem Topf zum Kochen bringen. Bei mittlerer Hitze etwa 3 Minuten köcheln lassen, bis der Weinbrand sirupartig ist. Den Rinderfond hinzufügen und die Mischung noch einmal etwa 15 Minuten köcheln lassen, bis sie um ein Drittel eingekocht ist. Die Sahne hineinrühren und die Sauce weitere 10 Minuten köcheln lassen, bis sie etwas eingedickt ist. Auf schwache Hitze reduzieren, dann die kalte Butter in kleinen Portionen mit dem Schneebesen unterschlagen. Die Sauce vom Herd nehmen und Petersilie sowie Salz und Pfeffer nach Geschmack unterrühren.

Zum Servieren das Fleisch in Scheiben schneiden. Die Scheiben auf einer Platte anrichten und in der Mitte mit einem Streifen Sauce überziehen. Die restliche Sauce dazu reichen.

SCHWEINEBRATEN MIT KRAUTSALAT

Dies ist der traditionelle Schweinebraten vom Grill aus North Carolina, mit dem ich (Chris) aufgewachsen bin *(siehe Seite 198–199)*. Ich finde, es gibt nichts Besseres als diesen rauchigen Braten, der praktisch auf der Zunge zergeht. Wenn er richtig gut werden soll, sollten Sie etwa um Mitternacht mit der Zubereitung beginnen und die Nacht durchmachen, während Sie sich bei ein paar Bierchen rund um das Feuer Geschichten erzählen und das Fleisch gart. Er ist perfekt, wenn Sie viele Gäste bewirten. Das Fleisch lässt sich aber sehr gut einfrieren, so brauchen Sie keine Angst vor Resten zu haben.

Für 15 Personen

FLEISCH

2 Schweinebraten ohne Knochen à 1,75–2,25 kg
3 EL Olivenöl

WÜRZMISCHUNG

4 EL Paprikapulver
2 EL grobes Salz
2 EL frisch gemahlener schwarzer Pfeffer
2 EL gemahlener Kreuzkümmel
2 EL Chilipulver
2 EL Rohrzucker
1 EL Cayennepfeffer

KRAUTSALAT

350 g Mayonnaise
5 EL Essig
5 EL Zucker
1 EL Selleriesalz
1 Weißkohl, in feine Streifen geschnitten
2 Möhren, fein geraspelt
grobes Salz und frisch gemahlener schwarzer Pfeffer

SAUCE

250 ml Essig
250 ml Apfelessig
1 EL Zucker
1 EL Chiliflocken
1 EL Tabasco
grobes Salz und frisch gemahlener schwarzer Pfeffer

AUSSERDEM

Kastenweißbrot, in Scheiben geschnitten, oder Hamburgerbrötchen

Auf einer Seite des Grills mit so viel Kohlen, wie in einen großen Schuhkarton passen würden, ein Feuer anzünden.

Die Zutaten für die Würzmischung in einer kleinen Schüssel sorgfältig vermengen. Das Fleisch mit Öl einpinseln und großzügig mit Würzmischung überziehen. Die Mischung behutsam andrücken, damit sie haften bleibt.

Wenn die Flammen erloschen und die Kohlen mit weißer Asche bedeckt sind, das Fleisch auf die Seite des Grillrostes legen, unter der sich keine Kohlen befinden. Darauf achten, dass nichts direkt über den Kohlen liegt. Die Haube aufsetzen, die Lüftungsschlitze zu einem Viertel geöffnet. Das Fleisch 7–9 Stunden garen, dabei etwa alle 30 Minuten eine Handvoll Holzkohle nachlegen. Zur Garprobe eine große Gabel in das Fleisch stechen und das Stück hochheben – wenn es von der Gabel rutscht, ist es gar.

Inzwischen den Salat zubereiten: Mayonnaise, Essig, Zucker und Selleriesalz in einer großen Schüssel sorgfältig vermischen. Kohl und Möhren unterheben. Den Salat salzen und pfeffern und bis zum Servieren abgedeckt in den Kühlschrank stellen.

Für die Sauce Essig, Zucker, Chiliflocken, Tabasco, Salz und Pfeffer in einer mittelgroßen Schüssel sorgfältig vermischen.

Das Fleisch hacken oder in Streifen schneiden (oder, wenn es noch zu heiß ist, mit zwei Gabeln auseinanderziehen) und mit so viel Sauce wie gewünscht vermischen. Das Fleisch auf Brotscheiben oder Hamburgerbrötchen häufen und den Krautsalat daraufgeben, dann servieren.

IM RAUCH GEGARTE ENTE

MIT ORANGEN-INGWER-SAUCE

Eine ganze im Rauch gegarte Ente ist herrlich anzusehen – und schmeckt unglaublich lecker. Zudem ist ihre Zubereitung einfach. Man muss lediglich daran denken, bereits am Vortag damit zu beginnen, da die Ente für eine Nacht im Kühlschrank ruhen muss, um die Aromen von Sesamöl, Ingwer und Orangenschale aufzunehmen. Auch die Sauce ist einfach, aber man kann die fertige Ente auch schlicht mit etwas Hoisinsauce würzen.

Für 2 Personen

ENTE

1 Ente, 1,75–2,25 kg schwer
1 EL Sesamöl
3 EL frisch gemahlener weißer Pfeffer
2 EL geschälter und fein gehackter frischer Ingwer
2 EL fein gehackte Orangenschale
2 EL grobes Salz

SAUCE

5 EL Hoisinsauce
3 EL grob gehacktes Koriandergrün
2 EL Chili-Knoblauch-Sauce
1 EL geschälter und fein gehackter frischer Ingwer

Mit einer Gabel zwischen Flügeln und Brust etwa ein Dutzend Löcher in die Haut und die Fettschicht der Ente stechen; darauf achten, dass das Fleisch darunter nicht verletzt wird. Die Ente mit Küchenpapier trocken tupfen und rundum mit dem Sesamöl einreiben.

Pfeffer, Ingwer, Orangenschale und Salz in einer kleinen Schüssel zerreiben und die Ente damit überziehen. Die Ente auf einen Teller legen und unabgedeckt über Nacht in den Kühlschrank stellen.

Auf einer Seite des Grills mit so viel Kohlen, wie in zwei Schuhkartons passen würden, ein Feuer anzünden.

Die Ente aus dem Kühlschrank nehmen und wieder trocken tupfen. Wenn die Flammen erloschen und die Kohlen mit weißer Asche bedeckt sind, die Ente mit den Beinen zum Feuer auf die Seite des Grillrostes legen, unter der sich keine Kohlen befinden. Darauf achten, dass nichts direkt über dem Feuer liegt. Die Haube aufsetzen, die Lüftungsschlitze zu einem Viertel geöffnet. Die Ente garen, nach 30 Minuten einen halben Schuhkarton Holzkohle nachlegen. Nach weiteren 10 Minuten die Ente wenden, sodass sich nun die Brust näher beim Feuer befindet, und noch einmal 30–50 Minuten garen. Zur Garprobe einen der Schenkel einstechen, um zu prüfen, ob der austretende Saft klar ist. Als zweiten Test einen Schenkel vorsichtig drehen – er sollte sich leicht bewegen lassen.

Während die Ente auf dem Grill liegt, die Sauce zubereiten. Dazu Hoisinsauce, Koriander, Chili-Knoblauch-Sauce und Ingwer in einer kleinen Schüssel sorgfältig vermischen.

Die gegarte Ente auf ein Schneidebrett heben und die Ente entlang der Brust halbieren. Die Entenhälften auf einen großen Teller legen und mit etwas Sauce beträufeln. Die restliche Sauce dazu reichen.

KUBANISCHER SCHWEINEBRATEN

MIT KORIANDER-VINAIGRETTE

Die Menschen in Amerikas Südstaaten sind nicht die Einzigen, die einen dicken Schweinebraten perfekt im Rauch garen können *(siehe Seite 196)*. Auch kubanische Köche sind darin Experten, und so ergänzen wir hier superzartes rauchiges Fleisch durch einige kubanische Aromen. Am liebsten servieren wir dieses Fleisch mit warmen Tortillas, in die man es einwickeln kann.

Für 8–10 Personen

FLEISCH

4 EL fein gehackter Knoblauch
4 EL frisch zerstoßene Koriandersamen (ersatzweise 2 EL gemahlener Koriander)
4 EL Paprikapulver
3 EL grobes Salz
3 EL frisch gemahlener schwarzer Pfeffer
2,75 kg Schweineschulterbraten ohne Knochen
4 EL Olivenöl

VINAIGRETTE

5 EL bestes Olivenöl
5 EL Rotweinessig
4 EL grob gehacktes Koriandergrün
2 EL scharfe Sauce (Fertigprodukt) nach Geschmack
1 TL fein gehackter Knoblauch
grobes Salz und frisch gemahlener schwarzer Pfeffer

Auf einer Seite des Grills mit so viel Kohlen, wie in einen Schuhkarton passen würden, ein Feuer anzünden.

Für das Fleisch Knoblauch, Koriander, Paprikapulver, Salz und Pfeffer in einer kleinen Schüssel sorgfältig vermischen. Das Fleisch mit dem Öl einpinseln und großzügig mit der Würzmischung überziehen. Die Mischung behutsam andrücken, damit sie haften bleibt.

Wenn die Flammen erloschen und die Kohlen mit weißer Asche bedeckt sind, das Fleisch auf die Seite des Grillrostes legen, unter der sich keine Kohlen befinden. Darauf achten, dass nichts über dem Feuer liegt. Die Haube aufsetzen, die Lüftungsschlitze zu einem Viertel geöffnet. Das Fleisch 5–8 Stunden garen, dabei etwa alle 30 Minuten eine Handvoll Holzkohle nachlegen. Zur Garprobe eine große Gabel in das Fleisch stechen und den Braten hochheben – wenn das Fleisch von der Gabel rutscht, ist es gar.

Inzwischen für die Vinaigrette Olivenöl, Essig, Koriander, scharfe Sauce, Knoblauch, Salz und Pfeffer in einer kleinen Schüssel sorgfältig verschlagen.

Das Fleisch hacken oder in Streifen schneiden, mit der Vinaigrette beträufeln und servieren, falls gewünscht mit Burgerbrötchen oder Tortillas.

IN WHISKEY EINGELEGTER TRUTHAHN

Dieser Truthahn wird so zubereitet, wie es in den amerikanischen Südstaaten üblich ist. Er eignet sich nicht nur für die Weihnachtszeit, sondern für jeden Anlass, zu dem Sie viele Gäste erwarten. Durch das Einlegen bleibt das Fleisch beim Garen saftig, und am Ende ist es zart und hat ein wunderbar rauchiges Aroma. (Falls Sie in Ihrem Kühlschrank nicht genug Platz haben, können Sie den Truthahn in eine große Kühlbox legen und Kühlelemente dazugeben, die Sie aber regelmäßig auswechseln müssen.) Auch warm vom Grill ist das Fleisch köstlich, noch besser schmeckt es aber am nächsten Tag auf Sandwiches.

Für 6 Personen

MARINADE

500 g grobes Salz
350 g Zucker
250 ml Whiskey (Bourbon)
2 Orangen, in Scheiben geschnitten

TRUTHAHN

1 küchenfertiger Truthahn, 5,5–6,5 kg schwer, ausgenommen
frisch gemahlener schwarzer Pfeffer
2 Äpfel, geviertelt und Kerngehäuse entfernt
1 rote Zwiebel, geschält und geviertelt
3 EL grob gehackter frischer Salbei

Die Zutaten für die Marinade mit 4 Liter Wasser in einem großen Gefäß, in dem der Truthahn bequem Platz hat, vermischen und rühren, bis sich Salz und Zucker aufgelöst haben. Den Truthahn innen und außen sorgfältig waschen und in das Gefäß legen, dabei darauf achten, dass er völlig mit Marinade bedeckt ist. Für 24–48 Stunden in den Kühlschrank stellen, dabei alle 12 Stunden wenden.

Auf einer Seite des Grills mit so viel Kohlen, wie in einen großen Schuhkarton passen würden, ein Feuer anzünden. Wenn die Flammen erloschen und die Kohlen mit weißer Asche bedeckt sind, den Truthahn aus der Marinade nehmen und innen und außen sorgfältig abspülen. Mit Küchenpapier trocken tupfen, innen großzügig pfeffern und mit Äpfeln, Zwiebel und Salbei füllen.

Den Truthahn auf die Seite des Grills legen, unter der sich keine Kohlen befinden. Darauf achten, dass nichts direkt über den Kohlen liegt. Die Haube auf den Grill setzen, die Lüftungsschlitze zu einem Viertel geöffnet. Truthahn 2½–3 Stunden braten, bis klarer Saft austritt, wenn man eine Keule mit einer Gabel einsticht. Dabei etwa alle 30 Minuten eine Handvoll Holzkohle nachlegen. Den Truthahn während des Garens mindestens zweimal wenden, wenn die dem Feuer zugewandte Seite zu rasch zu garen scheint. Zur Garprobe ein Bratenthermometer in die Vertiefung zwischen Brust und Schenkel stecken. Wenn es 71 °C anzeigt, ist der Truthahn gar.

Den Truthahn vom Grill nehmen, locker mit Alufolie abdecken und mindestens 15 Minuten ruhen lassen. Äpfel und Zwiebel wegwerfen und den Truthahn tranchieren.

GLASIERTE SCHWEINEKEULE

MIT HONIG-SENF-SAUCE

Dieses Gericht ist perfekt, wenn Sie mehrere Gäste haben: Es ist einfach zuzubereiten, aber doch so ausgefallen, dass Komplimente nicht ausbleiben werden. Wenn Sie das Fleisch einlegen, wird es noch zarter und aromatischer, aber es schmeckt auch nicht eingelegt wunderbar.

Für 10–12 Personen

FLEISCH

1 Keule vom Schwein, mit Knochen und Schwarte, 3,5–4,5 kg schwer
350 ml frisch gepresster Orangensaft
350 ml Ananassaft
3 EL grob gehackter frischer Salbei
25 ganze Gewürznelken
5 EL körniger Senf
5 EL Honig

MARINADE (NACH BELIEBEN)

500 ml brauner Rum
220 g Rohrzucker
220 g grobes Salz
2 EL gemahlenes Piment

Die Schwarte der Schweinekeule mit einem scharfen Messer rautenförmig einschneiden.

Die Zutaten für die Marinade mit 3 Liter Wasser in ein Gefäß geben, in dem die Keule bequem Platz hat, und rühren, bis sich Salz und Zucker aufgelöst haben. Die Keule in das Gefäß legen, dabei darauf achten, dass sie völlig mit Marinade bedeckt ist. Für 24 Stunden bis maximal 3 Tage in den Kühlschrank stellen, dabei alle 12 Stunden wenden.

Säfte in einem kleinen Topf auf dem Herd zum Kochen bringen, dann nur noch köcheln lassen. Unter häufigem Rühren in etwa 25 Minuten einkochen lassen, bis sie sirupartig sind. Den Salbei unterrühren und die Glasur beiseitestellen.

Auf einer Seite des Grills mit so viel Kohlen, wie in einen großen Schuhkarton passen würden, ein Feuer anzünden. Das Fleisch aus der Marinade nehmen und sorgfältig mit Küchenpapier trocken tupfen (ungepökeltes Fleisch großzügig salzen und pfeffern). Die Nelken an den Spitzen der Rauten in die Schwarte stecken.

Wenn die Flammen erloschen und die Kohlen mit weißer Asche bedeckt sind, das Fleisch auf die Seite des Grillrostes legen, unter der sich keine Kohlen befinden – es darf nichts direkt über dem Feuer liegen. Die Haube auf den Grill setzen, die Lüftungsschlitze zu einem Viertel geöffnet. Die Keule garen, dabei etwa alle 30 Minuten eine Handvoll Holzkohle nachlegen. Nach 2 Stunden die erste Garprobe machen, es können aber bis zu 3 Stunden Garzeit erforderlich sein. 30 Minuten vor Ende der Garzeit die Keule großzügig mit Glasur einpinseln. Zur Garprobe ein Bratenthermometer in die Mitte stecken und nach 5 Sekunden die Temperatur ablesen – bei 57 °C ist das Fleisch medium, bei 66 °C medium-well und bei 71 °C well done. Wir nehmen es gern bei 64 °C herunter. Wenn das Fleisch den gewünschten Gargrad erreicht hat, die Keule vom Grill nehmen, locker mit Alufolie abdecken und 20–30 Minuten ruhen lassen.

Inzwischen Senf und Honig in einer kleinen Schüssel sorgfältig vermischen. Zum Servieren das Fleisch in dicke Scheiben schneiden, die Sauce dazu reichen.

LAMMKEULE IM KRÄUTERMANTEL

MIT APRIKOSEN-RELISH

Lamm mit seinem Eigengeschmack kann sich gegen das Raucharoma des Feuers sowie gegen kräftige Würzmischungen behaupten. Wir lieben die Kombination von Lamm und Aprikosen, doch das würzige Relish passt ebenso gut zu Hähnchen und Schwein.

Für 6–8 Personen

FLEISCH

4 EL Olivenöl
4 EL grob gehackter frischer Oregano (oder Majoran)
3 EL fein gehackter Knoblauch
2 EL fein gehackte Zitronenschale
2 EL Fenchelsamen
1 Lammkeule mit Knochen, 2,75–3,5 kg schwer, das gröbste Fett entfernt
grobes Salz und frisch gemahlener schwarzer Pfeffer

APRIKOSEN-RELISH

2 EL Olivenöl
1 rote Zwiebel, geschält und fein gewürfelt
1 EL geschälter und fein gehackter Ingwer
2 TL Chiliflocken
1 EL gemahlener Koriander
175 g getrocknete Aprikosen, in schmale Streifen geschnitten
120 ml Rotweinessig
2 EL Rohrzucker
grobes Salz und frisch gemahlener schwarzer Pfeffer

Auf einer Seite des Grills mit so viel Kohlen, wie in einen halben Schuhkarton passen würden, ein Feuer anzünden.

Für das Fleisch Öl, Oregano, Knoblauch, Zitronenschale und Fenchelsamen zu einer Paste zerreiben. Die Lammkeule mit Küchenpapier trocken tupfen und gut salzen und pfeffern. Mit der Spitze eines Küchenmessers 8–10 Einschnitte (5 cm tief) in das Fleisch schneiden. Etwas Würzpaste hineindrücken, die restliche Paste auf dem Fleisch verteilen.

Wenn die Flammen erloschen und die Kohlen mit weißer Asche bedeckt sind, die Keule auf die Seite des Grillrostes legen, unter der sich keine Kohlen befinden – nichts vom Fleisch darf direkt über dem Feuer liegen. Die Haube aufsetzen, die Lüftungsschlitze zu einem Viertel geöffnet. Die Keule braten, bis sie den gewünschten Gargrad erreicht hat, dabei etwa alle 30 Minuten eine Handvoll Holzkohle nachlegen. Nach 1½–2 Stunden ist sie medium-rare. Zur Garprobe ein Bratenthermometer in den dicksten Teil stecken, ohne den Knochen zu berühren, und nach 5 Sekunden ablesen. Bei 49 °C ist das Fleisch rare, bei 52 °C medium-rare, bei 57 °C medium, bei 65 °C medium-well, bei 71 °C well done.

Inzwischen für das Relish das Öl auf dem Herd in einem großen Topf mittelstark erhitzen und die Zwiebel darin unter gelegentlichem Rühren in 7–9 Minuten glasig braten. Ingwer, Chiliflocken und Koriander hinzufügen und etwa 1 Minute durchrühren, bis sie aromatisch duften. Aprikosen, Essig und Zucker dazugeben und zum Kochen bringen. Die Hitze reduzieren und die Aprikosen etwa 5 Minuten köcheln lassen, bis sie weich sind. Das Relish vom Herd nehmen, salzen und pfeffern und in eine Schüssel füllen.

Die gegarte Keule vom Grill nehmen, locker mit Alufolie abdecken und 10–15 Minuten ruhen lassen. Den Braten aufschneiden und mit dem Aprikosen-Relish als Beilage servieren.

AM SPIESS

WIR LIEBEN SPIESSE, AUS VIELERLEI GRÜNDEN: DAS AUFSPIESSEN MACHT SPASS, DIE MEISTEN SPIESSE LASSEN SICH SO EINFACH GRILLEN WIE HOT DOGS, UND (WAS VIELLEICHT AM WICHTIGSTEN IST) MAN KANN SIE UNGESTRAFT MIT DEN FINGERN ESSEN, WESHALB SIE SICH BESTENS ALS PARTYFOOD EIGNEN. UND SAGTEN WIR SCHON, DASS SIE GROSSARTIG SCHMECKEN?

HÄHNCHENSPIESSE MIT MANGO-CHILI-SAUCE

Auf unserer letzten Reise nach Thailand haben wir immer wieder erlebt, dass die Küche dort meist extrem scharf ist. Auch diese leckeren kleinen Spieße aus Hähnchenbrust erscheinen unserem Gaumen recht scharf, aber selbst Thai, die Chilis nicht besonders mögen, würden sie eher als mild gewürzt empfinden. Die Sauce passt auch zu gegrilltem Fisch oder Schweinefleisch.

Als Vorspeise für 4 Personen

SPIESSE

500 g Hähnchenbrustfilets, längs in breite Streifen geschnitten
2 EL Chiliflocken
1 EL gutes Currypulver
1 EL Sesamöl
grobes Salz und frisch gemahlener schwarzer Pfeffer

SAUCE

125 ml Tomatenketchup
125 ml Mangosaft
Saft von 2 Limetten (etwa 4 EL)
2 EL thailändische Fischsauce (ersatzweise Sojasauce)
1–2 EL Chili-Knoblauch-Paste (Fertigprodukt), nach Geschmack
2 EL geschälter und fein gehackter frischer Ingwer
2 EL grob gehacktes frisches Thai-Basilikum (ersatzweise normales Basilikum)
1 EL fein gehackter Knoblauch

Im Grill ein Feuer anzünden. Wenn die Kohlen durchgeglüht sind, keine Flammen mehr züngeln und die Temperatur im mittleren Bereich liegt *(siehe Seite 34)*, kann gegrillt werden.

Die Zutaten für die Sauce in einer Schüssel sorgfältig vermischen. Etwa die Hälfte der Sauce in eine kleine Schüssel umfüllen und beiseitestellen.

Das Hähnchenfleisch mit Chiliflocken, Currypulver, Öl, Salz und Pfeffer in einer Schüssel vermischen, bis das Fleisch gleichmäßig mit den Gewürzen überzogen ist. Die Fleischstücke auf Spieße stecken und direkt über den Kohlen auf jeder Seite 3–4 Minuten grillen, bis sie gerade gar sind. Das Fleisch während der letzten 30 Sekunden Garzeit mit der restlichen Sauce einpinseln. Zur Garprobe einen Streifen einschneiden.

Die Spieße und die Schüssel mit der Sauce auf einer Platte anrichten und sofort servieren.

ISTANBUL: DAS KEBAB-PARADIES

Weitläufig, geheimnisvoll, kompliziert, lebendig und jung, aber durchdrungen von verblichener Grandezza ist Istanbul eine der interessantesten Städte der Welt. Und es ist auch, wie wir auf einer Reise dorthin feststellten, Welthauptstadt der Fleischspieße.

Klar, es gibt viele andere Orte im Nahen Osten und selbst in Südostasien, wo gegrillte Spieße noch viel verbreiteter sind, doch in der Küche dieser zwei Kontinente übergreifenden Stadt sind sie sehr speziell. Jede Variante hat ihre eigene Geschichte und Herkunft, und so war die Zeit in Istanbul mit unserem Freund Ihsan, der dort aufgewachsen ist, eine Art kulinarischer Geschichtsunterricht. Eines Abends nach einer langen Fahrt von Bodrum in der südwestlichen Türkei kurvte Ishan zu unserer Bestürzung noch durch den Verkehr, um zu einem speziellen Kebab-Stand zu gelangen. »Cöp sis!«, schrie er mit der für ihn typischen Erregung. »Abfall-Kebabs!« Wie er erklärte, wurden für diese südwestanatolische Spezialität all die Reste verwendet, die abends in Restaurantküchen übrig blieben – daher der Name. Und so war es jeden Tag: Wir entdeckten unglaublich viele verschiedene Kebabs – einfache Spieße aus winzigen Lebern mit Pfeffer und Salz bestreut, Spieße aus Stücken von würziger *socuk*-Wurst und *kasar*-Käse und unzählige Varianten zum Thema Lamm, als Hackfleisch und in Stücke geschnitten. Alle tragen unterschiedliche Namen, je nachdem, ob das Fleisch beispielsweise mit scharfer Paste und einer Gewürzmischung, die *baharat* heißt, oder mit Tomatenmark und Petersilie gemischt ist. Es gibt auch andere exotische Speisen in den Straßen dieser faszinierenden Stadt (etwa köstliche fettige Sandwiches mit Innereien), aber die schiere Anzahl und Vielfalt der Kebabs ist unübertroffen. Ein Teller Kebabs und ein Glas *ayran*, ein köstliches gesalzenes Joghurtgetränk, und Sie werden glücklich und zufrieden sein.

LAMMSPIESSE

MIT MINZE-JOGHURT UND DUFTENDEM PITTA-BROT

Dies ist unsere Hommage an Köfte und *shish kebab*, die in dem Restaurant Sultanahmet Keftah in Istanbul serviert werden, dem vielleicht besten Kebab-Laden der Welt. Sumach verleiht mit seinem säuerlichen Geschmack dem warmen Pitta-Brot ein für den Nahen Osten typisches Aroma.

Für 4 Personen

FLEISCH

1 kg entbeinte Lammkeule, in 2,5 cm große Würfel geschnitten

2 rote Zwiebeln, geschält und in Achtel geschnitten

2 rote Paprikaschoten, von Samen und Trennhäuten befreit und in Achtel geschnitten

4 EL Olivenöl

grobes Salz und frisch gemahlener schwarzer Pfeffer

Saft von 2 Zitronen (etwa 5 EL)

4 EL bestes Olivenöl

4 EL grob gehackter frischer Oregano

1 EL fein gehackter Knoblauch

JOGHURT

350 g Joghurt

75 g geschälte, entkernte und gewürfelte Salatgurke

5 EL grob gehackte frische Minze

1 TL gemahlener weißer Pfeffer

grobes Salz

BROT

4 Pitta-Brote

2 EL Olivenöl

1 EL gemahlener Sumach (nach Belieben; im Asienladen erhältlich)

Im Grill ein Feuer anzünden. Wenn die Kohlen durchgeglüht sind, keine Flammen mehr züngeln und die Temperatur im mittleren Bereich liegt *(siehe Seite 34)*, kann gegrillt werden.

Joghurt, Gurke, Minze und Pfeffer sorgfältig vermischen, nach Geschmack salzen und abgedeckt in den Kühlschrank stellen.

Fleisch, Zwiebeln, Paprikaschoten, Öl, Salz und Pfeffer gut vermischen. Abwechselnd Fleisch, Paprikastücke und Zwiebeln auf Spieße stecken. Die Spieße über den Kohlen auf den Grill legen und garen, bis die Gemüse weich sind und das Fleisch fast den gewünschten Gargrad erreicht hat (für rare pro Seite 4–5 Minuten). Zur Garprobe einen Fleischwürfel einschneiden. Er sollte noch nicht ganz so gar sein, wie Sie es mögen.

Wenn die Spieße auf dem Grill liegen, die Brote mit Öl einpinseln und mit Sumach bestreuen, dann für 2–3 Minuten an den kühleren Rand des Grills legen, bis sie leicht geröstet sind und einige dunkle Stellen haben. Vom Grill nehmen und in Viertel schneiden.

Fleisch und Gemüse von den Spießen in eine Schüssel streifen. Zitronensaft, Öl, Oregano und Knoblauch hinzufügen und behutsam unterheben. Kebabs auf einer Platte anrichten und mit Joghurt und Brot servieren.

STEAK-SPIESSE MIT KRÄUTERN, LIMETTE UND CHILI

Wir haben die Erfahrung gemacht, dass Gäste es lieben, wenn sie sich ihr Essen selbst zusammenstellen können. Ein perfektes Beispiel hierfür ist diese Vorspeise, bei der die intensiven Aromen Südostasiens mit dem vertrauten Geschmack von Rindfleisch kombiniert werden. Wir stellen die Zutaten am liebsten auf einen Tisch nahe beim Grill, sodass sich die Gäste um den Tisch versammeln und ihre »Wraps« selbst rollen können, während das Hauptgericht gegrillt wird.

Als Vorspeise für 4–6 Personen

SPIESSE

450 g Sirloin-Steaks (Lendensteaks), in 1 cm große Würfel geschnitten

grobes Salz und frisch gemahlener schwarzer Pfeffer

WRAPS

8–12 große Salatblätter

DRESSING

Saft von 1 Limette (etwa 2 EL)

1 EL Sojasauce

1 EL thailändische Fischsauce (in Asienläden und großen Supermärkten erhältlich)

1 EL geschälter und fein gehackter frischer Ingwer

1 EL fein gehackte frische Chilischote

1 EL grob gehackte frische Minze

1 EL grob gehacktes Koriandergrün

1 EL grob gehacktes frisches Basilikum

Im Grill ein Feuer anzünden. Wenn die Kohlen durchgeglüht sind, keine Flammen mehr züngeln und die Temperatur im hohen Bereich liegt *(siehe Seite 34)*, kann gegrillt werden.

Die Fleischwürfel großzügig salzen und pfeffern und auf Spieße stecken. Direkt über den Kohlen auf den Rost legen und grillen, bis sie den gewünschten Gargrad erreicht haben (für medium-rare auf jeder Seite 3–4 Minuten). Zur Garprobe mit dem Finger auf das Fleisch drücken *(siehe Seite 37)*. Im Zweifelsfall einen Würfel einschneiden. Da das Fleisch noch nachgart, sollte es nicht ganz so gar sein, wie Sie es mögen.

Das Fleisch von den Spießen in eine große Schüssel streifen. Die Zutaten für das Dressing mischen, dazugeben und behutsam unterheben, bis das Fleisch gleichmäßig damit überzogen ist.

Zum Servieren Fleischwürfel und Salatblätter auf Tellern anrichten und herumreichen, sodass jeder Gast sein Fleisch selbst in ein Salatblatt einwickeln kann.

JAKOBSMUSCHEL-SPIESSE

MIT ANANAS-CURRY-RELISH

Jakobsmuscheln eignen sich großartig für den Grill. Sie sind einfach und schnell zubereitet und haben einen feinen, charakteristischen Geschmack. Wenn Sie das Relish im Voraus zubereiten – was kein Problem ist, da es sich im Kühlschrank vier bis fünf Tage hält –, ist dies das schnellste Schnellgericht, das Sie sich vorstellen können, und dennoch ist es sehr interessant und voller Aroma.

Als Vorspeise für 4 Personen

500 g Jakobsmuscheln (etwa 16 Stück)
2 EL Olivenöl
grobes Salz und frisch gemahlener schwarzer Pfeffer
Ananas-Curry-Relish *(siehe Seite 189)*

Im Grill ein Feuer anzünden. Wenn die Kohlen durchgeglüht sind, keine Flammen mehr züngeln und die Temperatur im oberen Bereich liegt *(siehe Seite 34)*, kann gegrillt werden.

Die Muscheln mit dem Olivenöl einpinseln und großzügig salzen und pfeffern. Die Muscheln so auf Spieße stecken, dass sie flach auf dem Rost liegen, und direkt über den Kohlen auf den Grill legen. Auf jeder Seite 3–4 Minuten grillen, bis sie gerade gar sind. Zur Garprobe mit dem Finger auf die Muscheln drücken *(siehe Seite 37)*. Im Zweifelsfall eine Muschel vorsichtig einschneiden, um zu prüfen, ob sie durchgegart ist.

Die Spieße auf einer Platte anrichten und servieren, das Relish dazu reichen.

HÄHNCHENBRUST-FEIGEN-SPIESSE

MIT PETERSILIEN-PINIENKERN-RELISH

Mit leckeren frischen Feigen zubereitet und mit einem Relish aus nahrhaften Pinienkernen und Petersilie serviert, ist dieses Gericht ungeachtet seiner Schlichtheit ein Feuerwerk mediterraner Aromen. Sollten Sie keine Feigen bekommen, verwenden Sie reife, feste Aprikosenhälften.

Für 4 Personen

1 kg Hähnchenbrustfilet, in 2,5 cm große Würfel geschnitten

8 frische reife Feigen, längs halbiert

3 EL Olivenöl

grobes Salz und frisch gemahlener schwarzer Pfeffer

Petersilien-Pinienkern-Relish *(siehe Seite 262)*

Im Grill ein Feuer anzünden. Wenn die Kohlen durchgeglüht sind, keine Flammen mehr züngeln und die Temperatur im mittleren Bereich liegt *(siehe Seite 34)*, kann gegrillt werden.

Fleischwürfel und Feigenhälften mit dem Öl einpinseln, großzügig salzen und pfeffern und abwechselnd so auf Spieße stecken, dass die Schnittseiten der Feigen flach auf dem Grill liegen. Die Spieße direkt über den Kohlen auf den Rost legen und auf jeder Seite 6–7 Minuten grillen, bis die Feigen gebräunt sind und das Fleisch gerade gar ist. Zur Garprobe einen Fleischwürfel einschneiden, um zu prüfen, ob er durchgegart ist.

Die Spieße auf einer Platte anrichten und servieren. Das Relish dazu reichen.

HÄHNCHENSPIESSE

MIT ZITRONENGRAS UND CHILI-SOJA-DIP

Hähnchenbrust eignet sich ausgezeichnet für Spieße. Sie ist zart, rasch gegrillt und eine gute Basis für alle möglichen intensiven Aromen. Der Dip nach asiatischer Art, den wir zu den Spießen servieren, schmeckt zu jedem gegrillten Hähnchenfleisch.

Als Vorspeise für 4 Personen

SPIESSE

500 g Hähnchenbrustfilets, in 12–16 Streifen geschnitten

3 Stängel Zitronengras, fein gehackt (nur den zarten inneren Teil des unteren Drittels verwenden)

2 EL Sesamöl

grobes Salz und frisch gemahlener weißer Pfeffer

DIP

150 ml Sojasauce

4 EL scharfes Chiliöl (in Asienläden erhältlich)

3 EL grob gehackte Frühlingszwiebeln

2 EL geschälter und fein gehackter frischer Ingwer

1 TL Zucker

Im Grill ein Feuer anzünden. Wenn die Kohlen durchgeglüht sind, keine Flammen mehr züngeln und die Temperatur im mittleren Bereich liegt *(siehe Seite 34)*, kann gegrillt werden.

Die Zutaten für den Dip verrühren, bis sich der Zucker aufgelöst hat. Die Sauce in eine Schüssel füllen und beiseitestellen.

Fleisch, Zitronengras, Sesamöl, Salz und Pfeffer in einer Schüssel vermischen, bis das Fleisch gleichmäßig mit den Würzzutaten überzogen ist. Das Fleisch auf Spieße stecken, direkt über den Kohlen auf den Grill legen und auf jeder Seite 3–4 Minuten grillen, bis es gar ist. Zur Garprobe einen Streifen einschneiden.

Die Spieße mit dem Dip auf einer Platte anrichten und sofort servieren.

WÜRZIGE SCHWEINEFLEISCHSPIESSE

Adobo-Paste ist voller anregender Aromen und eignet sich wunderbar, um einem Gericht mit wenig Aufwand viel Geschmack zu geben. Hier verwenden wir sie zum Überziehen von Schweinefleischstreifen, die wir wie Bänder auf Spieße stecken und bei mittlerer Hitze rasch grillen. Dies ist eine perfekte Vorspeise für eine leichte Sommermahlzeit.

Als Vorspeise für 4 Personen

500 g ausgelöstes Schweinekarree, in 16 gleich große Streifen geschnitten
1 Rezept Adobo-Paste *(siehe Seite 189)*
4 EL grob gehacktes Koriandergrün
2 Limetten, halbiert

Im Grill ein Feuer anzünden. Wenn die Kohlen durchgeglüht sind, keine Flammen mehr züngeln und die Temperatur im mittleren Bereich liegt *(siehe Seite 34)*, kann gegrillt werden.

Die Fleischstreifen rundum mit Adobo-Paste einreiben und die Paste behutsam andrücken, damit sie haften bleibt. Das Fleisch auf Spieße fädeln und grillen, bis es gut gebräunt, aber noch nicht schwarz ist (nach 5–6 Minuten auf jeder Seite ist es medium). Zur Garprobe einen Streifen einschneiden. Da das Fleisch noch nachgart, sollte es nicht ganz so durch sein, wie Sie es mögen.

Die gegarten Spieße auf eine Platte heben und mit dem Koriandergrün bestreuen. Mit Limettensaft beträufeln und servieren.

PFEFFRIGE GARNELEN

MIT SCHARFSAUREM KOHLSALAT

Sichuanpfeffer ist eigentlich gar kein Pfeffer. Es handelt sich dabei um die getrockneten Beeren einer Stachelesche, die in China weitverbreitet ist. Seine prickelnde Schärfe und sein einzigartiges zitroniges Aroma sind wunderbar. Wir verwenden ihn hier für gegrillte Garnelen. Dazu servieren wir einen recht ungewöhnlichen Kohlsalat mit Sprossen, die sich vielseitiger verwenden lassen, als es in den meisten Rezepten geschieht.

Als Vorspeise für 4 Personen

SPIESSE

500 g große rohe Garnelen (16–20 Stück), geschält, Därme entfernt
1 EL Sesamöl
1 EL grobes Salz
1 EL zerstoßener Sichuanpfeffer

SALAT

250 g Chinakohl, in schmale Streifen geschnitten
125 g Mungobohnensprossen
5 Frühlingszwiebeln, längs in schmale Streifen geschnitten
5 EL Reisessig
3 EL Sojasauce
2 EL Zucker
2 EL geschälter und fein gehackter frischer Ingwer
2 EL grob gehackte frische Minze
2 EL grob gehacktes Koriandergrün
2 TL Chiliflocken
grobes Salz und frisch gemahlener weißer Pfeffer

Im Grill ein Feuer anzünden. Wenn die Kohlen durchgeglüht sind, keine Flammen mehr züngeln und die Temperatur im mittleren Bereich liegt *(siehe Seite 34)*, kann gegrillt werden.

Die Garnelen in einer großen Schüssel mit Sesamöl, Salz und Sichuanpfeffer vermischen und durch Wenden gleichmäßig damit überziehen. Die Garnelen auf vier Spieße stecken, über den Kohlen auf den Grillrost legen und auf jeder Seite 3–4 Minuten grillen, bis sie gerade gar sind. Zur Garprobe eine Garnele an der dicksten Stelle einschneiden.

Während die Garnelen auf dem Grill liegen, Chinakohl, Bohnensprossen und Frühlingszwiebeln in einer großen Schüssel gut vermischen. In einer zweiten Schüssel Reisessig, Sojasauce, Zucker, Ingwer, Minze, Koriander und Chiliflocken sorgfältig verrühren. Das Dressing nach Geschmack salzen und pfeffern. Wenn die Garnelen gar sind, das Dressing über den Salat gießen und unterheben. Den Salat auf vier Salatteller verteilen und je 1 Spieß darauflegen.

ENTENSPIESSE

MIT CURRY UND ANANAS-TRAUBEN-CHUTNEY

Entenfleisch wird selten am Spieß gegrillt, tatsächlich eignet es sich dafür aber ausgezeichnet. Es ist nicht schwieriger zuzubereiten als Hähnchenfleisch, aber aromatischer. Allerdings darf es nicht übergart werden. Am besten schmeckt es medium-rare oder medium. Falls Sie den Geschmack von Sesamöl nicht mögen, können Sie es durch neutrales Öl ersetzen.

Als Vorspeise für 4–6 Personen

SPIESSE

500 g Entenbrustfilets (etwa 2 Stück), Fett weitgehend entfernt, in 16 Scheiben geschnitten

2 EL Sesamöl

2 EL gutes Currypulver

1 EL grobes Salz

1 EL frisch gemahlener schwarzer Pfeffer

CHUTNEY

2 EL Olivenöl

1 kleine rote Zwiebel, geschält und fein gewürfelt

1 EL geschälter und fein gehackter frischer Ingwer

1 EL Currypulver

150 g gewürfelte frische Ananas

100 g kernlose dunkle Weintrauben, halbiert

125 ml Apfelessig

4 EL Rohrzucker

grobes Salz und frisch gemahlener schwarzer Pfeffer

Für das Chutney das Öl auf dem Herd in einem Topf mittelstark erhitzen, bis es heiß ist, aber noch nicht raucht. Die Zwiebel darin unter gelegentlichem Rühren in 7–9 Minuten glasig braten. Ingwer und Currypulver hinzufügen und unter häufigem Rühren etwa 1 Minute garen, bis sie aromatisch duften. Die restlichen Zutaten dazugeben und zum Köcheln bringen, dabei rühren, damit sich der Zucker auflöst. Bei schwacher Hitze 5–7 Minuten köcheln lassen, bis die Masse etwas eingedickt ist. Vom Herd nehmen, nach Geschmack salzen und pfeffern und vor dem Servieren auf Zimmertemperatur abkühlen lassen. (Abgedeckt im Kühlschrank hält sich das Chutney 4–5 Tage.)

Im Grill ein Feuer anzünden. Wenn die Kohlen durchgeglüht sind, keine Flammen mehr züngeln und die Temperatur im mittleren Bereich liegt *(siehe Seite 34)*, kann gegrillt werden.

Die Fleischscheiben mit Sesamöl einpinseln, mit Currypulver, Salz und Pfeffer bestreuen, auf Spieße stecken und direkt über den Kohlen auf den Grill legen. Das Fleisch auf jeder Seite 5–7 Minuten garen, bis es gut gebräunt, aber noch nicht verbrannt ist. Zur Garprobe eine Scheibe einschneiden. Sie sollte nicht ganz den gewünschten Gargrad haben, da sie noch nachgart. (Wir mögen Entenbrust medium-rare bis medium.)

Die Spieße auf einer Platte anrichten und servieren, das Chutney als Beilage reichen.

TYPISCHE AROMEN CHINA

Eigentlich ist es natürlich Unsinn, bei einem Land, das so riesig wie China ist und so vielfältige Küchen hat, von typischen Aromen zu sprechen. Aber es gibt einige Zutaten, die die Küche dieses Landes repräsentieren, zumindest für den westlichen Gaumen. Dies sind vor allem Fünf-Gewürz-Pulver, Sesamöl, Hoisinsauce, Sichuanpfeffer und Sternanis. Vielleicht deshalb, weil sie entweder aus China stammen oder dort erstmals hergestellt wurden. Mit einer oder zwei der nachfolgenden einfachen Würzmischungen können Sie Ihren Aromenhorizont mühelos erweitern.

Ingwer-Soja-Grillsauce

Ergibt etwa 500 ml

Diese Sauce können Sie entweder als Glasur verwenden oder als Dip zu gegrillten Speisen, von Rindfleisch über Lamm und Hähnchen bis zu Gemüse, reichen.

125 ml Tomatenketchup
125 ml Hoisinsauce
125 ml Sojasauce
60 ml Reisessig
3 EL geschälter und fein gehackter frischer Ingwer

Alle Zutaten in einer kleinen Schüssel sorgfältig vermischen. Abgedeckt im Kühlschrank aufbewahrt hält diese Sauce etwa eine Woche.

Ingwer-Soja-Grillsauce

Aromatische Gewürzmischung

Aromatische Gewürzmischung

Ergibt etwa 120 g

Mit dieser duftenden Gewürzmischung kann man wunderbar Hähnchen- oder Schweinefleisch vor dem Grillen einreiben.

4 EL gemahlener Koriander
2 EL gemahlener weißer Pfeffer
2 EL gemahlener Sichuanpfeffer
2 EL Senfpulver
2 EL gemahlener Ingwer
1 EL grobes Salz
1 TL Zimtpulver

Alle Zutaten in einer kleinen Schüssel gut vermischen. Luftdicht verschlossen an einem dunklen Platz aufbewahrt hält die Mischung mindestens einen Monat.

Orangen-Ingwer-Sauce mit Koriander

Ergibt etwa 200 ml

Wir servieren diese Sauce zu fast allem, was vom Grill kommt.

125 ml Sojasauce
1 EL frisch gepresster Orangensaft
1 EL abgeriebene Schale einer unbehandelten Orange
1 EL geschälter und fein gehackter frischer Ingwer
2 EL Reisessig
2 EL fein gehacktes Koriandergrün
1 TL Zucker
1 Prise gemahlener weißer Pfeffer

Alle Zutaten in einer Schüssel sorgfältig verrühren, bis sich der Zucker aufgelöst hat. Abgedeckt im Kühlschrank aufbewahrt hält sich die Sauce 2–3 Tage.

Ingwer-Sesam-Paste

Ergibt etwa 120 g

Geben Sie diese Paste direkt vor dem Grillen auf Steaks, Schweinekoteletts oder Hähnchenfleisch.

5 EL geschälter und fein gehackter frischer Ingwer
4 EL Sesamöl
2 EL grob gehackte Frühlingszwiebeln
1 EL fein gehackter Knoblauch
1 EL fein gehackte frische Chilischote
1 EL frisch gemahlener weißer Pfeffer

Alle Zutaten in einer kleinen Schüssel sorgfältig vermischen. Abgedeckt im Kühlschrank aufbewahrt hält sich die Paste 3–4 Tage.

TYPISCHE ZUTATEN/OBERE REIHE (VON LINKS NACH RECHTS) Fünf-Gewürz-Pulver, Sesamöl, Sojasauce; **ZWEITE REIHE** Ingwer, Chilisauce, Reisessig; **DRITTE REIHE** Sesam, Sternanis, weißer Pfeffer; **UNTERE REIHE** Hoisinsauce, Knoblauch, Sichuanpfeffer

Sesam-Wasserkastanien-Relish

Ergibt etwa 200 g

Dieses wunderbare Relish aus knackigen Zutaten passt großartig zu gegrilltem Fisch oder Hähnchenfleisch.

2 EL Sesamsamen
etwa 100 g Wasserkastanien aus der Dose, gewürfelt
3 EL grob gehackte Frühlingszwiebeln
2 EL Sesamöl
1 EL geschälter und fein gehackter frischer Ingwer

Den Sesam auf dem Herd in einer Pfanne ohne Fett bei mittlerer Hitze rösten, bis er aromatisch duftet und etwas dunkler ist, dabei die Pfanne häufig rütteln, damit er nicht verbrennt. Alle Zutaten in einer Schüssel sorgfältig vermischen. Abgedeckt im Kühlschrank aufbewahrt hält sich das Relish 2 Tage.

Sesam-Wasserkastanien-Relish

SCHWEINELENDE-APFEL-SPIESSE

Schweinefleisch und Äpfel sind eine klassische Kombination. Wir beide lernten sie in unserer Kindheit kennen, als unsere Großmütter uns Schweinebraten mit selbst gemachtem Apfelmus servierten. Hier legen wir Fleisch und Äpfel auf den Grill und bepinseln sie dann mit einer einfachen, leckeren Glasur, die durch den lakritzeähnlichen Geschmack von Kümmel eine besondere Note erhält. Es dauert ein wenig, bis die Glasur eingekocht ist, doch davon abgesehen ist sie sehr rasch zubereitet. Sie können die Glasur auch im Voraus machen, wenn Sie ohnehin in der Küche zu tun haben. Abgedeckt im Kühlschrank aufbewahrt hält sie mehrere Wochen.

Für 4 Personen

SPIESSE

1 kg Schweinelende, in 2,5 cm große Würfel geschnitten
2 Granny Smith oder andere grüne Äpfel, von Kerngehäusen befreit, in je 8 Spalten geschnitten
3 EL Olivenöl
grobes Salz und frisch gemahlener schwarzer Pfeffer

GLASUR

350 ml frisch gepresster Orangensaft
125 ml Balsamico-Essig
1 EL Kümmel
1 TL frisch gemahlener schwarzer Pfeffer

Die Zutaten für die Glasur in einem kleinen Topf vermischen und zum Kochen bringen. Die Mischung bei mittlerer Hitze 30–40 Minuten kräftig köcheln lassen, bis sie um zwei Drittel eingekocht und sirupartig geworden ist. Zum Abkühlen beiseitestellen.

In der Zwischenzeit im Grill ein Feuer anzünden. Wenn die Kohlen durchgeglüht sind, keine Flammen mehr züngeln und die Temperatur im mittleren Bereich liegt *(siehe Seite 34)*, kann gegrillt werden.

Fleischwürfel, Apfelspalten, Öl, Salz und Pfeffer in einer großen Schüssel behutsam, aber sorgfältig durchheben. Fleischwürfel und Apfelspalten abwechselnd auf Spieße stecken. Die Spieße direkt über den Kohlen auf den Grill legen und grillen, bis die Äpfel goldbraun und etwas weich sind und das Fleisch gerade gar ist (für medium auf jeder Seite 5–6 Minuten). In der letzten Minute der Garzeit die Glasur auftragen. Zur Garprobe mit dem Finger auf das Fleisch drücken *(siehe Seite 37)*. Im Zweifelsfall einen Würfel einschneiden. Er sollte nur beinahe den gewünschten Gargrad erreicht haben, da das Fleisch noch nachgart.

Die Spieße auf einer Platte anrichten und mit etwas Glasur beträufeln, dann servieren.

SCHWERTFISCH-KEBAB

MIT MANGO-INGWER-RELISH

In der Türkei, der Heimat des *shish kebab*, versteht man unter diesem Begriff alles, was am Spieß gegrillt wird; in den USA steht er jedoch für Spieße, auf die abwechselnd Fleischwürfel, Paprikaschote und Zwiebel gesteckt werden. Hier ersetzen wir das übliche Rindfleisch durch Schwertfischsteak, wodurch das Gericht ein zarteres Aroma erhält. Glücklicherweise ist das Fleisch vom Schwertfisch fest genug für diese Zubereitungsweise.

Für 4 Personen

1 kg Schwertfischsteaks, etwa 2,5 cm dick, in 2,5 cm große Würfel geschnitten
2 rote Paprikaschoten, von Samen und Trennhäuten befreit, geachtelt
1 rote Zwiebel, geschält und geachtelt
4 EL Olivenöl
grobes Salz und frisch gemahlener schwarzer Pfeffer
Mango-Ingwer-Relish *(siehe Seite 115)*

Im Grill ein Feuer anzünden. Wenn die Kohlen durchgeglüht sind, keine Flammen mehr züngeln und die Temperatur im mittleren Bereich liegt *(siehe Seite 34)*, kann gegrillt werden.

Fischwürfel, Paprikastücke, Zwiebel, Öl, Salz und Pfeffer in einer großen Schüssel sorgfältig vermischen. Fleischwürfel, Paprikastücke und Zwiebel abwechselnd auf Spieße stecken. Die Spieße direkt über den Kohlen auf den Grill legen und auf jeder Seite 4–5 Minuten grillen, bis die Gemüse weich sind und der Fisch gerade gar ist. Zur Garprobe mit dem Finger auf den Fisch drücken *(siehe Seite 34)*. Im Zweifelsfall einen Würfel einschneiden. Er sollte innen gerade durchgegart sein.

Die Spieße auf einer Platte anrichten und servieren, das Relish dazu reichen.

LAMMSPIESSE MIT GURKEN-FETA-RELISH

Die Zutaten für dieses Gericht lassen sich am ehesten Griechenland zuordnen, doch durch die saftig-aromatischen Pfirsiche und das leicht süße Lammfleisch mutet es auch ein wenig persisch an. Sollten Sie das Glück haben, dass etwas übrig bleibt, können Sie daraus ein köstliches Sandwich zubereiten – geben Sie die Zutaten einfach in ein Pitta-Brot.

Für 4 Personen

SPIESSE

1 kg entbeinte Lammkeule, in 2,5 cm große Würfel geschnitten

2 reife, aber feste Pfirsiche, entsteint und in acht Spalten geschnitten

2 rote Paprikaschoten, von Samen und Trennhäuten befreit, geachtelt

1 rote Zwiebel, geschält und geachtelt

4 EL Olivenöl

1 EL fein gehackter Knoblauch

1 EL getrockneter Oregano

grobes Salz und frisch gemahlener schwarzer Pfeffer

RELISH

1 Salatgurke, geschält und fein gewürfelt

250 g Feta, gewürfelt

4 EL grob gehackte frische Minze

4 EL bestes Olivenöl

2 EL Rotweinessig

grobes Salz und frisch gemahlener schwarzer Pfeffer

Im Grill ein Feuer anzünden. Wenn die Kohlen durchgeglüht sind, keine Flammen mehr züngeln und die Temperatur im mittleren Bereich liegt *(siehe Seite 34)*, kann gegrillt werden.

Fleischwürfel, Pfirsiche, Paprikaschoten, Zwiebel, Öl, Knoblauch, Oregano, Salz und Pfeffer in einer großen Schüssel behutsam vermischen. Fleisch, Pfirsiche, Paprikaschoten und Zwiebel abwechselnd auf Spieße stecken und direkt über den Kohlen auf den Grill legen. Die Spieße grillen, bis die Gemüse weich sind und das Fleisch gerade gar ist (nach 4–5 Minuten auf jeder Seite ist es rare). Zur Garprobe mit dem Finger auf das Fleisch drücken *(siehe Seite 37)*. Im Zweifelsfall einen Würfel einschneiden. Das Fleisch sollte nicht ganz so durch sein, wie Sie es mögen, da es noch nachgart.

Während die Spieße auf dem Grill liegen, die Zutaten für das Relish in eine mittelgroße Schüssel geben und behutsam durchheben.

Die fertigen Spieße auf einer Platte anrichten und servieren, das Relish dazu reichen.

SALATE VOM GRILL

FRISCH, LEBENDIG UND EIN KLEIN WENIG UNGEWÖHNLICH – SALATE MIT GEGRILLTEN ZUTATEN ERGEBEN TOLLE VORSPEISEN, AUSGEZEICHNETE BEILAGEN UND SOGAR SÄTTIGENDE LEICHTE MAHLZEITEN. GANZ ZU SCHWEIGEN DAVON, DASS SIE ZIEMLICH GESUND SIND.

SANDWICHES MIT STEAK UND TOMATEN

Okay, dies hier ist vielleicht kein richtiges Sandwich. Eher eine Art Salat aus gegrilltem Steak und gegrillten Kirschtomaten, der auf dicken Scheiben geröstetem Brot angerichtet wird. Doch wenn Sie von dem herrlichen Fleisch mit der frischen Vinaigrette und dem knusprigen, mit Tomatensaft getränkten Brot gegessen haben, wird es Sie kaum kümmern, wie das Gericht heißt, denn es schmeckt einfach nur köstlich.

Für 4 Personen

SALAT

1 kg Sirloin-Steaks (Lendensteaks), in 3,5 cm große Würfel geschnitten

2 EL Öl

2 EL frisch zerstoßene Kreuzkümmelsamen (ersatzweise 1 EL gemahlener Kreuzkümmel)

grobes Salz und frisch gemahlener schwarzer Pfeffer

16 Kirschtomaten

4 Scheiben gutes Weißbrot (z. B. Ciabatta), etwa 2,5 cm dick

VINAIGRETTE

½ kleine rote Zwiebel, geschält und fein gewürfelt

15 g grob gehackte frische Petersilie

5 EL bestes Olivenöl

4 EL Balsamico-Essig

1 EL fein gehackter Knoblauch

3–6 Spritzer Tabasco (nach Geschmack)

grobes Salz und frisch gemahlener schwarzer Pfeffer

Im Grill ein Feuer anzünden. Wenn die Kohlen durchgeglüht sind, keine Flammen mehr züngeln und die Temperatur im mittleren Bereich liegt *(siehe Seite 34)*, kann gegrillt werden.

Die Zutaten für die Vinaigrette in einer großen Schüssel sorgfältig vermischen und beiseitestellen.

Fleischwürfel, Öl, Kreuzkümmel, Salz und Pfeffer in einer großen Schüssel vermischen und so das Fleisch gleichmäßig mit den Gewürzen überziehen. Die Würfel auf Spieße stecken und direkt über den Kohlen auf den Grill legen. Das Fleisch grillen, bis es gerade gar ist (nach 5–7 Minuten auf jeder Seite ist es medium-rare). Zur Garprobe mit dem Finger auf das Fleisch drücken *(siehe Seite 37)*. Im Zweifelsfall einen Würfel einschneiden. Er sollte nicht ganz so durch sein, wie Sie es mögen, da das Fleisch noch nachgart.

Inzwischen die Kirschtomaten auf Spieße stecken und neben dem Fleisch auf den Grill legen. Pro Seite etwa 2 Minuten grillen, bis sie leicht gebräunt, aber noch nicht ganz weich sind. Die Brotscheiben an den Rand des Feuers legen und auf jeder Seite etwa 2 Minuten leicht rösten.

Fleisch und Tomaten behutsam von den Spießen in die Schüssel mit der Vinaigrette schieben und die Zutaten vorsichtig durchheben.

Die Brotscheiben auf vier Teller legen, Fleisch und Tomaten gleichmäßig auf ihnen verteilen und sofort servieren.

GARNELENSALAT

MIT BRUNNENKRESSE UND MANGOS

Durch die Kombination von pfeffriger Brunnenkresse, gegrillten Garnelen und süßen Früchten entsteht ein interessanter Salat, der nahrhaft und erfrischend zugleich ist. Hier servieren wir ihn mit einem leicht pikanten Dressing, das verschiedene wunderbare asiatische Aromen in sich vereinigt. Die Fischsauce können Sie auch weglassen, doch dann hat das Dressing weniger Aromatiefe.

Als Vorspeise für 4 Personen

SALAT

450 g rohe Riesengarnelen, geschält, Därme entfernt
2 EL Öl
1 EL Fünf-Gewürz-Pulver
grobes Salz und frisch gemahlener schwarzer Pfeffer
2 Handvoll Brunnenkresse, entstielt, gewaschen und trocken geschleudert
2 reife, feste Mangos, geschält, entsteint und in Stücke geschnitten

DRESSING

4 EL bestes Olivenöl
4 EL Sesamöl
4 EL Sojasauce
2 EL Essig
2 EL geschälter und fein gehackter frischer Ingwer
1 TL Zucker
4 Spritzer Tabasco
2 EL thailändische Fischsauce (in Asienläden oder großen Supermärkten)

Im Grill ein Feuer anzünden. Wenn die Kohlen durchgeglüht sind, keine Flammen mehr züngeln und die Temperatur im mittleren Bereich liegt *(siehe Seite 34)*, kann gegrillt werden.

Die Zutaten für das Dressing mit einem Schneebesen sorgfältig verschlagen. Das Dressing beiseitestellen.

Die Garnelen mit Öl einpinseln, mit Fünf-Gewürz-Pulver, Salz und Pfeffer bestreuen und auf Spieße stecken. Über den Kohlen auf den Grill legen und auf jeder Seite 3–4 Minuten grillen, bis sie durchgegart sind. Vom Grill nehmen und auf Zimmertemperatur abkühlen lassen (etwa 15 Minuten).

Die Brunnenkresse in eine große Schüssel geben, die Garnelen von den Spießen in die Schüssel schieben und die Mangostücke hinzufügen. Das Dressing noch einmal aufschlagen, dann so viel zu dem Salat geben, dass die Zutaten gerade mit Dressing überzogen werden (vermutlich bleibt etwas Dressing übrig). Den Salat durchheben und servieren.

SPINAT-PFIRSICH-SALAT

MIT SPECK, BLAUSCHIMMELKÄSE UND SÜSSSAUREM DRESSING

Wenn Sie noch nie gegrillte Früchte gegessen haben, sind Pfirsiche ein perfekter Anfang. Nur wenige Minuten auf dem Grill verleihen ihnen ein rauchiges Aroma, das ihre natürliche Süße perfekt ergänzt. Kombiniert mit frischem Spinat, etwas Blauschimmelkäse und Speck entsteht ein Salat *(siehe Seite 242–243)*, der fantastisch schmeckt, aber auch eine wunderbare Vorspeise für eine einfache Steakmahlzeit ist.

Als Vorspeise für 4 Personen

SALAT

8 Scheiben durchwachsener Speck
2 reife, feste Pfirsiche, halbiert und entsteint
2 EL Olivenöl
2 Handvoll junge Spinatblätter, entstielt, gewaschen und trocken geschleudert
60 g zerkrümelter Blauschimmelkäse
grobes Salz und frisch gemahlener schwarzer Pfeffer

DRESSING

2 EL Tomatenketchup
2 EL körniger Senf
1 EL Zucker
1 TL fein gehackter Knoblauch
180 ml bestes Olivenöl
4 EL Balsamico-Essig
Saft von 1 Limette (etwa 2 EL)
grobes Salz und frisch gemahlener schwarzer Pfeffer

Im Grill ein Feuer anzünden. Wenn die Kohlen durchgeglüht sind, keine Flammen mehr züngeln und die Temperatur im mittleren Bereich liegt *(siehe Seite 34)*, kann gegrillt werden.

Den Speck auf dem Herd in einer Pfanne bei mittlerer Temperatur in 6–8 Minuten knusprig braten. Abtropfen und etwas abkühlen lassen, dann zwischen den Fingern über einer kleinen Schüssel grob zerbröseln.

Für das Dressing Ketchup, Senf, Zucker und Knoblauch im Mixer oder in einer Küchenmaschine pürieren. Bei laufendem Motor das Öl in einem dünnen, gleichmäßigen Strahl hinzufügen. Essig und Limettensaft dazugeben und kurz untermischen. Das Dressing salzen und pfeffern.

Die Pfirsichhälften mit Öl einpinseln, salzen und pfeffern. Mit den Schnittseiten nach unten über den Kohlen auf den Grill legen und 4–5 Minuten grillen, bis sie gut gebräunt sind. Vom Grill nehmen, jede Hälfte in vier Spalten schneiden und mit dem Spinat in eine große Schüssel geben.

Das Dressing noch einmal kurz durchmischen, dann so viel Dressing zu Pfirsichen und Salat geben, dass sie gerade überzogen werden (vermutlich bleibt etwas Dressing übrig). Den Salat durchheben, auf einer Platte oder Tellern anrichten, großzügig mit Käse und Speck bestreuen und servieren.

AUBERGINEN-PAPRIKA-SALAT

MIT GERÖSTETEM KNOBLAUCH, GRANATAPFELSIRUP UND MINZE

Betrachtet man die amerikanische Küche, könnte man glauben, die Idee, Gemüse zu grillen, sei in den 1980ern entstanden. Im Nahen Osten dagegen ist die Verbindung zwischen Gemüse und Feuer schon sehr alt. Dieser Salat steht in der dortigen *mezze*-Tradition und enthält einige ihrer klassischen Zutaten. Wenn bereits ein Feuer brennt, können Sie den Knoblauch im Voraus auf den Kohlen rösten *(siehe Seite 302)*, andernfalls rösten Sie ihn behutsam im Backofen.

Als Vorspeise für 4 Personen

SALAT

2 mittelgroße Auberginen, in 1 cm dicke Scheiben geschnitten
2 rote Paprikaschoten, halbiert und von Samen und Trennhäuten befreit
4 EL einfaches Olivenöl
grobes Salz und frisch gemahlener schwarzer Pfeffer
2 Pitta-Brote
2 EL bestes Olivenöl
1 EL frisch zerstoßene Koriandersamen (ersatzweise 1½ TL gemahlener Koriander)

DRESSING

1 Knoblauchknolle
5 EL bestes Olivenöl
grobes Salz und frisch gemahlener schwarzer Pfeffer
Saft von 1 Zitrone (etwa 4 EL)
4 EL grob gehackte frische Minze
4 EL Granatapfelsirup
1 TL gemahlener Kreuzkümmel

Den Backofen auf 150 °C vorheizen. Für das Dressing vom Knoblauch das obere Viertel abschneiden, auf ein Stück Alufolie legen und etwas Öl, Salz und Pfeffer daraufgeben. Einwickeln und etwa 1 Stunde im Ofen rösten.

Im Grill ein Mehrzonenfeuer anzünden *(siehe Seite 31)*. Wenn die Kohlen durchgeglüht sind, keine Flammen mehr züngeln und die Temperatur im mittleren Bereich liegt *(siehe Seite 34)*, kann gegrillt werden.

In einer großen Schüssel Auberginen, Paprikaschoten, das einfache Öl, Salz und Pfeffer behutsam durchheben. Die Gemüse auf die heißere Seite des Grills legen und garen, bis sie leicht gebräunt sind (die Auberginen pro Seite 4–5, die Paprikaschoten pro Seite 3–4 Minuten), zwischendurch wenden. Wieder in die Schüssel heben.

Die Brote mit dem besten Olivenöl einpinseln, mit Koriander bestreuen und auf die Seite des Grillrostes legen, unter der weniger Kohlen liegen. 2–3 Minuten grillen, bis sie schön geröstet sind. In Spalten schneiden.

Für das Dressing die etwas abgekühlten Knoblauchzehen aus der Schale drücken und mit dem Zitronensaft in einer kleinen Schüssel zerreiben. Die restlichen Zutaten sorgfältig untermischen. Das Dressing über die Gemüse gießen und behutsam unterheben. Den Salat auf einer Platte anrichten und mit dem Pitta-Brot servieren.

CHILI-GARNELEN, ROMANA-SALAT UND AVOCADOS MIT LIMETTEN-DRESSING

Dieser Salat ist unsere Hommage an den mexikanischen Gastronomen Caesar Cardini. Ihm wird zugeschrieben, 1924 den Salat erfunden zu haben, der heute in den USA als der beliebteste gilt – den *Caesar salad*. Unser Salat ist ganz anders, doch sein Biss und die mexikanischen Aromen von Limette, Koriander, Kreuzkümmel, Chilis und Avocados machen ihn nicht weniger verlockend.

Als Vorspeise für 4 Personen

SALAT

450 g rohe Garnelen (16–20 Stück), geschält, Därme entfernt
2 EL Olivenöl
1 TL Chilipulver
grobes Salz und frisch gemahlener schwarzer Pfeffer
1 großer Romana-Salat, gewaschen, trocken geschleudert und quer in 5 cm große Stücke geschnitten
12 Kirschtomaten, gewaschen, abgetrocknet und entstielt
2 reife, feste Avocados, halbiert, entsteint, geschält und jede Hälfte in 3 Spalten geschnitten

DRESSING

Saft von 3 Limetten (etwa 5 EL)
5 EL bestes Olivenöl
2 EL grob gehacktes Koriandergrün
1 TL fein gehackter Knoblauch
1 TL gemahlener Kreuzkümmel
grobes Salz und frisch gemahlener schwarzer Pfeffer

Im Grill ein Feuer anzünden. Wenn die Kohlen durchgeglüht sind, keine Flammen mehr züngeln und die Temperatur im mittleren Bereich liegt *(siehe Seite 34)*, kann gegrillt werden.

In einer großen Schüssel die Zutaten für das Dressing sorgfältig verschlagen.

In einer zweiten Schüssel Garnelen, Öl, Chilipulver, Salz und Pfeffer gut vermischen, um die Garnelen gleichmäßig mit den Gewürzen zu überziehen. Falls gewünscht, die Garnelen auf Spieße stecken. Die Garnelen auf die heiße Seite des Grills legen und auf jeder Seite 3–4 Minuten grillen, bis sie gerade gar sind. Zur Garprobe eine Garnele an der dicksten Stelle einschneiden.

Während die Garnelen auf dem Grill liegen, Salat, Kirschtomaten und Avocadospalten auf vier Salatteller verteilen.

Die gegarten Garnelen in die Schüssel mit dem Dressing geben (gegebenenfalls von den Spießen streifen) und behutsam durchheben. Die Garnelen auf den Tellern anrichten und mit dem restlichen Dressing beschöpfen, dann servieren.

SPANIEN: LAND DER HÄPPCHEN

Erstmals stießen wir auf Tapas vor beinahe 30 Jahren in den kleinen, etwas heruntergekommenen Arbeiterbars in Madrid. In das erste dieser winzigen »Lokale« – nichts als eine lange, schmale Bar mit ein paar Hockern und einigen Stehplätzen – gerieten wir zufällig auf der Suche nach einem Bier.

Zuerst verwirrte uns der Umstand, dass der Boden buchstäblich mit Papierschnipseln wie mit herabgefallenen Blättern übersät war. Dann entdeckten wir, dass der Hauptzeitvertreib der Gäste im Glücksspiel bestand. Für ein paar Pesetas kauften sie kleine Papierlose und rissen sie auf, um zu sehen, ob sie etwas gewonnen hatten. Wir taten es den Stammgästen nach, erstanden eine Handvoll Lose und öffneten sie, um sie dann wie Erdnussschalen wegzuwerfen. Und wie alle anderen begleiteten wir unsere Triumphe oder Enttäuschungen mit vielen kleinen Gläsern Bier oder Rioja und einer endlosen Zahl der pikanten Häppchen, die Tapas heißen und auf der Bar aufgereiht standen, jedes mit einem Zahnstocher aufgespießt. Seltsamerweise legte der Barkeeper jedes Mal, wenn wir ein solches Häppchen aßen und den Zahnstocher wegwarfen, sorgsam einen frischen Zahnstocher auf einen Teller vor uns. Nach vielen fragenden Blicken und wiederholtem Achselzucken wurde uns schließlich klar, dass er anhand des Zahnstocherhaufens seine Rechnung machte, wobei alle Tapas das Gleiche kosteten. Ein Stück würzige Chorizo, drei rauchige Arbequina-Oliven, eine frische Feige mit einem Stückchen *cabrales*-Käse, eine Scheibe Bellota-Schinken – lauter winzige Leckerbissen mit einem intensiven, tiefen Aroma. Heute sind Tapas weltweit bekannt und ungemein beliebt. Wann immer sie mir begegnen, erinnern sie mich an jene faulen Nachmittage, die uns heute wie eine echte kulinarische Recherche vorkommen.

Reina

GEGRILLTE FEIGEN

MIT BLAUSCHIMMELKÄSE UND KNUSPRIGEM SCHINKEN

Wir lieben das intensive Aroma und die wunderbare Konsistenz gegrillter Feigen, die hier mit würzigem Blauschimmelkäse und leicht knusprigem Schinken eine perfekte Partnerschaft eingehen. Am authentischsten wird dieses Gericht, wenn Sie Serrano-Schinken und *cabrales*-Käse verwenden. Sollten sie nicht erhältlich sein, können Sie es aber auch mit Parmaschinken und jedem guten Blauschimmelkäse zubereiten. Unsere Freunde Valerie und Ihsan Gurdal von der Formaggio Kitchen in Boston und New York sind der Meinung, dass Sie Blauschimmelkäse aus Ihrer Gegend verwenden sollten. Sicher haben sie wie üblich recht.

Als Vorspeise für 4 Personen

8 frische reife Feigen, längs halbiert
2 EL Olivenöl
grobes Salz und frisch gemahlener schwarzer Pfeffer
8 Scheiben Serrano-Schinken (ersatzweise Parmaschinken), längs halbiert
125 g Blauschimmelkäse (z. B. *cabrales*), zerkrümelt

Im Grill ein Feuer anzünden. Wenn die Kohlen durchgeglüht sind, keine Flammen mehr züngeln und die Temperatur im mittleren Bereich liegt *(siehe Seite 34)*, kann gegrillt werden.

Die Feigen mit dem Olivenöl in einer Schüssel vermischen und salzen und pfeffern. Mit den Schnittseiten nach unten direkt über den Kohlen auf den Grill legen und 3–4 Minuten grillen, bis sie gut gebräunt sind.

Den Schinken direkt über den Kohlen auf den Grill legen und etwa 1 Minute grillen, bis er gerade knusprig ist.

Auf jede Feigenhälfte etwas Käse und knusprigen Schinken geben. Das Gericht warm oder bei Zimmertemperatur servieren.

CHINAKOHL MIT HÄHNCHENBRUST

UND ERDNUSS-LIMETTEN-DRESSING

Köche in tropischen Regionen verwenden für Salate häufig Kohl, da er in der Hitze besser hält als zartere Salatgemüse. Wir mögen das, denn Kohl hat etwas Biss und ist wunderbar knackig. Hier bildet er die perfekte Grundlage für ein erfrischendes Erdnuss-Limetten-Dressing und gegrillte Hähnchenbrust, der Chilischoten und weißer Pfeffer tropische Schärfe geben.

Als Hauptgericht für 4 Personen

SALAT

2–4 EL fein gehackte frische Chilischoten (nach Geschmack)

2 EL frisch gemahlener weißer Pfeffer (ersatzweise schwarzer Pfeffer)

3 EL grobes Salz

4 Hähnchenbrustfilets à etwa 225 g, quer halbiert

½ Chinakohl, quer in schmale Streifen geschnitten

1 rote Paprikaschote, von Samen und Trennhäuten befreit, in schmale Streifen geschnitten

15 g frische Basilikumblätter

15 g frische Korianderblätter

15 g frische Minzeblätter

DRESSING

Saft von 2 Limetten (etwa 4 EL)

3 EL thailändische Fischsauce (in Asienläden oder großen Supermärkten)

2 EL fein gehackte ungesalzene geröstete Erdnüsse

1 EL Zucker

1 EL geschälter und fein gehackter frischer Ingwer

1 TL fein gehackter Knoblauch

Ein Feuer im Grill anzünden. Wenn die Kohlen durchgeglüht sind, keine Flammen mehr züngeln und die Temperatur im mittleren Bereich liegt *(siehe Seite 34)*, kann gegrillt werden.

Alle Zutaten für das Dressing in einer kleinen Schüssel sorgfältig verschlagen. Das Dressing beiseitestellen.

Gehackte Chilis, Pfeffer und Salz in einer Schüssel gut vermischen. Die Hähnchenbrust großzügig mit dieser Würzmischung einreiben, über den Kohlen auf den Grill legen und, je nach Dicke, auf jeder Seite 6–8 Minuten grillen, bis das Fleisch gar ist. Zur Garprobe ein Stück einschneiden. Die Hähnchenbrust beiseitestellen und etwas abkühlen lassen.

Chinakohl, Paprikaschoten und Kräuter in einer großen Schüssel vermischen. Die Hähnchenbrust quer in schmale Streifen, diese in mundgerechte Stücke schneiden. Zu dem Salat geben. Das Dressing noch einmal umrühren und so viel über den Salat träufeln, dass die Zutaten gerade überzogen werden (vermutlich bleibt etwas Dressing übrig). Den Salat durchheben und servieren.

KRAUTSALAT MIT SCHWEINEFLEISCH-ANANAS-SPIESSEN

Pate für dieses Hauptgericht stand der costa-ricanische Klassiker *casado*, der aus Krautsalat, Schweinefleisch, Reis und Bohnen besteht. Hier haben wir das Fleisch direkt in den Salat gegeben und noch süße Ananas hinzugefügt. Mit der Zugabe von Chipotle-Chilis, die eigentlich aus Mexiko stammen, haben wir etwas gemogelt, doch wir finden, dass sie Obst und Fleisch perfekt ergänzen.

Für 4 Personen

SALAT

1 Schweinelende, etwa 350–400 g, pariert und in 2 cm große Würfel geschnitten

1 kleine oder ½ große reife Ananas, geschält und in 2 cm große Würfel geschnitten

2 EL Olivenöl

grobes Salz und frisch gemahlener schwarzer Pfeffer

3 EL Kreuzkümmelsamen

1 kleiner Weißkohl, nach Entfernen des Strunks grob gehackt

1 rote Paprikaschote, von Samen und Trennhäuten befreit und gewürfelt

1 Möhre, geschält und gewürfelt

20 g frische Korianderblätter

DRESSING

250 ml Ananas- oder Orangensaft

180 ml bestes Olivenöl

Saft von 2 Limetten (etwa 4 EL)

3 EL fein gehackte Chipotle-Chilischoten in Adobo-Sauce (Fertigprodukt)

1 EL fein gehackter Knoblauch

grobes Salz und frisch gemahlener schwarzer Pfeffer

Für das Dressing den Saft auf dem Herd in einem kleinen Topf zum Kochen bringen und bei schwacher Hitze 25–30 Minuten köcheln lassen, bis er eine sirupartige Konsistenz hat. Auf Zimmertemperatur abkühlen lassen, dann Olivenöl, Limettensaft, Chilis, Knoblauch, Salz und Pfeffer unterrühren. Beiseitestellen.

Im Grill ein Feuer anzünden. Wenn die Kohlen durchgeglüht sind, keine Flammen mehr züngeln und die Temperatur im mittleren Bereich liegt *(siehe Seite 34)*, kann gegrillt werden.

Fleisch- und Ananaswürfel in einer Schüssel mit Öl, Salz und Pfeffer vermischen. Die Würfel abwechselnd auf Spieße stecken. Die Spieße über den Kohlen auf den Grill legen und grillen, bis das Fleisch gut gebräunt und gar ist (für medium auf jeder Seite 5–6 Minuten). Zur Garprobe einen Fleischwürfel einschneiden. Das Fleisch sollte nicht ganz so gar sein, wie Sie es mögen, da es noch nachgart. Die Spieße etwas abkühlen lassen.

Den Kreuzkümmel in einer Pfanne ohne Fett auf dem Grill (oder bei mittlerer Hitze auf dem Herd) 3–5 Minuten rösten, bis er aromatisch duftet und etwas dunkler ist, dabei die Pfanne häufig rütteln, damit er nicht verbrennt.

Gemüse und Koriander in einer großen Schüssel mischen. Fleisch und Ananas von den Spießen in die Schüssel streifen. Das Dressing durchrühren und so viel zum Salat geben, dass die Zutaten gerade überzogen werden (vermutlich bleibt etwas Dressing übrig). Den Salat durchheben und mit dem Kreuzkümmel bestreut servieren.

CURRY-HÄHNCHEN-SALAT

MIT BRUNNENKRESSE, WEINTRAUBEN UND PFIRSICH

Während Sie die Hähnchenbrust für dieses Gericht garen, vermittelt Ihnen der großartige Duft eine klare Vorstellung, wie Hitze das Aroma von Gewürzen zur Entfaltung bringt. Hier darf nur gutes Currypulver verwendet werden, da mindere Qualität kalkig schmecken kann. Als Gegengewicht geben wir süße Weintrauben und Pfirsiche dazu, die zusammen mit der angenehm bitteren Brunnenkresse ein aufregendes Aromentrio bilden.

Als Vorspeise für 4 Personen

SALAT

2 Hähnchenbrustfilets à etwa 225 g, waagrecht geteilt
2 EL Olivenöl
1 EL gutes Currypulver
grobes Salz und frisch gemahlener schwarzer Pfeffer
2 Handvoll Brunnenkresse, entstielt, gewaschen und trocken geschleudert
20 kernlose helle Weintrauben, halbiert
2 reife, feste Pfirsiche, entsteint und geachtelt

DRESSING

250 ml frisch gepresster Orangensaft
5 EL bestes Olivenöl
5 EL Rotweinessig
2 EL grob gehackte frische Petersilie
grobes Salz und frisch gemahlener schwarzer Pfeffer

Für das Dressing den Orangensaft in einem kleinen Topf auf dem Herd zum Kochen bringen und bei schwacher Hitze etwa 20 Minuten köcheln lassen, bis er auf 4 EL eingekocht ist. Vom Herd nehmen und auf Zimmertemperatur abkühlen lassen, dann Öl, Essig, Petersilie, Salz und Pfeffer unterschlagen. Das Dressing beiseitestellen.

Im Grill ein Feuer entfachen. Wenn die Kohlen durchgeglüht sind, keine Flammen mehr züngeln und die Temperatur im mittleren Bereich liegt *(siehe Seite 34)*, kann gegrillt werden.

Die Hähnchenbrüste mit Öl einpinseln, mit dem Currypulver einreiben und großzügig salzen und pfeffern. Direkt über den Kohlen auf den Grill legen und auf jeder Seite 6–8 Minuten grillen, bis sie außen gebräunt und innen gerade gar ist. Zur Garprobe mit dem Finger daraufdrücken *(siehe Seite 37)*. Im Zweifelsfall eine Brust an der dicksten Stelle einschneiden, um zu prüfen, ob sie durchgegart ist. Die Brüste auf einen Teller heben und locker mit Alufolie abdecken, damit sie warm bleiben.

Während das Fleisch auf dem Grill liegt, Brunnenkresse, Weintrauben und Pfirsiche in einer großen Schüssel vermischen. Das Dressing umrühren, über den Salat geben und sorgfältig unterheben. Den Salat auf vier Teller verteilen.

Die Hähnchenbrüste schräg in Streifen schneiden und auf dem Salat anrichten, dann servieren.

ARTISCHOCKEN, RADICCHIO UND RUCOLA MIT ZITRONEN-FETA-DRESSING

Wir finden, dass Artischocken fast wie Fleisch schmecken und sich daher für den Grill geradezu anbieten. Die leicht bitteren Rucola und Radicchio sind in diesem Salat eine wunderbare Ergänzung zu den milden Artischocken, und die griechischen Aromen des Dressings verbinden alle Zutaten harmonisch.

Als Vorspeise für 4 Personen

SALAT

grobes Salz
4 Artischocken
1 rote Paprikaschote, halbiert und von Samen und Trennhäuten befreit
1 kleine rote Zwiebel, geschält und in 1 cm dicke Ringe geschnitten (Ringe nicht trennen)
4 EL Olivenöl
frisch gemahlener schwarzer Pfeffer
1 Handvoll Rucola, entstielt, gewaschen und trocken geschleudert
1 Kopf Radicchio, in schmale Streifen geschnitten

DRESSING

60 g Fetakäse, zerkrümelt
5 EL bestes Olivenöl
Saft von 1 Zitrone (etwa 4 EL)
2 EL grob gehackte frische Petersilie
1 TL fein gehackter Knoblauch
grobes Salz und frisch gemahlener schwarzer Pfeffer

Für den Salat auf dem Herd in einem großen Topf Salzwasser zum Kochen bringen. Inzwischen von den Artischocken die Stiele entfernen, die harten Außenblätter abbrechen und die oberen 2,5 cm abschneiden. Die Artischocken vierteln und das haarartige Heu entfernen. Die Viertel in das kochende Wasser geben und bei schwacher Hitze 15–20 Minuten köcheln lassen, bis sie weich sind. Abtropfen und in einer Schüssel mit Eiswasser abkühlen lassen, dann noch einmal gut abtropfen lassen. Beiseitestellen.

Im Grill ein Feuer anzünden. Wenn die Kohlen durchgeglüht sind, keine Flammen mehr züngeln und die Temperatur im hohen Bereich liegt *(siehe Seite 34)*, kann gegrillt werden.

Artischocken, Paprikahälften und Zwiebelringe mit Öl einpinseln und großzügig salzen und pfeffern. Die Gemüse auf den Grill legen und pro Seite 5–7 Minuten grillen, bis sie goldbraun sind und dunkle Stellen haben. Artischocken und Zwiebelringe in eine große Schüssel geben, dabei die Zwiebelringe trennen. Paprika in Streifen schneiden und mit Rucola und Radicchio in die Schüssel geben.

Die Zutaten für das Dressing verschlagen. Das Dressing nach und nach zu dem Salat geben und sehr behutsam unterheben, bis alle Zutaten dünn und gleichmäßig mit ihm überzogen sind.

PFEFFERSTEAK MIT TOMATEN UND BASILIKUM

An heißen Sommertagen, wenn man Lust auf eine leichte Mahlzeit hat, die trotzdem sättigt, ist dieser mediterran inspirierte Salat perfekt. Besonders gut schmeckt er im Spätsommer, wenn Tomaten Hochsaison haben und Basilikum am aromatischsten ist. Das Fleisch muss schräg und sehr dünn geschnitten werden, damit es lecker und zart ist.

Als Hauptgericht für 4 Personen

SALAT

4 EL frisch gemahlener schwarzer Pfeffer
3 EL grobes Salz
450 g Rindfleisch (aus Bauchlappen oder Oberschale)
1 Handvoll Rucola, entstielt, gewaschen und trocken geschleudert
50 g kleine Basilikumblätter
4 große sonnengereifte Tomaten (vorzugsweise Fleischtomaten), nach Entfernen des Stielansatzes in etwa 2,5 cm dicke Scheiben geschnitten

DRESSING

5 EL bestes Olivenöl
3 EL bester Balsamico-Essig
grobes Salz und frisch gemahlener schwarzer Pfeffer

Im Grill ein Feuer anzünden. Wenn die Kohlen durchgeglüht sind, keine Flammen mehr züngeln und die Temperatur im hohen Bereich liegt *(siehe Seite 34)*, kann gegrillt werden.

Für den Salat in einer kleinen Schüssel die 4 EL Pfeffer und 3 EL Salz sorgfältig vermischen. Das Fleisch großzügig mit der Mischung einreiben und über den Kohlen grillen, bis fast der gewünschte Gargrad erreicht ist (für medium-rare, je nach Dicke, auf jeder Seite 5–7 Minuten). Zur Garprobe mit dem Finger auf das Fleisch drücken *(siehe Seite 37)*. Im Zweifelsfall das Fleisch an der dicksten Stelle einschneiden. Es sollte innen nicht ganz so gar sein, wie Sie es mögen, da es noch nachgart. Das Steak beiseitestellen und etwas abkühlen lassen.

Rucola und Basilikum auf einer großen Platte verteilen und die Tomaten darauflegen. Das Fleisch quer in möglichst dünne Scheiben schneiden. Die Scheiben halbieren und auf den Tomaten anrichten. Den Salat erst mit Öl, dann mit Essig beträufeln, großzügig salzen und pfeffern und sofort servieren.

TYPISCHE AROMEN
ÖSTLICHES MITTELMEER – NORDAFRIKA

Es gibt bedeutende Unterschiede zwischen den vielen Küchen des östlichen Mittelmeerraumes und Nordafrikas, doch allen gemeinsam sind ihre Vorliebe für eine Vielzahl an aromatischen Zutaten. So spielen in diesen Küchen Nüsse eine wichtige Rolle, ebenso Honig, eine breite Palette intensiver Gewürze und verschiedenste getrocknete Chilischoten, von relativ mild bis ziemlich scharf. Wir glauben, dass diese Küchen rasch an Beliebtheit gewinnen werden, und mit den folgenden Gerichten können Sie deren exotischen Zauber auf den Tisch bringen.

Nordafrikanische Chilipaste

Ergibt etwa 180 g

Sie passt als Beilage praktisch zu allem; man kann mit ihr auch Hähnchen- oder Schweinefleisch vor dem Grillen einreiben.

4 EL getrocknete rote Chilischoten, fein zerstoßen
2 EL Koriandersamen, zerstoßen
2 EL fein gehackter Knoblauch
1 EL Kreuzkümmelsamen
1 EL Kümmel
1 EL grobes Salz
1 EL frisch gemahlener schwarzer Pfeffer
5 EL Öl

Alle Zutaten in einer kleinen Schüssel vermischen oder, für eine feinere Paste, im Mörser zerreiben. Abgedeckt im Kühlschrank aufbewahrt hält die Paste 2–3 Tage.

Nordafrikanische Chilipaste

Petersilien-Pinienkern-Relish

Ergibt etwa 100 g

Dieses Relish passt großartig zu Lamm, Hähnchen oder Fisch und kann auch über gegrillte Gemüse gegeben werden.

5 EL Pinienkerne
5 EL grob gehackte frische Petersilie
4 EL bestes Olivenöl
1 EL fein gehackte Zitronenschale
1 TL fein gehackter Knoblauch
grobes Salz und frisch gemahlener schwarzer Pfeffer

Die Pinienkerne auf einem Backblech bei 180 °C im Backofen 5–10 Minuten rösten, bis sie goldbraun sind, oder in einer Pfanne ohne Fett bei mittlerer Hitze 2–3 Minuten rösten, dabei die Pfanne häufig rütteln, damit sie nicht verbrennen. Alle Zutaten in einer kleinen Schüssel gut vermischen. Das Relish wird am besten am Tag der Zubereitung verwendet, hält sich aber abgedeckt im Kühlschrank 3 Tage.

Pfirsich-Minze-Relish

Ergibt etwa 280 g

Probieren Sie dieses Relish zu gegrilltem Hähnchen, Fisch oder Schweinefleisch.

2 große reife, feste Pfirsiche, entsteint und fein gewürfelt
4 EL grob gehackte frische Minze
Saft von 1 Zitrone (etwa 4 EL)
2 EL Kreuzkümmelsamen
grobes Salz und frisch gemahlener schwarzer Pfeffer

Alle Zutaten in einer mittelgroßen Schüssel gut vermischen. Abgedeckt im Kühlschrank hält sich dieses Relish 3–4 Tage.

Dill-Granatapfel-Butter

Ergibt etwa 140 g

Geben Sie eine Scheibe davon auf gegrilltes Hähnchenfleisch oder gegrillten Fisch.

125 g weiche Butter
2 EL Granatapfelkerne
1 EL grob gehackter frischer Dill
grobes Salz und frisch gemahlener schwarzer Pfeffer

Alle Zutaten in einer kleinen Schüssel gleichmäßig vermischen. In Butterbrotpapier gewickelt hält die Butter im Kühlschrank etwa eine Woche. (Wegen der Granatapfelkerne lässt sie sich aber schlecht einfrieren.)

TYPISCHE ZUTATEN/OBERE REIHE (VON LINKS NACH RECHTS) Kardamom, Walnüsse, getrocknete Chilis, Dill; **ZWEITE REIHE** Safran, Sumach, Zimt, Pistazienkerne; **DRITTE REIHE** Getrocknete Limette, Oregano, Pinienkerne, Granatapfelsirup; **UNTERE REIHE** Petersilie, Bockshornklee, Rosenwasser, Minze

Mediterrane Würzmischung

Ergibt etwa 120 g

Am besten eignet sich diese Würzmischung für Lamm- oder Hähnchenfleisch, das gegrillt werden soll.

4 EL Sesamsamen
5 EL Koriandersamen, zerstoßen
2 EL gemahlene Bockshornkleesamen
2 EL getrockneter Oregano
1 EL gemahlener Kreuzkümmel
1 EL grobes Salz
1 Prise Zimtpulver

Den Sesam auf dem Herd in einer Pfanne ohne Fett 3–5 Minuten rösten, bis er duftet und etwas dunkler ist, dabei die Pfanne häufig rütteln, damit er nicht anbrennt. Alle Zutaten in einer kleinen Schüssel gut vermischen. In einem luftdicht verschlossenen Behälter an einem kühlen, dunklen Platz aufbewahrt hält die Mischung einen Monat.

Dill-Granatapfel-Butter

LAMMRÜCKEN MIT RUCOLA, DICKEN BOHNEN UND PORTWEIN-SENF-DRESSING

Majoran wird oft unterschätzt, dabei hat es mehr Aroma als viele seiner besser bekannten Verwandten. Hier verwenden wir ihn für Lamm, zu dem er besonders gut passt. Der Salat aus Dicken Bohnen und Rucola ist eine Hommage an Chris' Mutter, die zu ihren Lammkoteletts immer Bohnen serviert hat. Falls Dressing übrig bleibt, gießen Sie es nicht weg – es schmeckt zu jeder Art von rotem Fleisch, ob warm oder kalt, köstlich.

Als Vorspeise für 4 Personen

SALAT

450 g ausgelöster Lammrücken
4 EL Olivenöl
1 TL fein gehackter Knoblauch
2 EL grob gehackter frischer Majoran (ersatzweise Oregano)
grobes Salz und frisch gemahlener schwarzer Pfeffer
2 Bund Rucola, entstielt, gewaschen und trocken geschleudert
450 g frische Dicke Bohnen, enthülst und gegart (oder 180 g tiefgekühlte Dicke Bohnen, gegart)

DRESSING

1 EL Dijonsenf
1 TL geschälte und fein gehackte Schalotten
2 EL Portwein
5 EL bestes Olivenöl
grobes Salz und frisch gemahlener schwarzer Pfeffer

Im Grill ein Mehrzonenfeuer anzünden *(siehe Seite 31)*. Wenn die Kohlen durchgeglüht sind, keine Flammen züngeln und die Temperatur im hohen Bereich liegt *(siehe Seite 34)*, kann gegrillt werden.

Das Fleisch mit Küchenpapier sorgfältig trocken tupfen. Öl, Knoblauch und Majoran in einer kleinen Schüssel gut vermischen. Das Fleisch rundum mit der Mischung einreiben und großzügig salzen und pfeffern. Auf die heiße Seite des Grills legen und pro Seite etwa 10 Minuten gut bräunen, dann auf den Bereich mit mittlerer Hitze heben und weitergaren, bis es den gewünschten Gargrad erreicht hat (nach weiteren 4–6 Minuten auf jeder Seite ist es medium-rare). Zur Garprobe ein Bratenthermometer in die Mitte des Fleisches schieben und nach 5 Sekunden ablesen. Bei 49 °C ist das Fleisch rare, bei 52 °C medium-rare (so mögen wir es), bei 57 °C medium, bei 66 °C medium-well und bei 70 °C well-done. Das Fleisch vom Grill nehmen, locker mit Alufolie abdecken und 10 Minuten ruhen lassen.

Inzwischen den Salat zubereiten. Rucola und Dicke Bohnen in einer großen Schüssel vermischen. Senf, Schalotten und Portwein verrühren, dann das Öl langsam in einem dünnen Strahl dazugeben und sorgfältig unterschlagen. Das Dressing salzen und pfeffern und so viel über Bohnen und Rucola träufeln, das sie damit dünn überzogen sind. Den Salat durchheben und auf vier Salatteller verteilen.

Das Fleisch quer zur Faser in 0,5–1 cm dicke Scheiben schneiden, fächerförmig auf dem Salat anrichten und mit etwas Dressing beträufeln, dann servieren.

BEILAGEN & SNACKS

SOGENANNTE »BEILAGEN« KÖNNEN EBENSO VERLOCKEND UND SÄTTIGEND SEIN WIE JEDES HAUPTGERICHT, UND FALLS SIE VEGETARIER SIND, DANN IST DIES IHR KAPITEL: STELLEN SIE ZWEI ODER DREI GERICHTE HIERAUS ZUSAMMEN, UND SIE HABEN EINE MAHLZEIT, BEI DER SIE SICH FRAGEN WERDEN, WIE SIE BISHER OHNE EIN GRILLFEUER LEBEN KONNTEN.

BROT VOM GRILL

Wir lieben gegrilltes Brot. Es ist nicht nur eine großartige Beilage, sondern, mit etwas aromatisiertem Öl beträufelt oder in ein Relish oder eine Salsa getunkt, auch eine wunderbare Vorspeise. Natürlich können Sie fertiges Brot kaufen, aber es macht mehr Spaß, das Brot selbst zuzubereiten, und es schmeckt auch besser. Und Ihre Gäste werden beeindruckt sein. Dies ist ein recht normales Fladenbrot, das durch etwas Bier mehr Aroma und durch Maismehl eine bessere Konsistenz erhält.

Ergibt 4 Fladenbrote

1 EL Trockenhefe
350 g Weizenmehl
125 ml lauwarmes Wasser
2 EL Olivenöl plus Öl zum Bepinseln
125 ml zimmerwarmes Bier nach Geschmack
4 EL Maismehl plus Maismehl für das Backblech
1 TL grobes Salz plus Salz zum Bestreuen

Die Hefe und 60 g Weizenmehl in einer Schüssel mit dem Handrührgerät verrühren. Das Wasser hinzufügen und rasch untermischen. Mit einem feuchten Tuch abdecken und für 30 Minuten an einen warmen, zugfreien Platz stellen, bis sich Bläschen gebildet haben und die Mischung beim Umrühren ein ähnliches Geräusch wie sprudelndes Mineralwasser macht.

Die 2 EL Öl und das Bier dazugeben und sorgfältig untermischen. Maismehl und 1 TL Salz hinzufügen, dann nach und nach das restliche Weizenmehl (immer etwa 4 EL) untermischen, bis ein weicher Teig entstanden ist (möglicherweise ist nicht das ganze Mehl erforderlich). Den Teig auf ein bemehltes Brett setzen und etwa 8 Minuten kneten, bis er glatt und nur ein wenig klebrig ist, dabei nötigenfalls so viel Mehl dazugeben, dass er nicht kleben bleibt.

Den Teig in eine geölte Schüssel legen und darin wälzen, um ihn mit Öl zu überziehen, dann locker abdecken und an einem warmen Platz 1–1½ Stunden gehen lassen, bis er sein Volumen verdoppelt hat. Aus dem Teig vier Kugeln formen. Ein Backblech mit Maismehl bestäuben und die Teigkugeln daraufsetzen. Die Kugeln locker abdecken und noch einmal 30 Minuten gehen lassen. (Danach können sie, mit Klarsichtfolie abgedeckt, bis etwa 1 Stunde vor dem Grillen im Kühlschrank aufbewahrt werden.)

Im Grill ein Feuer anzünden. Wenn die Kohlen durchgeglüht sind, keine Flammen mehr züngeln und die Temperatur im mittleren Bereich liegt *(siehe Seite 34)*, kann gegrillt werden.

Die Teigkugeln zu runden oder rechteckigen Fladen (3 mm dick und 25 cm Ø) auseinanderdrücken, mit Olivenöl bepinseln und mit Salz bestreuen. Direkt über den Kohlen auf den Grill legen und etwa 4 Minuten grillen, bis sich auf der Unterseite dunkle Flecken und auf der Oberseite Blasen bilden. Die Brote wenden und noch einmal 3–4 Minuten grillen, bis sie goldbraun und knusprig sind, dann sofort servieren.

AROMA-ÖLE FÜR BROT

Wenn Ihr Brot heiß vom Grill kommt *(siehe Seite 270)*, beträufeln Sie es mit einem dieser Öle und servieren es dann mit dem restlichen Öl zum Eintunken – schon haben Sie eine großartige, ungewöhnliche Vorspeise. Abgedeckt im Kühlschrank halten sich die Öle bis zu 1 Woche. Da sie aufgrund der Kälte aber teilweise erstarren, müssen sie etwa 15 Minuten vor dem Servieren herausgenommen werden, damit sie wieder flüssig werden.

KNOBLAUCH-MAJORAN-ÖL

Ergibt etwa 180 ml

1 Knoblauchknolle
125 ml bestes Olivenöl
2 TL grobes Salz
1 TL frisch gemahlener schwarzer Pfeffer
2 EL grob gehackter frischer Majoran
grobes Salz und frisch gemahlener schwarzer Pfeffer

Das obere Viertel der Knoblauchknolle abschneiden, mit 4 EL Olivenöl, Salz und Pfeffer in eine Schüssel geben und behutsam wenden, um sie mit Öl und Gewürzen zu überziehen, dann fest in eine doppelte Lage extra starke Alufolie einwickeln.

Das Päckchen in den auf 150 °C vorgeheizten Backofen oder am kühleren Rand des Feuers in die Grillkohlen legen und garen, sich bis die Knoblauchzehen durch die Folie hindurch weich anfühlen (im Backofen etwa 1 Stunde, im Grill 30 Minuten).

Das Päckchen herausnehmen, die Alufolie aufschneiden und den Knoblauch etwas abkühlen lassen, dann die Zehen aus den Schalen drücken.

Den Knoblauch mit dem restlichen Olivenöl, Majoran, Salz und Pfeffer in einer Schüssel sorgfältig vermischen.

KREUZKÜMMEL-ORANGEN-ÖL

Ergibt etwa 180 ml

125 ml bestes Olivenöl
2 EL Kreuzkümmelsamen, frisch zerstoßen
2 EL grob gehackter frischer Oregano
1 EL fein gehackte Orangenschale
1 TL Chiliflocken
grobes Salz und frisch gemahlener schwarzer Pfeffer

Alle Zutaten in einem kleinen Topf vermischen und bei mittlerer Hitze 15 Minuten erwärmen. Das Öl vor Verwendung auf Zimmertemperatur abkühlen lassen.

TOMATEN-BASILIKUM-ÖL

Ergibt etwa 240 ml

125 ml bestes Olivenöl
4 EL grob gehackte, in Öl eingelegte getrocknete Tomaten
4 EL in feine Streifen geschnittene frische Basilikumblätter
1 TL fein gehackter Knoblauch
grobes Salz und frisch gemahlener schwarzer Pfeffer

Alle Zutaten in einer Schüssel gut vermischen und vor dem Servieren mindestens 30 Minuten stehen lassen, damit die Tomaten weich werden.

GRIECHISCHER SALAT AUF GEGRILLTEM BROT

Dieser Salat ist auch eine gute Beilage für gegrilltes Fleisch. Aber auf selbst zubereitetem Brot serviert gibt er eine perfekte sättigende Vorspeise ab für einen Hauptgang aus gegrilltem Fisch oder Meeresfrüchten. Und an einem heißen Tag ist er mit einem Glas Rosé und einem gehaltvollen Dessert wie gegrilltem Bananenkuchen *(siehe Seite 322)* ein sättigendes leichtes Mittagessen. Wenn Sie sich die Arbeit erleichtern möchten, kaufen Sie bereits entsteinte Oliven.

Als Vorspeise für 4–8 Personen

1 Rezept Brotteig *(siehe Seite 270)*, zu vier Fladen geformt
8 EL bestes Olivenöl
2 große Tomaten, entkernt und fein gewürfelt
2 Salatgurken, halbiert, entkernt und fein gewürfelt
175 g eingelegte schwarze Oliven (etwa Kalamata-Oliven), entsteint und grob gehackt
20 g grob gehackte frische Petersilie
4 EL Rotweinessig
60 g zerkrümelter Fetakäse
grobes Salz und frisch gemahlener schwarzer Pfeffer

Im Grill ein Feuer anzünden. Wenn die Kohlen durchgeglüht sind, keine Flammen mehr züngeln und die Temperatur im mittleren Bereich liegt *(siehe Seite 34)*, kann gegrillt werden.

Die Teigfladen auf beiden Seiten mit 3 EL Öl einpinseln, direkt über den Kohlen auf den Grill legen und etwa 4 Minuten grillen, bis die Unterseiten gut gebräunt sind, dann wenden und noch einmal 3–4 Minuten grillen, bis auch die zweite Seite goldbraun und knusprig ist.

Während die Brote auf dem Grill liegen, Tomaten, Gurken, Oliven und Petersilie in einer Schüssel vermischen. In einer zweiten Schüssel 5 EL Öl und Essig verschlagen und so viel von der Mischung an den Salat geben, dass die Zutaten gerade überzogen werden. Den Salat behutsam, aber sorgfältig durchheben.

Die gegrillten Brote auf Salatteller legen. In der letzten Minute den Feta unter den Salat heben. Den Salat nach Geschmack salzen und pfeffern. Auf den Broten verteilen und servieren.

TSATSIKI FÜR GEGRILLTES BROT

Diese griechische Joghurtspeise ist ein wunderbarer Dip für gegrilltes Brot. Am besten schmeckt er mit griechischem Joghurt zubereitet. Bei etwas festlicheren Anlässen können Sie das Tsatsiki auch dick auf Fladenbrote geschöpft als Vorspeise servieren.

Als Vorspeise für 4 Personen

1 Rezept Brotteig *(siehe Seite 270)*, zu vier Fladen geformt
3 EL bestes Olivenöl
½ Salatgurke (nach Belieben geschält), fein gewürfelt
125 g Joghurt
3 EL grob gehackte frische Minze
1 EL frisch gepresster Zitronensaft
1 EL gemahlener Kreuzkümmel
grobes Salz und frisch gemahlener schwarzer Pfeffer

Im Grill ein Feuer anzünden. Wenn die Kohlen durchgeglüht sind, keine Flammen mehr züngeln und die Temperatur im mittleren Bereich liegt *(siehe Seite 34)*, kann gegrillt werden.

Die Teigfladen auf beiden Seiten mit Öl einpinseln, direkt über den Kohlen auf den Grill legen und 4 Minuten grillen, bis die Unterseiten gut gebräunt sind. Die Fladen wenden und noch einmal 3–4 Minuten grillen, bis auch die andere Seite goldbraun und knusprig ist.

Während das Brot auf dem Grill liegt, Gurke, Joghurt, Minze, Zitronensaft, Kreuzkümmel, Salz und Pfeffer in einer Schüssel sorgfältig vermischen.

Das Brot in keilförmige Stücke schneiden oder ganz servieren, sodass die Gäste es selbst brechen können. Das Tsatsiki daraufgeben oder dazu reichen.

PIZZA MIT BLAUSCHIMMELKÄSE, KARAMELL-ZWIEBELN UND BIRNEN

Wenn man Grillgut auf dem Grill mit einer Alu-Grillpfanne abdeckt, entsteht eine Art Mini-Backofen. So lassen sich dicke Fleischstücke durchgaren, ohne dass sie außen verbrennen. Hier lassen wir mit dieser Methode Blauschimmelkäse auf Grillbrot schmelzen, ohne das Brot über ein so heißes Feuer zu legen, dass die Unterseite verbrennt.

Als Vorspeise für 4–6 Personen

6 EL bestes Olivenöl

3 rote Zwiebeln, geschält und in dünne Ringe geschnitten

grobes Salz und frisch gemahlener schwarzer Pfeffer

1 Rezept Brotteig *(siehe Seite 270)*, zu vier Fladen geformt

2 reife, feste Birnen, von Kerngehäusen befreit, in dünne Scheiben geschnitten

60 g zerkrümelter Blauschimmelkäse

4 EL grob gehackte frische Petersilie

Auf dem Herd 3 EL Olivenöl in einer großen Pfanne mittelstark erhitzen, bis es heiß ist, aber noch nicht raucht. Die Zwiebeln hineingeben, nach Geschmack salzen und pfeffern und unter gelegentlichem Rühren etwa 5 Minuten braten, bis sie beginnen, weich zu werden. Bei schwacher Hitze unter häufigem Rühren 20–30 Minuten garen, bis sie gut karamellisiert sind.

Inzwischen im Grill ein Feuer anzünden. Wenn die Kohlen durchgeglüht sind, keine Flammen mehr züngeln und die Temperatur im mittleren Bereich liegt *(siehe Seite 34)*, kann gegrillt werden.

Die Teigfladen auf beiden Seiten mit dem restlichen Olivenöl bepinseln, direkt über den Kohlen auf den Grill legen und etwa 4 Minuten grillen, bis die Unterseiten gut gebräunt sind. Die Fladen wenden, die karamellisierten Zwiebeln darauf verteilen. Die Birnenscheiben auf die Zwiebeln legen und den Käse darüberstreuen. Umgedrehte Alu-Grillpfannen über die Pizzen setzen und diese noch einmal 3–4 Minuten garen, bis der Käse zu schmelzen beginnt.

Die Pizzen mit einem großen scharfen Messer in Stücke schneiden, auf einer Platte anrichten und mit der Petersilie bestreut servieren.

PIZZA MIT PFIRSICH, PARMESAN UND KNUSPRIGEM SCHINKEN

Obst auf gegrilltem Brot mag vielleicht merkwürdig anmuten, doch diese Kombination aus süßen, saftigen Pfirsichen, pikantem Parmesan und salzigem Parmaschinken wird Sie überzeugen. Lassen Sie den Schinken nicht zu lange auf dem Grill. Er soll nicht garen, sondern nur knusprig werden und einen leicht rauchigen Geschmack bekommen.

Als Vorspeise für 4–6 Personen

175 g hauchdünn geschnittener Parmaschinken
4 EL bestes Olivenöl
1 TL geschälter und fein gehackter Knoblauch
1 Rezept Brotteig *(siehe Seite 270)*, zu vier Fladen geformt
2 reife, feste Pfirsiche, halbiert, entsteint und in dünne Scheiben geschnitten
grobes Salz und frisch gemahlener weißer Pfeffer
4 EL frisch geriebener Parmesan
2 EL grob gehacktes frisches Basilikum

Im Grill ein Feuer anzünden. Wenn die Kohlen durchgeglüht sind, keine Flammen mehr züngeln und die Temperatur im mittleren Bereich liegt *(siehe Seite 34)*, kann gegrillt werden.

Die Schinkenscheiben direkt über den Kohlen auf den Grill legen und etwa 1 Minute grillen, bis sie gerade knusprig sind. Beiseitestellen.

Olivenöl und Knoblauch in einer kleinen Schüssel sorgfältig vermischen. Die Teigfladen auf beiden Seiten mit dem Knoblauchöl einpinseln, direkt über den Kohlen auf den Grill legen und etwa 4 Minuten grillen, bis die Unterseiten gut gebräunt sind, dann wenden. Schinken und Pfirsichscheiben auf den Fladen verteilen. Die Pizzen leicht salzen und pfeffern und mit dem Käse bestreuen. Umgedrehte Alu-Grillpfannen über die Pizzen setzen und diese noch einmal 3–4 Minuten garen, bis der Käse zu schmelzen beginnt.

Die Pizzen mit einem großen, scharfen Messer in Stücke schneiden, mit etwas Knoblauchöl beträufeln, auf einer Platte anrichten und mit dem Basilikum bestreut servieren.

PIZZA MIT GARNELEN, SPECK UND KÄSE

Wir glauben, dass uns fast alle Zutaten, die wir so mögen, auch auf unserem Grillbrot schmecken. Und da wir Garnelen, Speck und Käse lieben – und mal im Ernst, wer tut das nicht? –, beschlossen wir, einen Versuch zu wagen. Dabei kam eine Pizza heraus, die jetzt zu unseren absoluten Lieblingspizzas gehört, und jeder, dem wir sie seitdem serviert haben, war ebenso begeistert wie wir.

Als Vorspeise für 4–6 Personen

6 Scheiben durchwachsener Speck, fein gewürfelt
12 rohe Garnelen, geschält und längs halbiert
4 EL bestes Olivenöl
2 EL grob gehackter frischer Thymian
grobes Salz und frisch gemahlener schwarzer Pfeffer
1 Rezept Brotteig *(siehe Seite 270)*, zu vier Fladen geformt
80 g geriebener italienischer Hartkäse (z. B. Asiago oder Parmesan)

Den Speck auf dem Herd in einer Pfanne bei mittlerer Hitze in 6–8 Minuten knusprig braten. Auf Küchenpapier sorgfältig abtropfen lassen.

Im Grill ein Feuer anzünden. Wenn die Kohlen durchgeglüht sind, keine Flammen mehr züngeln und die Temperatur im mittleren Bereich liegt *(siehe Seite 34)*, kann gegrillt werden.

Garnelen, Speck, 1 EL Olivenöl, Thymian, Salz und Pfeffer in einer Schüssel vermischen, bis Garnelen und Speck gut mit Öl überzogen sind.

Die Teigfladen auf beiden Seiten mit dem restlichen Öl einpinseln, direkt über den Kohlen auf den Grill legen und etwa 4 Minuten grillen, bis die Unterseiten gut gebräunt sind, dann wenden. Die Garnelen auf den Fladen verteilen und den Käse darüberstreuen. Umgedrehte Alu-Grillpfannen über die Pizzen setzen und diese noch einmal 3–4 Minuten grillen, bis die Garnelen gerade gar sind und der Käse zu schmelzen beginnt.

Die Pizzen mit einem großen, scharfen Messer in Stücke schneiden, auf einer Platte anrichten und servieren.

NEUE KARTOFFELN MIT ROSMARIN, KNOBLAUCH UND SCHWARZEN OLIVEN

Wir lieben alles, was einer Kartoffel eine schöne braune Kruste verleiht. Hier geschieht das im Feuer, durch das die Kartoffeln auch ein herrlich rauchiges Aroma bekommen. Ehe die Kartoffeln auf den Grill kommen, garen wir sie vor (damit sie auf dem Feuer wirklich gar werden), und wenn wir sie vom Grill nehmen, überziehen wir sie mit italienischen Aromen.

Als Beilage für 4 Personen

grobes Salz
20 kleine neue Kartoffeln (oder 10 größere Kartoffeln, halbiert), gewaschen
3 EL Öl
2 EL fein gehackter Knoblauch
frisch gemahlener schwarzer Pfeffer
60 g grob gehackte, entsteinte schwarze Oliven
4 EL bestes Olivenöl
Saft von 1 Zitrone (etwa 4 EL)
2 EL grob gehackter frischer Rosmarin
grobes Salz und frisch gemahlener schwarzer Pfeffer

Auf dem Herd in einem Topf Salzwasser zum Kochen bringen und die Kartoffeln darin offen 6–8 Minuten vorgaren, bis sie knapp gar sind (sie lassen sich mit einer Gabel leicht einstechen, sind aber noch fest). Sofort in Eiswasser heben, um den Garprozess zu beenden. Gut abtropfen lassen und in den Kühlschrank legen, bis sie kalt sind.

Im Grill ein Feuer anzünden. Wenn die Kohlen durchgeglüht sind, keine Flammen mehr züngeln und die Temperatur im mittleren Bereich liegt *(siehe Seite 34)*, kann gegrillt werden.

Die kalten Kartoffeln in eine große Schüssel geben. Öl, Knoblauch, Salz und Pfeffer dazugeben und die Kartoffeln behutsam durchheben, um sie damit zu überziehen. Die Kartoffeln auf Spieße stecken, halbierte Kartoffeln so, dass die Schnittflächen alle in eine Richtung weisen. Die Spieße über den Kohlen auf den Grill legen und die Kartoffeln 3–4 Minuten garen, bis sie goldbraun sind. Wenden und noch einmal 2 Minuten grillen.

Die Kartoffeln vorsichtig von den Spießen in die Schüssel streifen. Oliven, Olivenöl, Zitronensaft, Rosmarin, Salz und Pfeffer hinzufügen und die Zutaten behutsam durchheben, bis die Kartoffeln gleichmäßig überzogen sind. In einer Schüssel anrichten und sofort servieren.

ROTE ZWIEBELN

MIT BALSAMICO, BASILIKUM UND PARMESAN

Diese einfache Beilage ist ideal für alle, die italienische Aromen und gegrillte Zwiebeln lieben – und das sind wirklich ziemlich viele. Wenn Sie dann noch bedenken, dass die Zwiebeln im Handumdrehen zubereitet sind, ist dieses Gericht kaum noch zu schlagen. Schneiden Sie die Zwiebeln in dicke Ringe, dann zerfallen sie nicht so leicht auf dem Grill.

Als Beilage für 4–6 Personen

2 große rote Zwiebeln, geschält und in etwa 2,5 cm dicke Ringe geschnitten

2 EL Öl

grobes Salz und frisch gemahlener schwarzer Pfeffer

4 EL bestes Olivenöl

4 EL Balsamico-Essig

15 g in schmale Streifen geschnittene frische Basilikumblätter

4 EL frisch geriebener Parmesan

Im Grill ein Feuer anzünden. Wenn die Kohlen durchgeglüht sind, keine Flammen mehr züngeln und die Temperatur im mittleren Bereich liegt *(siehe Seite 34)*, kann gegrillt werden.

Die Zwiebelringe mit dem Öl einpinseln, ohne die Ringe zu trennen, dann großzügig salzen und pfeffern. Direkt über den Kohlen auf den Grill legen und auf jeder Seite etwa 10 Minuten grillen, bis sie weich und goldbraun sind.

Die gegrillten Zwiebeln in eine Schüssel geben, Olivenöl, Essig, Basilikum und Parmesan hinzufügen und die Zutaten durchheben, dabei die Zwiebelringe trennen.

Die Zwiebeln auf einer Platte anrichten und großzügig mit dem restlichen Dressing beträufeln.

WEITERE GEMÜSE VOM GRILL

Wenn die Temperatur des Grillfeuers im mittleren Bereich liegt *(siehe Seite 34)*, können Sie Ihre Gäste mit einer leckeren Auswahl gegrillter Gemüse verwöhnen. Die Paprikaschoten unten wären mit den gegrillten Zwiebeln links *(siehe Seite 286–287)* eine perfekte Beilage für jedes mediterrane Hauptgericht. Für eine eher asiatische Mahlzeit probieren Sie die Rezepte für Aubergine und Zucchini. Die Beilagen sind ausreichend für jeweils 4–6 Personen.

PAPRIKASCHOTEN MIT PETERSILIEN-PINIENKERN-RELISH

5 rote Paprikaschoten, halbiert und von Samen und Trennwänden befreit
4 EL Olivenöl oder neutrales Öl
grobes Salz und frisch gemahlener schwarzer Pfeffer
Petersilien-Pinienkern-Relish *(siehe Seite 262)*

Die Paprikahälften dünn mit Öl einpinseln und großzügig salzen und pfeffern. Direkt über den Kohlen auf den Grill legen und auf jeder Seite 2–3 Minuten grillen, bis sie goldbraun, aber noch knackig sind. In schmale Streifen schneiden und in eine große Schüssel geben. Das Relish hinzufügen und die Zutaten sorgfältig durchheben. Die Paprikaschoten auf einer Platte anrichten und sofort servieren.

AUBERGINE MIT INGWER-SOJA-GRILLSAUCE

1 große Aubergine, in etwa 2,5 cm dicke Scheiben geschnitten
3 EL Olivenöl
grobes Salz und frisch gemahlener schwarzer Pfeffer
Ingwer-Soja-Grillsauce *(siehe Seite 228)*

Die Auberginenscheiben auf beiden Seiten mit Öl einpinseln und großzügig salzen und pfeffern. Direkt über den Kohlen auf den Grill legen und auf jeder Seite 3–4 Minuten garen, bis sie weich sind. Jeweils 30 Sekunden vor Ende der Garzeit jede Seite mit Grillsauce einpinseln. Die Auberginenscheiben auf einer Platte anrichten und servieren, die restliche Grillsauce dazu reichen.

ZUCCHINI NACH ASIATISCHER ART

4 mittelgroße Zucchini (etwa 5 cm dick), längs halbiert
Ingwer-Sesam-Paste *(siehe Seite 231)*
grobes Salz

Die Zucchinihälften großzügig mit Paste bestreichen, leicht salzen und auf den Grill legen. Auf jeder Seite 3–4 Minuten garen, bis das Fleisch im Innern nicht mehr roh aussieht. Auf einer Platte anrichten und servieren.

MAISKOLBEN VOM GRILL

Es gibt nichts Besseres als frischen Mais vom Grill. Und weil er so beliebt ist, gibt es viele Zubereitungsmethoden. Wir stellen hier drei vor, von denen jede ihre Vorteile hat. Doch für welche Methode Sie sich auch entscheiden, unsere lateinamerikanischen Aromamischungen *(siehe Seite 290)* sind eine perfekte Ergänzung.

Pro Person 1 Maiskolben

ERSTE METHODE: EINGEWICKELT UND EINGEWEICHT

Eine gute Methode, wenn Sie besonders zarten Mais lieben und etwas Zeit haben.

Die Maiskolben mit Hüllblättern für 15 Minuten in Wasser legen.

Die Kolben bei mittlerer Temperatur *(siehe Seite 34)* auf den Grill legen und 15–20 Minuten garen, bis sie gerade weich sind. Zur Garprobe die Hüllblätter eines Kolbens etwas zurückziehen und die Körner einstechen.

Hüllblätter und Fäden entfernen. Die Kolben mit etwas Butter bestreichen, salzen und pfeffern. Wieder auf den Grill legen und hin- und herrollen, um sie ein wenig zu bräunen.

ZWEITE METHODE: NACKTE KOLBEN

Dies ist eine gute, alltägliche Methode, denn sie geht schnell. Und der Mais entwickelt viel Aroma und bekommt einen rauchigen Geschmack.

Die Maiskolben von Hüllblättern und Fäden befreien.

Die Kolben bei mittelschwacher Temperatur *(siehe Seite 34)* auf den Grill legen und 3–5 Minuten grillen, bis sie gerade goldbraun sind, dabei hin- und herrollen, damit sie gleichmäßig garen. Zur Garprobe die Körner einstechen.

DRITTE METHODE: IN DER GLUT

So bereiten wir Mais am liebsten zu. Er erhält dabei nicht nur ein wunderbar rauchiges Aroma, sondern wird bereits mit Butter, Salz und Pfeffer gegart.

Die Maiskolben von Hüllblättern und Fäden befreien.

Die Kolben mit Butter sowie Salz und Pfeffer einzeln in eine doppelte Lage Alufolie einwickeln. Die Päckchen für 12–15 Minuten in die Glut des Grills legen. Zur Garprobe eines der Päckchen öffnen und die Körner einstechen.

Die Kolben auswickeln, mit noch etwas Butter bestreichen, nach Geschmack salzen und pfeffern und servieren.

LATEINAMERIKANISCHE AROMAMISCHUNGEN FÜR MAIS

Diese Aromafeuerwerke sind vor allem auf dem Höhepunkt der Mais-Saison willkommen, wenn man zu jeder Mahlzeit gegrillten Mais essen möchte, ihn aber nicht immer auf dieselbe Weise servieren will. Jede der Mischungen sollte für mindestens ein Dutzend Maiskolben reichen.

ORANGEN-CHILI-BUTTER

125 ml Orangensaft
2 EL fein gehackte Chipotle-Chilischoten in Adobo-Sauce (Fertigprodukt)
125 g weiche Butter

Den Orangensaft auf dem Herd in einem kleinen Topf zum Kochen bringen. Den Saft bei mittlerer Hitze 15–20 Minuten kräftig köcheln lassen, bis er um zwei Drittel eingekocht ist. Vom Herd nehmen und die Chilis einrühren. Die Mischung auf Zimmertemperatur abkühlen lassen, dann sorgfältig mit der Butter vermengen. Die heißen gegrillten Maiskolben großzügig mit der Butter bestreichen. (Übrige Butter hält sich in Butterbrotpapier eingewickelt im Kühlschrank bis zu 3 Tage.)

KREUZKÜMMELSALZ MIT LIMETTE

120 g grobes Salz
4 EL Kreuzkümmelsamen
3 Limetten, in Spalten geschnitten

Salz und Kreuzkümmelsamen in einem kleinen Topf bei schwacher Hitze unter ständigem Rühren 2–3 Minuten erhitzen, bis der Kreuzkümmel leicht raucht und aromatisch duftet. Die Mischung abkühlen lassen. Die gegrillten Maiskolben mit Limettensaft beträufeln und großzügig mit dem aromatisierten Salz bestreuen.

KORIANDER-LIMETTEN-BUTTER

4 EL grob gehacktes Koriandergrün
Saft von 1 Limette (etwa 2 EL)
1 EL Chilipulver
125 g weiche Butter

Die Zutaten in einer kleinen Schüssel sorgfältig vermischen. Die Butter kann entweder sofort verwendet oder, in Klarsichtfolie gewickelt, in den Kühlschrank gelegt werden, bis sie fest ist.

Zum Servieren die Butter ausgepackt in ein flaches Gefäß legen, sodass die Gäste ihre Maiskolben über die Butter rollen können (so wie es die meisten Leute tun, wenn sie zu Hause Mais essen und niemand zusieht).

MALAYSIA: TRAUMHAFTE AUSWAHL

Wir waren, gelinde gesagt, wenig entzückt, als wir in der schmuddeligen malaysischen Stadt Johor Bahru, in der sonst nur Fernfahrer Rast einlegen, übernachten mussten. Aber dann fanden wir, wir sollten vielleicht das Beste daraus machen und beschlossen, den örtlichen Markt zu besuchen.

Hier sollte sich unsere Zwangsübernachtung zum Vergnügen entwickeln. Wir schlenderten an Ständen vorbei, die Froschschenkel, Schweinerüssel und riesige Berge von Gemüsen, deren Namen wir nicht kannten, feilboten. Dann sahen wir uns auf dem Fischmarkt um, wo riesige Aale, Herzmuscheln, Langusten und vier verschiedene Krebsarten auf funkelndem Eis lagen. An den Obstständen türmten sich Dinge, die zu fantastisch schienen, um echt zu sein: stachelig behaarte, orangerote Rambutans, purpurbraune Mangostanen, deren weißes Fruchtfleisch nach Sirup, Zitrone und Sahne schmeckt, perlenähnliche klebrigsüße Sapotillas und riesige, orangegelbe Jackfrüchte. Andere, vertraute Früchte wie Mangos und Papayas besaßen eine Aromatiefe, die wir bis dahin nicht gekannt hatten. Als wir bei Einbruch der Dunkelheit zu unserem Hotel zurückkamen, war der Parkplatz nun von Straßenhändlern bevölkert, mit Dutzenden von Essensständen, die sich um Klapptische und Stühle gruppierten. Aufgeregt schlossen wir uns der Menge an und probierten ein Gericht nach dem anderen – Stachelrochenschwanz mit scharfer Sauce, im Bananenblatt auf Kohlen gegart; mit Curry gewürzte Froschschenkel; mit Chilis und Knoblauch gebratene Gemüse. Anstelle eines Desserts bestellten wir etwas, das wie Obstsalat aussah, mit der Vielfalt an Früchten, die wir zuvor auf dem Markt gesehen hatten. Ein klassisches Beispiel für malaiische Küche. Die Süße der Früchte wurde perfekt ergänzt durch eine Erdnusssauce, die mit einem Hauch Chili und einer Spur *belachan*, der in Malaysia heiß geliebten Garnelenpaste, abgeschmeckt war. Die Moral der Geschichte: Unterschätze nie einen Fernfahrerstopp.

PIKANTER OBSTSALAT

MIT LIMETTEN-ERDNUSS-DRESSING

Inspiriert durch den malaiischen *rojak* hat dieser Obstsalat eine pikant-würzige Note. Wenn Sie ihn authentischer zubereiten möchten, sollten Sie im Asienladen Garnelenpaste besorgen (in Malaysia heißt sie *belachan*) und davon etwa einen Teelöffel an das Dressing geben. Die *jicama* oder Yambohne ist eigentlich in Südamerika heimisch, erfreut sich in Asien jedoch großer Beliebtheit. Sie wird mitunter auch mexikanische Kartoffel genannt, was allerdings ihrer saftigen Knackigkeit und Süße wenig gerecht wird. Als Ersatz kann ein knackiger grüner Apfel oder eine Nashi-Birne verwendet werden.

Als Beilage für 4 Personen

1 Mango, entsteint, geschält und gewürfelt
1 Papaya, entkernt, geschält und gewürfelt
60 g Ananas, gewürfelt
60 g Jicama (ersatzweise Apfel), gewürfelt
4 EL grob gehacktes Koriandergrün

DRESSING

4 EL grob gehackte ungesalzene geröstete Erdnüsse
1 EL geschälter und fein gehackter frischer Ingwer
1 EL fein gehackte rote oder grüne frische Chilischote
Saft von 2 Limetten (etwa 4 EL)
2 EL Sojasauce
1 EL Rohrzucker

Früchte und Koriandergrün in einer großen Schüssel vermischen.

Alle Zutaten für das Dressing in einer kleinen Schüssel sorgfältig verschlagen.

So viel Dressing an den Obstsalat geben, dass die Zutaten gerade davon überzogen werden. Den Salat behutsam durchheben und servieren.

GEGRILLTE SOMMERKÜRBISSE

Sommerkürbisse sind Kürbisse mit weicher, essbarer Schale. Zu ihnen zählen Patisson, Spaghettikürbis und auch Zucchini, vor allem die gelben. Wir mögen ihren zarten Geschmack, doch viele unserer Freunde finden sie ein wenig langweilig. Dieses Rezept ist ihnen gewidmet. Die Paste, mit der wir die Kürbisse während der letzten Grillminute überziehen, erhält durch getrocknete Chilis und andere intensive Aromen sehr viel Schärfe. Servieren Sie zu den Kürbissen eine Schüssel mit zusätzlicher Paste, falls Ihren tollkühnen Freunden der Sinn nach mehr steht.

Als Beilage für 4–6 Personen

KÜRBISSE

4 mittelgroße, etwa 5 cm dicke Sommerkürbisse mit Schale, längs halbiert

2 EL Olivenöl

grobes Salz und frisch gemahlener schwarzer Pfeffer

CHILIPASTE

4 EL zerstoßene getrocknete Chilischoten (z. B. Ancho-Chilis)

4 EL grob gehacktes Koriandergrün

4 EL Olivenöl

2 EL Kreuzkümmelsamen

Saft von 1 Limette (etwa 2 EL)

1 EL fein gehackter Knoblauch

1 EL grobes Salz

1 EL frisch gemahlener schwarzer Pfeffer

Im Grill ein Feuer anzünden. Wenn die Kohlen durchgeglüht sind, keine Flammen mehr züngeln und die Temperatur im mittleren Bereich liegt *(siehe Seite 34)*, kann gegrillt werden.

Alle Zutaten für die Chilipaste in einer kleinen Schüssel sorgfältig vermischen. Die Paste beiseitestellen.

Die Kürbishälften auf beiden Seiten dünn mit Öl einpinseln, großzügig salzen und pfeffern und direkt über den Kohlen auf den Grill legen. Die Kürbisse auf jeder Seite 3–4 Minuten garen, bis das Fruchtfleisch nicht mehr roh aussieht. Jeweils in der letzten Minute der Garzeit die Chilipaste auftragen.

Die Kürbisse auf einer Platte anrichten und warm oder mit Zimmertemperatur servieren. Die restliche Paste dazu reichen, damit sich Feuerschlucker an ihr bedienen können.

GEGRILLTER BROKKOLI MIT ZITRONENBUTTER

Da wir große Fans von Brokkoli sind, suchen wir immer nach neuen Methoden, um ihn zuzubereiten. Dies ist eine recht ungewöhnliche Vorgehensweise – der Brokkoli wird geviertelt, blanchiert, auf dem Grill gebräunt und dann mit Butter und Zitronensaft gemischt. Auf diese Weise erhält ein altes Lieblingsgemüse eine reizvolle rauchige Note.

Als Beilage für 4 Personen

grobes Salz
1 großer Kopf Brokkoli, längs geviertelt
frisch gemahlener schwarzer Pfeffer
3 EL Olivenöl
125 g weiche Butter
Saft von ½ Zitrone (etwa 2 EL)

Im Grill ein Feuer anzünden. Wenn die Kohlen durchgeglüht sind, keine Flammen mehr züngeln und die Temperatur mit mittleren Bereich liegt *(siehe Seite 34)*, kann gegrillt werden.

In der Zwischenzeit auf dem Herd in einem Topf Salzwasser zum Kochen bringen. Die Brokkoliviertel darin 1 Minute blanchieren, dann sorgfältig abtropfen lassen.

Den blanchierten Brokkoli in eine große Schüssel geben, großzügig salzen und pfeffern, mit dem Öl beträufeln und wenden, um ihn mit den Gewürzen und Öl zu überziehen. Den Brokkoli direkt über den Kohlen auf den Grill legen und auf jeder Seite 2–3 Minuten grillen, bis er weich ist, dann wieder in die Schüssel geben.

Butter, Zitronensaft, Salz und Pfeffer nach Geschmack hinzufügen und die Zutaten behutsam durchheben. Den Brokkoli anrichten und sofort servieren.

GEGRILLTE KARTOFFELSTEAKS

MIT SPECK UND SAURER SAHNE

Gibt es jemanden, der Ofenkartoffeln mit ihren Kumpels Butter, Sauerrahm, Speck und Schnittlauch nicht mag? Hier bereiten wir diese klassische Kombination noch leckerer zu, indem wir die Kartoffeln in dicke Scheiben schneiden, die wir gern als »Steaks« bezeichnen, und grillen, ehe wir die anderen Zutaten daraufgeben. Genau die richtige Beilage für ein Steakessen!

Für 4 Personen

2 sehr große mehligkochende Kartoffeln, sorgfältig gebürstet (nicht geschält)
grobes Salz
4 Scheiben durchwachsener Speck, fein gewürfelt
2 EL Olivenöl
frisch gemahlener schwarzer Pfeffer
150 g saure Sahne (oder Sour cream)
1 kleines Bund Schnittlauch, fein geschnitten
60 g Butter (nach Belieben)

Im Grill ein Feuer anzünden. Wenn die Kohlen durchgeglüht sind, keine Flammen mehr züngeln und die Temperatur im mittleren Bereich liegt *(siehe Seite 34)*, kann gegrillt werden.

In der Zwischenzeit von jeder Kartoffel längs oben und unten eine dünne Scheibe abschneiden, damit sie flach auf dem Grill liegen können. Die Kartoffeln nun längs halbieren, sodass jeweils 2 Steaks von etwa 3 cm Dicke entstehen.

Auf dem Herd in einem großen Topf Salzwasser zum Kochen bringen, dann die Hitze so weit reduzieren, dass das Wasser noch köchelt. Die Kartoffeln darin 8–9 Minuten köcheln lassen, bis sie gerade gar, aber noch sehr fest sind. Zur Garprobe einen Zahnstocher hineinstechen. Es sollte noch ein recht starker Widerstand zu spüren sein. Die Kartoffeln abtropfen lassen und mit Küchenpapier trocken tupfen.

In der Zwischenzeit den Speck in einer kleinen Pfanne bei mittlerer Hitze in 6–8 Minuten knusprig braten, dann zum Abtropfen auf Küchenpapier heben.

Die Kartoffelsteaks mit Öl einpinseln und großzügig salzen und pfeffern. Direkt über den Kohlen auf den Grill legen und auf jeder Seite 4–5 Minuten grillen, bis sie braun und sehr knusprig sind.

Die Kartoffeln auf einer Platte anrichten. Speck, saure Sahne, Schnittlauch und, falls verwendet, Butter daraufgeben.

ZUCCHINI NACH ASIATISCHER ART

Gärtner beklagen sich oft über eine Zucchinischwemme, aber wir lieben sie. Man kann sie auf völlig unterschiedliche Weise zubereiten. Und sie lassen sich mit allen möglichen Aromen kombinieren wie mit der südostasiatischen Sauce, mit der wir sie hier bepinseln. Wenn man Zucchini halbiert, werden sie beim Grillen innen weich, ohne außen zu verbrennen.

Als Beilage für 4 Personen

4 mittelgroße, etwa 5 cm dicke Zucchini, längs halbiert
2 EL Sesamöl
grobes Salz und frisch gemahlener weißer Pfeffer (ersatzweise schwarzer Pfeffer)
Mango-Chili-Sauce *(siehe Seite 210)*

Im Grill ein Feuer anzünden. Wenn die Kohlen durchgeglüht sind, keine Flammen mehr züngeln und die Temperatur im mittleren Bereich liegt *(siehe Seite 34)* kann gegrillt werden.

Die Zucchinihälften rundum dünn mit Sesamöl einpinseln und großzügig salzen und pfeffern. Direkt über den Kohlen auf den Grill legen und auf jeder Seite 3–4 Minuten grillen, bis das Fruchtfleisch weich ist und nicht mehr roh aussieht.

Die Zucchini in die Schüssel mit der Sauce geben und behutsam wenden, um sie mit Sauce zu überziehen. Auf einer Platte anrichten und warm oder mit Zimmertemperatur servieren.

AUBERGINEN-TOMATEN-PÄCKCHEN

Wenn Sie leckere, etwas ausgefallene Beilagen, die wenig Arbeit machen, zubereiten möchten, sind Päckchen in Alufolie gerade richtig. Sie legen die Päckchen zum Garen in die Glut, während Sie auf dem Grillrost die übrige Mahlzeit zubereiten. Diese Kombination aus Auberginen und Tomaten ist im Mittelmeerraum ein Klassiker und zwar aus gutem Grund: Die nahrhafte Aubergine und die süßsaure Tomate ergänzen einander perfekt. Geben Sie Knoblauch, Zwiebel, Oregano und Chilischote dazu, und Sie haben eine superleckere Beilage, die zu fast jeder Mahlzeit passt und auch als vegetarischer Hauptgang für zwei Personen köstlich ist.

Als Beilage für 4 Personen

2 kleine Auberginen, in 5 cm große Würfel geschnitten
2 große Tomaten, entkernt und grob gewürfelt
1 rote Zwiebel, geschält und grob gewürfelt
5 geschälte Knoblauchzehen
5 EL bestes Olivenöl
2 EL grob gehackter frischer Oregano
1 TL Chiliflocken
grobes Salz und frisch gemahlener schwarzer Pfeffer

Alle Zutaten in einer großen Schüssel behutsam, aber sorgfältig vermischen.

4 Stück extrastarke Alufolie von etwa 60 cm Länge aufeinanderlegen. Die Gemüse in die Mitte geben.

Die Alufolienstücke nacheinander über die Zutaten klappen und das Päckchen dabei jedes Mal um 90 Grad drehen, damit es fest verschlossen ist. Nötigenfalls die Zutaten auf zwei Päckchen verteilen. Oder die Zutaten in eine tiefe Alu-Grillschale geben *(siehe Seite 304–305)* und fest mit einer doppelten Lage extra starker Alufolie abdecken.

Das (oder die) Päckchen am Rand des Feuers, wo die Hitze am geringsten ist, in die Glut legen und die Kohlen rundum zusammenziehen. Die Päckchen 20–30 Minuten garen, bis die Auberginen weich sind.

Das (oder die) Päckchen aus den Kohlen nehmen und öffnen. Falls die Gemüse noch nicht ganz gar sind, das Päckchen wieder schließen und noch einmal in die Glut oder in den 150 °C heißen Backofen legen.

WEITERE PÄCKCHEN

In Alufolie kann man die unterschiedlichsten Sorten Gemüse und Obst garen. Großartig eignet sich die Methode z. B. für Maiskolben *(siehe Seite 288)*, und wir benutzen sie auch für fantastische Desserts *(Seite 318–319)*. Man kann einzelne Gemüse einfach mit etwas Butter oder Olivenöl sowie Salz und Pfeffer garen oder mit Kombinationen experimentieren, was wir bevorzugen. Hier vier unserer Lieblingsrezepte, die alle wie links beschrieben zubereitet werden und als Beilage ausreichend für 4 Personen sind.

NEUE KARTOFFELN MIT KNOBLAUCH

Kartoffeln, Knoblauch und Zwiebeln verströmen, gemeinsam gegart, einen Duft, der einem das Wasser im Mund zusammenlaufen lässt. Noch besser schmecken sie aus der Glut. Eine wunderbare Beilage für ein großes, saftiges, gegrilltes Steak.

16 neue Kartoffeln (etwa golfballgroß), gebürstet, mit Schale
1 rote Zwiebel, geschält, grob gewürfelt
Zehen von 1 großen Knoblauchknolle, geschält
4 EL Olivenöl
grobes Salz und frisch gemahlener schwarzer Pfeffer

CHAMPIGNONS UND ZWIEBELN

Mit Champignons, Butter, Petersilie und einem Spritzer Sherry kombiniert sind kleine, süße Zwiebeln eine köstliche, vielseitige Beilage. Wenn Sie etwas mehr Geld ausgeben wollen, können Sie auch Waldpilze nehmen.

500 g weiße Champignons, Stiele entfernt
12 kleine junge Zwiebeln, geschält und fein gehackt
125 g kalte Butter, gewürfelt
4 EL grob gehackte frische Petersilie
2 EL trockener Sherry
grobes Salz und frisch gemahlener schwarzer Pfeffer

SÜSSKARTOFFELN UND WEINTRAUBEN

Die durch Rauch, Salbei und Rohrzucker aromatisierten Süßkartoffeln sind zusammen mit den süßen Weintrauben eine Offenbarung.

2 Süßkartoffeln, geschält und grob gewürfelt
200 g helle Weintrauben
Saft von 1 Zitrone (etwa 4 EL)
4 EL bestes Olivenöl
9 grob gehackte frische Salbeiblätter
1 EL Rohrzucker
grobes Salz und frisch gemahlener schwarzer Pfeffer

KARTOFFELN UND LAUCH

Vichyssoise ist vielleicht die bekannteste Kombination von Kartoffeln und Lauch, aber sie sind auch bei diesem kleinen Gericht großartige Partner. Waschen Sie den Lauch sorgfältig. Am besten schneiden Sie ihn längs auf, legen ihn für einige Minuten in kaltes Wasser und waschen ihn dann 2–3 Minuten unter fließendem kaltem Wasser.

2 sehr große mehligkochende Kartoffeln, gut gebürstet und grob gewürfelt
4 mittelgroße Stangen Lauch (nur weiße Teile), geputzt, gewaschen und in schmale Ringe geschnitten
30 g grob gehackte Frühlingszwiebeln
125 g kalte Butter, gewürfelt
grobes Salz und frisch gemahlener schwarzer Pfeffer

GLASIERTE SÜSSKARTOFFELN

Süßkartoffeln haben eine wunderbar erdige Süße, die durch Grillen großartig herauskommt. Mit einer einfachen Mischung aus Ahornsirup und Butter glasiert sind sie eine fantastische Beilage zu praktisch jeder Grill-Mahlzeit, vor allem im Frühherbst. Wir mögen sie besonders zu den gegrillten Kalbskoteletts auf Seite 56 oder der Fasanenbrust auf Seite 170.

Als Beilage für 4 Personen

grobes Salz
3 Süßkartoffeln, geschält und schräg in etwa 2,5 cm dicke Scheiben geschnitten
5 EL Ahornsirup
75 g Butter
2 EL Olivenöl
frisch gemahlener schwarzer Pfeffer

Im Grill ein Feuer anzünden. Wenn die Kohlen durchgeglüht sind, keine Flammen mehr züngeln und die Temperatur im mittleren Bereich liegt *(siehe Seite 34)*, kann gegrillt werden.

Auf dem Herd in einem großen Topf Salzwasser zum Kochen bringen, dann die Hitze so weit reduzieren, dass das Wasser noch köchelt. Die Süßkartoffeln hineingeben und 6–8 Minuten köcheln lassen, bis sie gerade eben weich sind. Zur Garprobe eine Scheibe mit einem Zahnstocher einstechen. Sie sollte noch recht viel Widerstand bieten. Die Scheiben abtropfen lassen und mit Küchenpapier trocken tupfen.

Ahornsirup und Butter in einem kleinen Topf vermischen und bei mittlerer Hitze unter gelegentlichem Rühren erwärmen, bis die Butter geschmolzen ist. Den Topf vom Herd nehmen und beiseitestellen.

Die Süßkartoffeln mit Öl einpinseln und großzügig salzen und pfeffern. Direkt über den Kohlen auf den Grill legen und auf jeder Seite 3–4 Minuten garen, bis sie gut gebräunt und weich sind. Jede Seite in der letzten Minute der Garzeit mit der Sirupbutter einpinseln. Die Süßkartoffeln mit der restlichen Sirupbutter beträufeln und heiß oder mit Zimmertemperatur servieren.

GEGRILLTE PILZE MIT SPECK UND PARMESAN

Oh ja, oh ja. Dies ist eine der großartigsten Beilagen für Gegrilltes. Sie ist gehaltvoll, sie ist knusprig, sie schmeckt nach Käse, sie ist ein bisschen scharf, und sie ist schlichtweg köstlich. Ihre Freunde werden Sie bitten, dieses Gericht jedes Mal zuzubereiten, wenn sie zu Ihnen kommen, egal, was sonst noch serviert wird.

Als Beilage für 4 Personen

120 g durchwachsener Speck, in feine Streifen geschnitten
700 g weiße Champignons, Stiele gekürzt
4 EL Olivenöl
1 EL fein gehackter Knoblauch
1 TL Chiliflocken
grobes Salz und frisch gemahlener schwarzer Pfeffer
4 EL frisch geriebener Parmesan
4 EL grob gehackte frische Petersilie
30 g weiche Butter

Auf dem Herd den Speck in einer Pfanne bei mittlerer Hitze 6–8 Minuten braten, bis er knusprig ist. Sorgfältig abtropfen lassen und beiseitestellen.

Im Grill ein Feuer anzünden. Wenn die Kohlen durchgeglüht sind, keine Flammen mehr züngeln und die Temperatur im mittleren Bereich liegt *(siehe Seite 34)*, kann gegrillt werden.

Champignons, Olivenöl, Knoblauch, Chiliflocken, Salz und Pfeffer in einer Schüssel sorgfältig vermischen. Kleine Champignons gegebenenfalls auf Spieße stecken. Die Pilze direkt über den Kohlen auf den Grill legen und etwa 10 Minuten grillen, bis sie weich sind. Die Champignons in eine große Schüssel geben und sofort Speck, Parmesan, Petersilie und Butter hinzufügen. Die Zutaten behutsam durchheben, bis die Champignons gleichmäßig mit Butter und Käse überzogen sind. Die Pilze nötigenfalls noch salzen und pfeffern, dann sofort servieren.

GEGRILLTE PILZE MIT BUTTER UND KNOBLAUCH

Die großen braunen Champignons mit den offenen Hüten sind wunderbar zum Grillen geeignet. Wenn Sie Portobello-Pilze bekommen, noch besser. Hier braten wir sie einfach auf dem Grill, vermischen sie mit etwas Butter, Knoblauch und Petersilie, und schon sind sie fertig.

Als Beilage für 4–6 Personen

6 möglichst große braune Champignons (insgesamt etwa 900 g), Stiele entfernt
3 EL Olivenöl
grobes Salz und frisch gemahlener schwarzer Pfeffer
80 g weiche Butter
1 EL fein gehackter Knoblauch
4 EL grob gehackte frische Petersilie

Im Grill ein Feuer anzünden. Wenn die Kohlen durchgeglüht sind, keine Flammen mehr züngeln und die Temperatur im mittleren Bereich liegt *(siehe Seite 34)*, kann gegrillt werden.

Die Pilze mit Öl einpinseln, großzügig salzen und pfeffern, direkt über den Kohlen auf den Grill legen und auf jeder Seite 6–8 Minuten garen, bis sie weich und gebräunt sind. Eventuell zur Garprobe einen Pilz einschneiden.

Die gegarten Pilze sofort in dicke Scheiben schneiden und in eine Schüssel geben. Butter und Knoblauch hinzufügen und die Zutaten behutsam durchheben, bis die Pilze mit Butter und Knoblauch überzogen sind. Die Pilze in einer Schüssel anrichten, mit Petersilie bestreuen und sofort servieren.

GEGRILLTE SHIITAKE

MIT FRÜHLINGSZWIEBELN UND INGWER

Wie Portobello-Pilze oder Champignons *(siehe Seite 310)* scheinen auch Shiitake wie für den Grill gemacht zu sein. Wie bei den meisten Rezepten finden wir auch in diesem Fall, dass sie am besten mit Aromen ihrer Heimat kombiniert werden. Deshalb machen wir sie gleich nach dem Grillen mit einem einfachen Dressing nach asiatischer Art an, dessen Aromen sie rasch aufnehmen.

Als Beilage für 4–6 Personen

PILZE

1 kg große frische Shiitakepilze, der harte untere Teil der Stiele entfernt

grobes Salz und frisch gemahlener schwarzer Pfeffer

1 EL Sesamöl

1 EL Öl

DRESSING

3 EL Sojasauce

2 EL trockener Sherry

1 EL Sesamöl

1 EL geschälter und fein gehackter frischer Ingwer

GARNITUR

2 EL in schmale Ringe geschnittene Frühlingszwiebeln (weiße und hellgrüne Teile)

Im Grill ein Feuer anzünden. Wenn die Kohlen durchgeglüht sind, keine Flammen mehr züngeln und die Temperatur im mittleren Bereich liegt *(siehe Seite 34)*, kann gegrillt werden.

Die Zutaten für das Dressing in einer kleinen Schüssel sorgfältig vermischen. Das Dressing beiseitestellen.

Die Shiitake in eine große Schüssel geben, großzügig salzen und pfeffern und beide Öle untermischen. Die Pilze direkt über den Kohlen auf den Grill legen und auf jeder Seite 3–4 Minuten grillen, bis sie gebräunt und knusprig sind und dunkle Streifen haben. Eventuell zur Garprobe einen Pilz einschneiden.

Die gegrillten Pilze in die Schüssel geben, das Dressing hinzufügen und die Zutaten behutsam durchheben. Die Pilze anrichten, mit den Frühlingszwiebeln bestreuen und servieren.

SCHARFER SPARGEL

Spargel schmeckt schon lecker, wenn man ihn einfach nur grillt. Man kann ihn aber gut mit vielen Aromazutaten kombinieren, die seinen zarten, aber charakteristischen Geschmack nicht überdecken, sondern noch besser herausbringen. Das macht ihn sehr abwechslungsreich. Okay, vielleicht denken Sie, dass dieses Rezept, bei dem er mit scharfer Sauce und Blauschimmelkäse zubereitet wird, über das Ziel hinausschießt – aber da irren Sie sich. Irgendwie harmonieren diese Zutaten und machen ihn zu einer der beliebtesten Beilagen, die wir uns in der letzten Zeit ausgedacht haben. Und es ist auch eine wunderbare Vorspeise.

Als Beilage für 4 Personen

24 Stangen grüner Spargel, gut stiftdick, die unteren Drittel geschält
2 EL Olivenöl
grobes Salz und frisch gemahlener schwarzer Pfeffer
4 EL scharfe Sauce nach Geschmack (Fertigprodukt)
50 g weiche Butter
60 g Blauschimmelkäse, zerkrümelt

Im Grill ein Feuer anzünden. Wenn die Kohlen durchgeglüht sind, keine Flammen mehr züngeln und die Temperatur im mittleren Bereich liegt *(siehe Seite 34)*, kann gegrillt werden.

Den Spargel mit Öl einpinseln, großzügig salzen und pfeffern und direkt über den Kohlen auf den Grill legen. (eventuell die Stangen auf Spieße stecken.) Den Spargel 4–6 Minuten grillen, bis er gebräunt und weich ist.

Scharfe Sauce und Butter in einer großen Schüssel glatt rühren. Den Spargel hinzufügen und behutsam durchheben, um ihn mit Sauce zu überziehen.

Den Spargel auf einer Platte anrichten, mit dem zerkrümelten Käse bestreuen und servieren.

GETRÄNKE & SÜSSES

WENN SIE AM GRILL IHR BESTES GEBEN MÖCHTEN, SOLLTEN SIE EIN GETRÄNK STETS GRIFFBEREIT HABEN. UND SICHER MÖCHTEN SIE AUCH IHRE GÄSTE NICHT DARBEN LASSEN. HIER FINDEN SIE ALSO REZEPTE FÜR LECKERE GETRÄNKE UND FÜR EIN PAAR SÜSSE SACHEN, DIE JEDE MAHLZEIT KRÖNEN WERDEN. SIE HABEN NIE DARAN GEDACHT, DESSERTS AUF DEM GRILL ZUZUBEREITEN? DANN WIRD ES ZEIT!

GEGRILLTE MANGOS

MIT EIS UND ERDBEERSAUCE

Wir lieben gegrilltes Obst, doch bis vor Kurzem fehlte uns noch eine gute Methode, um Mangos, die wir besonders mögen, zu grillen. Auf die folgende Weise zubereitet werden sie wunderbar, und dieses ausgefallene Dessert wird den meisten Ihrer Freunde schmecken. Allerdings ist es nicht ganz einfach zu essen – falls Sie das stört, schneiden Sie die Mangostücke ab und geben sie mit Eiscreme und Erdbeersauce in eine Schüssel.

Für 4 Personen

350 g Erdbeeren, gewaschen, entkelcht und geviertelt
1 EL Zucker
1 TL frisch gepresster Limettensaft
2 reife, feste Mangos
30 g Butter, zerlassen
1 l beste Eiscreme nach Geschmack

Im Grill ein Feuer anzünden. Wenn die Kohlen durchgeglüht sind, keine Flammen mehr züngeln und die Temperatur im mittleren Bereich liegt *(siehe Seite 34)*, kann gegrillt werden.

Erdbeeren, Zucker und Limettensaft in einer Schüssel sorgfältig vermischen, die Erdbeeren dabei etwas zerdrücken.

Die beiden Hälften jeder Mango vom Stein abschneiden. Das Fruchtfleisch der Hälften kreuzweise einschneiden, ohne die Schale zu verletzen, dann von außen mit den Daumen in der Mitte der Schale das Fleisch nach außen drücken, sodass die Hälften ein wenig wie Igel aussehen. Die Schnittflächen der Mangohälften dünn mit Butter bestreichen. Die Mangos mit den Schnittflächen nach unten direkt über den Kohlen auf den Grill legen. 6–8 Minuten grillen, bis sie goldbraun werden, dann wenden. Das Fruchtfleisch noch einmal dünn mit Butter bestreichen und weitere 2–3 Minuten grillen, bis es zu karamellisieren beginnt.

Die heißen Mangos mit den Schnittflächen nach oben auf Dessertteller setzen, Eiscreme daraufgeben und mit Erdbeersauce beschöpfen.

BIRNEN IM PÄCKCHEN

Weshalb sollte man die Glut eines Grillfeuers nicht nutzen, um ein Dessert zuzubereiten? Dieses – Birnen mit einer Mandel-Butter-Füllung und einer Haube aus aromatisierter Schlagsahne – ist ein ideales Dessert für den Herbst, wenn Birnen Hochsaison haben.

Für 6 Personen

60 g Mandelblättchen
6 große, feste Birnen
80 g Butter, in 6 Stücke geschnitten
1 Päckchen Vanillezucker
250 g gut gekühlte Sahne
4 EL Puderzucker
½ TL Zimtpulver

Die Mandelblättchen auf einem Backblech im 180 °C heißen Backofen in 5–10 Minuten goldbraun rösten. Oder in einer Pfanne ohne Fett vorsichtig auf dem Grill oder Herd in 3–5 Minuten rösten, dabei die Pfanne häufig rütteln, damit sie nicht verbrennen. Die Blättchen in einer Küchenmaschine oder Kaffeemühle fein hacken.

Die Kerngehäuse der Birnen vom Stielansatz her ausstechen, die unteren 3 mm der Birnen aber intakt lassen. In jede Birne 1 Stück Butter und Mandeln geben sowie Vanillezucker darauf verteilen.

Für jede Birne 4 etwa 60 cm lange Stücke extrastarke Alufolie aufeinanderlegen. Die Birnen in die Mitte setzen. Die Folienstücke nacheinander über den Birnen zusammenfalten, dabei die Päckchen jedes Mal um 90 Grad drehen und darauf achten, dass sie fest verschlossen sind.

Die Päckchen am Rand des Feuers, wo die Hitze niedriger ist, in die Glut legen und die Kohlen um sie zusammenziehen. Die Birnen 15–20 Minuten garen, bis sie weich sind.

In der Zwischenzeit die Sahne mit Puderzucker und Zimt mit dem Handrührgerät auf mittlerer Stufe schlagen, bis sich weiche Spitzen bildet.

Die gegarten Birnen aus der Glut nehmen, auspacken und warm servieren, mit einem großen Löffel Schlagsahne als Haube.

APFEL-PÄCKCHEN AUS DER GLUT

Dieses Dessert, das in der Glut gegart wird, während das Hauptgericht auf dem Grill liegt, ist eine außergewöhnliche Variante des Bratapfels *(siehe Seite 320–321)*. Es hat eine säuerlich-süße Füllung und wird mit einer leckeren Karamellsauce serviert. Man kann die Sauce auch weglassen, doch andererseits lässt sie sich im Voraus zubereiten und vor dem Servieren im Mikrowellengerät (oder bei schwacher Hitze auf dem Herd) wieder aufwärmen.

Für 4 Personen

ÄPFEL

30 g Pekannusskerne
4 große feste Äpfel (z. B. Golden Delicious oder Braeburn)
250 g Blauschimmelkäse, zerkrümelt
4 EL entsteinte und gewürfelte Datteln

SAUCE

100 g Zucker
Saft von ½ Orange (etwa 4 EL)
1 Stück Zimtstange (7,5 cm)
4 EL Sahne
abgeriebene Schale von ½ unbehandelten Orange
1 Prise Salz

Die Pekannüsse auf einem Backblech im 180 °C heißen Backofen in 5–10 Minuten goldbraun rösten. Oder in 3–5 Minuten in einer Pfanne ohne Fett auf dem Grill oder Herd, dabei die Pfanne häufig rütteln, damit sie nicht verbrennen. In einer Küchenmaschine oder Kaffeemühle fein hacken.

Die Kerngehäuse der Äpfel vom Stielansatz her ausstechen, unten 1 cm des Fruchtfleisches intakt lassen. Käse, Datteln und Pekannüsse in einer Schüssel behutsam, aber sorgfältig vermischen. Jeweils ein Viertel von der Masse in die Äpfel drücken.

Für jeden Apfel 4 etwa 60 cm lange Stücke extra starke Alufolie aufeinanderlegen. Die Äpfel in die Mitte setzen und die Folienstücke nacheinander über den Äpfeln zusammenfalten, dabei die Päckchen jedes Mal um 90 Grad drehen. Darauf achten, dass sie fest verschlossen sind.

Die Päckchen am Rand des Feuers, wo die Hitze niedriger ist, in die Glut legen und die Kohlen um sie zusammenziehen. Die Äpfel 20–30 Minuten garen, bis sie weich sind.

Inzwischen für die Sauce Zucker und Orangensaft in einem kleinen Topf bei mittlerer Hitze erwärmen und rühren, bis sich der Zucker aufgelöst hat und die Mischung kocht. Die Zimtstange dazugeben und den Sirup ohne Rühren etwa 5 Minuten köcheln lassen, bis er dunkelbraun wird. Vom Herd nehmen und sofort Sahne, Orangenschale und Salz hinzufügen – die Mischung wird dampfen und zischen und der Karamell erstarren. Wieder auf den Herd setzen und behutsam rühren, bis sich der Karamell vollständig aufgelöst hat. Die Sauce beiseitestellen.

Wenn die Äpfel gar sind, die Päckchen aus der Glut nehmen und öffnen. Die Zimtstange aus dem Karamell entfernen und die warme Sauce über die Äpfel träufeln.

GEGRILLTER BANANENKUCHEN

Diese Variante eines Klassikers, die unsere Freundin und Mitarbeiterin Kirsten Mikals kreiert hat, bekommt durch gegrillte Bananen ein süßes, leicht rauchiges Karamellaroma. Gemahlene Pekannüsse geben dem Kuchen etwas mehr Konsistenz und einen nussigen Geschmack. Und wenn Sie so richtig schwelgen möchten, dann servieren Sie den Kuchen warm mit einer Kugel Karamelleis.

Für 6–8 Personen

KUCHEN

Butter zum Einfetten der Form
30 g Pekannusskerne
120 g Mehl
2 TL Backpulver
¼ TL Salz
1 Prise Zimtpulver
80 g weiche Butter
180 g Zucker
1 Ei (L)
1 Eiweiß (L)
½ Päckchen Vanillezucker
100 ml Vollmilch

BELAG

3 reife, feste Bananen mit Schale, längs halbiert
100 g brauner Zucker
4 EL Ahornsirup
50 g Butter
¼ TL Pimentpulver
1 Prise Salz

Den Backofen auf 180 °C vorheizen. Eine Springform (24 cm Ø) einfetten. Im Grill ein Feuer anzünden. Wenn die Kohlen durchgeglüht sind, keine Flammen mehr züngeln und die Temperatur im mittleren Bereich liegt *(siehe Seite 34)*, kann gegrillt werden.

Für den Belag die Bananen mit der Schnittfläche nach unten auf den Grill über die Kohlen legen und 2–3 Minuten grillen, bis sie goldbraun sind und ein paar dunkle Stellen haben. Beiseitestellen.

Die restlichen Zutaten für den Belag in einem kleinen Topf vermischen und auf dem Herd bei mittlerer Hitze zum Kochen bringen. Rühren, bis die Mischung glatt ist, 1 Minute weitergaren, dann in die Kuchenform gießen. Die Bananen schälen und mit der gegrillten Seite nach unten auf den Sirup legen.

Die Pekannüsse auf einem Backblech im Backofen 5–10 Minuten rösten, dann in der Küchenmaschine mahlen. Den Ofen eingeschaltet lassen. Mit Mehl, Backpulver, Salz und Zimt sorgfältig vermischen.

Butter und Zucker in einer Rührschüssel schaumig schlagen. Ei, Eiweiß und Vanillezucker hinzufügen und etwa 1 Minute weiterschlagen, bis die Masse locker und schaumig ist. Die Hälfte der Mehlmischung dazugeben und unterrühren. Die Milch sorgfältig untermischen, dann die restliche Mehlmischung. Den Teig auf die Bananen geben und glatt streichen. Den Kuchen im Ofen etwa 30 Minuten backen, bis ein in die Mitte gestochener Holzspieß beim Herausziehen sauber bleibt.

Mit einem Messer den Kuchen vom Rand lösen. Den Kuchen auf einem Kuchengitter 15 Minuten abkühlen lassen, vorsichtig auf einen Teller stürzen und die Form abnehmen. Warm oder mit Zimmertemperatur servieren.

GEGRILLTE BANANEN UND ANANAS

Wir lieben *Bananas Foster*, den modernen Klassiker, der in Brennan's Restaurant in New Orleans erfunden wurde. Und so beschlossen wir, ihm durch Kokosnuss und Ananas eine tropische Note zu geben. Natürlich grillen wir das verwendete Obst. Wir finden, dass das Dessert durch den feinen rauchigen Geschmack eine neue Dimension erhält.

Für 4 Personen

2 Bananen mit Schale, längs halbiert, die Hälften quer geteilt

2 Scheiben frische Ananas (jede 1 cm dick), geschält und halbiert, Strunk entfernt

2 EL Öl

100 g Rohrzucker

60 g Butter

¼ TL Zimtpulver

60 ml Bananenlikör

125 ml brauner Rum

1 Limette, halbiert

600 ml Eiscreme

30 g geröstete Kokosflocken (nach Belieben)

Ein Feuer im Grill anzünden. Wenn die Kohlen durchgeglüht sind, keine Flammen mehr züngeln und die Temperatur im mittleren Bereich liegt *(siehe Seite 34)*, kann gegrillt werden.

Bananen und Ananas dünn mit Öl einpinseln und – die Bananen mit der Schnittseite nach unten – über den Kohlen auf den Grill legen. Auf jeder Seite etwa 2 Minuten grillen, bis die Bananen goldbraun sind und die Ananasscheiben braune Stellen haben. Herunternehmen, die Bananen etwas abkühlen lassen, dann schälen.

Zucker, Butter und Zimt in einer großen Pfanne auf dem Herd bei mittlerer Hitze erwärmen, bis Butter und Zucker geschmolzen und sehr heiß sind. Gut vermischen, Ananasscheiben und Bananen hineingeben und wenden, um sie mit dem Sirup zu überziehen. Likör und Rum hinzufügen. Sobald die Mischung zu kochen beginnt, ein langes, brennendes Streichholz über der Oberfläche hin und her bewegen, um den Sirup zu entzünden. Die Früchte mit dem Sirup beschöpfen, bis die Flammen erlöschen, dann sofort die Limettenhälften über der Pfanne ausdrücken.

Eiscreme auf Schalen verteilen, die heißen Früchte und den Sirup daraufgeben. Die Kokosflocken darüberstreuen und das Dessert servieren.

GEGRILLTE GLASIERTE PFIRSICHE
MIT ZIEGENKÄSE

Würzen Sie Balsamico-Essig mit etwas Zucker und schwarzem Pfeffer und lassen Sie ihn sirupartig einkochen. So bekommen Sie eine einfache, aber wunderbare Sauce. Kombinieren Sie diese mit gegrillten Pfirsichen und etwas würzigem Ziegenkäse – schon ist ein schnelles Dessert fertig, das Ihre Gäste durch seine Aromatiefe vom Hocker hauen wird.

Für 4 Personen

250 ml Balsamico-Essig
2 EL Zucker
1 EL frisch gemahlener schwarzer Pfeffer
2 reife, feste große Pfirsiche, halbiert und entsteint
2 EL Öl
120 g Ziegenkäse, zerkrümelt

Essig, Zucker und Pfeffer in einem kleinen Topf auf dem Herd unter gelegentlichem Rühren zum Kochen bringen. Die Mischung bei schwacher bis mittlerer Hitze 25–30 Minuten gerade köcheln lassen, bis sie sirupartig und um etwa zwei Drittel reduziert ist. Vom Herd nehmen und beiseitestellen.

Ein Feuer im Grill anzünden. Wenn die Kohlen durchgeglüht sind, keine Flammen mehr züngeln und die Temperatur im mittleren Bereich liegt *(siehe Seite 34)*, kann gegrillt werden.

Die Pfirsichhälften dünn mit Öl einpinseln, mit der Schnittseite nach unten direkt über den Kohlen auf den Grill legen und etwa 6 Minuten garen, bis sie leicht gebräunt sind. Wenden, großzügig mit der Glasur bestreichen und noch einmal 2–3 Minuten garen.

Die Pfirsichhälften mit den Schnittseiten nach oben auf Teller legen und sofort auf jede 1 Löffel Ziegenkäse geben. Falls gewünscht, noch etwas Glasur darüberträufeln und die Pfirsiche warm servieren.

GRANATAPFELLIMONADE

Wenn Sie für ein Grillfest ein erfrischendes alkoholfreies Getränk suchen, das auch Erwachsenen schmeckt, probieren Sie dieses. Der Granatapfelsaft sorgt für ein tiefes Aroma, ohne den unwiderstehlichen, süßsauren Geschmack klassischer Zitronenlimonade zu beeinträchtigen.

Ergibt etwa 2 l

225 g Zucker
etwa 500 ml Zitronensaft
(von 8 Zitronen)
250 ml Granatapfelsaft (Reformhaus oder Bioladen)
Minzestängel zum Garnieren (nach Belieben)

In einem kleinen Topf den Zucker und 125 ml Wasser unter häufigem Rühren zum Kochen bringen, dann bei schwacher Hitze etwa 1 Minute köcheln lassen, bis der Zucker sich aufgelöst hat. Vom Herd nehmen und auf Zimmertemperatur abkühlen lassen.

Einen großen Krug zur Hälfte mit Eis füllen. Zitronensaft, Granatapfelsaft, 1 l kaltes Wasser und abgekühlten Sirup hinzufügen und alles gut vermischen.

Zum Servieren hohe Gläser halb mit Eis füllen und die Limonade darübergießen. Mit der Minze garnieren.

MANGOLIMONADE

Mangosaft und frische Mango geben traditionellem Zitronenwasser Pfiff. Obwohl die Mango süß ist, wird das Getränk wegen ihres etwas ungewöhnliches Aromas nicht zu süß. Kinder werden es lieben, und sie können beim Auspressen der Limetten helfen.

Ergibt etwa 2 l

225 g Zucker
etwa 500 ml Limettensaft (von 16 Limetten)
250 ml Mangosaft
350 g Mango, entsteint und gewürfelt
Koriandergrün zum Garnieren (nach Belieben)

In einem kleinen Topf Zucker und 125 ml Wasser unter Rühren zum Kochen bringen und bei schwacher Hitze etwa 1 Minute köcheln lassen, bis sich der Zucker völlig aufgelöst hat. Auf Zimmertemperatur abkühlen lassen.

Einen großen Krug halb mit Eis füllen. Limettensaft, Mangosaft, 1 l kaltes Wasser und Sirup darin verrühren.

Zum Servieren hohe Gläser halb mit Eis füllen und einige Mangowürfel daraufgeben. Die Limonade darübergießen und die Gläser, falls gewünscht, mit Korianderstängeln garnieren.

WASSERMELONEN-MOJITO

Wassermelone macht jedes Sommergetränk erfrischender und der Mojito ist da keine Ausnahme. Er ist vor jedem Grillessen willkommen, aber unserer Meinung nach passt er zu einer Mahlzeit mit lateinamerikanischen Aromen besonders gut.

Für 1 Drink

20 frische Minzeblätter, einige als Garnitur aufbewahrt
2 EL gehackte frische Wassermelone (ohne Kerne)
Saft von 1 Limette (etwa 2 EL)
1 EL Zucker
60 ml weißer Rum
100 ml Mineralwasser

Minzeblätter, Wassermelone, Limettensaft und Zucker in ein hohes Glas geben. Minzeblätter und Wassermelone 1–2 Minuten sorgfältig zerdrücken. Eiswürfel in das Glas geben, den Rum hinzufügen und gut umrühren. Mineralwasser aufgießen und das Glas mit einer Wassermelonenspalte und Minzeblättern garnieren.

LITSCHI-COCKTAIL

Die zarte Süße der Litschi ist eines der verlockendsten Aromen Asiens. Deshalb halten wir sie für eine wunderbare Grundlage für einen ungewöhnlichen und sehr erfrischenden Cocktail. Dieser Drink eignet sich besonders gut für Sommerpartys.

Für 1 Drink

5 Litschis aus der Dose plus 1 TL Saft
60 ml Wodka
30 ml Orangenlikör
Saft von ½ Limette (etwa 1 EL)
4 Minzeblätter

Litschis, Litschisaft, Wodka, Orangenlikör, Limettensaft, Minzeblätter und Eiswürfel in einem Shaker 20–30 Sekunden schütteln, bis sie gut vermischt sind. In ein Martiniglas gießen, mit der restlichen Litschi garnieren und servieren.

SANGRIA AUS DEM EAST COAST GRILL

Eines der beliebtesten Sommergetränke im *East Coast Grill* ist diese recht einfache Variante des supererfrischenden spanischen Getränkes. Rotwein und Früchte bekommen durch etwas Orangenlikör und Weinbrand ein tieferes Aroma und mehr Pep. Stellen Sie einen Krug davon auf den Tisch, während Sie grillen, und Sie und Ihre Gäste werden sehr glücklich sein.

Ergibt etwa 8 Gläser

reichlich Eiswürfel
1 Flasche trockener Rotwein
250 ml frisch gepresster Orangensaft
120 ml Weinbrand
120 ml Orangenlikör (z. B. Triple Sec)
60 g Zucker
1 unbehandelte Orange, mit Schale in dünne Scheiben geschnitten, die Scheiben halbiert
250 ml Mineralwasser

Einen großen Krug halb mit Eis füllen. Wein, Saft, Weinbrand, Likör und Zucker hineingeben. Die Orangenscheiben hinzufügen und rühren, bis der Zucker aufgelöst und die Mischung sehr kalt ist.

Die Sangria in Gläser gießen, etwas Mineralwasser auffüllen und servieren.

ROSA SANGRIA MIT PFIRSICH

Seit Neuestem mögen wir Roséweine sehr. Dieses Getränk *(siehe rechte Seite)* aus Rosé, Pfirsich, Saft von Zitrusfrüchten und ein wenig Likör ist sehr leicht und erfrischend, aber absolut lecker, und man kann es den ganzen Sommer hindurch trinken. (Manche unserer Freunde mögen es selbst im Herbst oder Frühjahr.)

Ergibt etwa 8 Gläser

3 reife, feste Pfirsiche, halbiert und entsteint
reichlich Eiswürfel
1 Flasche trockener Roséwein
etwa 250 ml frisch gepresster Orangensaft
Saft von 1 Limette (etwa 2 EL)
120 ml Orangenlikör (z. B. Triple Sec)
250 ml Mineralwasser

2 Pfirsiche in kleine Würfel schneiden, den dritten in acht schmale Spalten. Einen großen Krug halb mit Eiswürfeln füllen, dann Wein, Säfte und Likör hineingießen. Die Hälfte der Pfirsichwürfel dazugeben und rühren, bis sich der Zucker auflöst hat und die Mischung sehr kalt ist.

Die Sangria in Gläser gießen und die restlichen Pfirsichwürfel darauf verteilen. Die Gläser mit etwas Mineralwasser auffüllen und mit den Pfirsichspalten garnieren.

BLAUE MARGARITA

Dieser Cocktail ist ein echter Hingucker. Vielleicht gab es deshalb zu Beginn der 1980er-Jahre eine regelrechte Margarita-Manie. Niemand weiß genau, wer ihn erfunden hat, doch eines ist sicher: Er sieht etwas seltsam aus, schmeckt aber großartig.

Für 1 Drink

4 EL grobes Salz (nach Belieben)
60 ml guter Tequila
Saft von 2 Limetten (etwa 4 EL), ausgepresste Schalen aufbewahrt
30 ml blauer Curaçao
1 TL Zucker
1 Limettenscheibe zum Garnieren

Soll das Margaritaglas einen Salzrand bekommen, das Salz auf eine Untertasse geben, den Glasrand mit einer Limettenschale einreiben und in das Salz drücken.

Das Glas zur Hälfte mit Eis füllen.

Tequila, Limettensaft, Curaçao, Zucker und Eiswürfel in einem Shaker 20–30 Sekunden schütteln, bis sie gut vermischt sind. Auf das Eis im Glas gießen und die Margarita mit der Limettenscheibe garniert sofort servieren.

KLASSISCHER DARK AND STORMY

Die Geschichte dieses supereinfachen, aber sehr leckeren Drinks ist – nun, ich glaube, man könnte sagen: dunkel und stürmisch. Niemand weiß genau, wo er entstand, aber heute gilt er als Nationalgetränk von Bermuda, und er ist an allen tropischen Orten auf der Welt beliebt. Sie können jeden braunen Rum verwenden, den Sie im Haus haben.

Für 1 Drink

60 ml brauner Rum
125 ml Ginger Beer (Asienladen)
Limettenspalte zum Garnieren

Ein hohes Glas zur Hälfte mit Eiswürfeln füllen und den Rum hineingießen. Das Ginger Beer hinzufügen und gut umrühren. Den Drink mit der Limettenspalte garniert servieren.

HOT LIPS MARGARITA

Wir mixen im *East Coast Grill* alle möglichen Margaritas, aber diese Version ist besonders beliebt. Ein paar Scheiben Jalapeño-Chili geben dem Cocktail eine Spur von Schärfe, ohne ihn ungenießbar scharf zu machen.

Für 1 Drink

4 EL grobes Salz (nach Belieben)
60 ml guter Tequila
Saft von 2 Limetten (etwa 4 EL), ausgepresste Schalen aufbewahrt
30 ml Orangenlikör (z. B. Triple Sec)
5 dünne Scheiben rote oder grüne frische Chilischote (vorzugsweise Jalapeño)
1 TL Zucker
1 Limettenscheibe zum Garnieren

Wenn das Margaritaglas einen Salzrand bekommen soll, das Salz auf eine Untertasse geben. Den Glasrand mit einer aufbewahrten Limettenhälfte einreiben und dann in das Salz drücken.

Das Glas bis zur Hälfte mit Eis füllen.

Tequila, Limettensaft, Likör, Chili und Zucker mit Eiswürfeln in einem Shaker 20–30 Sekunden schütteln, bis sie gut vermischt sind. Auf das Eis im Glas gießen und den Drink mit der Limettenscheibe garniert sofort servieren.

TRAUBEN-CAIPIRINHA

Früher war Cachaça, der Zuckerrohrschnaps aus Brasilien, nur in seiner Heimat beliebt, wo der Pro-Kopf-Verbrauch etwa zwölf Liter pro Jahr beträgt. Aber die heutige Popularität von Caipirinha hat diesem Schnaps zu internationalem Ruhm verholfen. Hier ersetzen wir die Limette der traditionellen Version durch helle Weintrauben; das gibt dem Cocktail einen etwas süßeren, feineren Geschmack.

Für 1 Drink

8 helle Weintrauben, halbiert
1½ EL Zucker
60 ml Cachaça

Weintrauben mit Zucker in einem breiten Glas weitgehend zerdrücken (mindestens 1 Minute). Das Glas mit Eiswürfeln füllen, den Schnaps darübergießen, umrühren und servieren.

REGISTER

T

W

Z

DANK/BILDNACHWEIS

DANK DER AUTOREN

Dank an unsere unnachahmliche Agentin, die unermüdliche Doe Coover, die für uns immer neue Wege findet, unseren Beruf auszuüben. Dank auch an Kirsten Mikalson und Nancy Boyce, die unentbehrliche Hilfen waren, die Rezepte in diesem Buch auf Papier zu bringen. Und an alle bei DK und Cobalt, insbesondere Louise Abbott, für die Zusammenstellung eines wunderschönen Buches, das wirklich Hand und Fuß hat. Und natürlich an Rick und Susan, Tommy, Lizzie und Josh und Owen T.

VON CHRIS

Ein Restaurant zu besitzen und in der Lage zu sein, noch etwas anderes zu tun, als das Restaurant sieben Tage die Woche 24 Stunden zu führen, ist ein Luxus, den sich die meisten Leute in diesem Gewerbe nicht leisten können. Ich habe das Glück, im East Coast Grill mit einer Gruppe von Menschen zu arbeiten, deren Fleiß, Hingabe und harte Arbeit es mir erlauben, neben dem Restaurant noch andere Projekte zu verwirklichen. Ihnen sage ich: Ihr seid toll! Danke, dass ihr mich gut dastehen lasst. Bleibt, wie ihr seid. Besonderen Dank an die Küchenchefs Eric Gburski und Jason Lord, Geschäftsführerin Kristi Morris und CFO Laurie Govoni.

Die gemeinsame Arbeit an einem Buch ist in jedem Fall eine anstrengende Aufgabe, aber in meiner Laufbahn als Kochbuchautor ist mir das Privileg vergönnt, mit dem perfekten Wortschmied Doc Willoughby zu arbeiten, dessen scharfes Auge, schneller Verstand und tolle Wohnung in Manhattan eine vergnügliche Partnerschaft entstehen ließen. Doc, du tust stets mehr als nur deinen Teil der Arbeit, ohne dich zu sehr zu beklagen. Dafür Danke und Danke für den Spaß.

VON DOC

Dank an Ruth, Larry und all die anderen Leute vom *Gourmet* für ihre Geduld und Nachsicht, während ich mich durch dieses Buch arbeitete. Und an Mark Bittman, der mir half, die ganze Sache nüchtern zu betrachten. Dank an meine getreuen Essgefährten Tucker, Chris I, Francis, Richard und Bobby und an Dave, der verhindert, dass ich zu dick werde.

Mit meinem Freund Chris ein Buch zu machen, bedeutet immer ebenso viel Spaß wie Arbeit. Sein lebenslanger Wahlspruch: »Arbeite intelligenter, nicht härter« bewirkt aufregendere Essen und tollere Ausflüge als ein Kochbuchautor erwarten darf. Ganz zu schweigen davon, dass seine Rezepte mitreißend sind. Danke Chris, für deine gute Laune, deine Abenteuerlust und deine Freundschaft.

DANK DES VERLAGES

Cobalt dankt den folgenden Personen für ihre Hilfe bei der Entstehung dieses Buches: Sarah Thomley für die redaktionelle Unterstützung, Christy Lusiak und Charles Wills für ihr Korrekturlesen und die amerikanischen Kontakte und Hillary Bird für die Erstellung des Registers. Dank auch an Briar Towers von Dorling Kindersley und besonders an Ian O'Leary, Fotoassistentin Gemma Reynolds und Stylistin Gizzi Erskine, die von HERS (hersagency.co.uk) vertreten wird.

BILDNACHWEIS

Der Verlag möchte folgenden Personen danken für ihre freundliche Genehmigung, ihre Fotos reproduzieren zu dürfen:

(o=oben; u=unten; m=Mitte; g=ganz; l=links; r=rechts; go=ganz oben)

10 Corbis: Novastoc (m). 13 DK Images: Ian O'Leary (ur). iStockphoto.com: Jorgen Udvang (gor). 14 Corbis: Tom Stewart/Zefa (gol). 21 DK Images (gor) (u). Steve Gorton (m); Dave King (gol) (ml). iStockphoto.com: Ayaaz Rattansi (gom). 22 Corbis: Farrell Grehan (u). 23 Corbis: Tom McGuire (gor); DK Images: Ian O'Leary (gol). 25 DK Images: Dave King (ur). 27 DK Images: Dave King (gom); Susanna Price (um); Matthew Ward (gor). 28 DK Images (mr); Howard Shooter (gor); Matthew Ward (gol) (um) (ur) (ml). 32 DK Images (ul) (um) (ur). 33 iStockphoto.com: Jon Helgason (gor); Sean Locke (gol); Chad Purser (ur). 39 iStockphoto.com: José Carlos Pires Pereia (gor); Rainforest-Australia (gol). 40 DK Images: Hugh Johnson (ul). 63 Corbis: Patrick Frilet/Hemis (m). 97 Alamy Images: B.A.E. Inc. (m). 113 Corbis: Bohemian Nomad Picturemakers (m). 125 Alamy Images: Danita Delimont (m). 151 Corbis: G.de Chabaneix/photocuisine (m). 163 Alamy Images: Nik Wheeler/Alamy (m). 187 Corbis: Bob Sacha (m). 213 Axiom Photographic Agency: Naki Kouyioumtzis (m). 229 Corbis: Keren Su (m). 249 Alamy Images: Ray Roberts (m). 263 Alamy Images: Petr Svarc (m). 293 Corbis: Steven Vidler/Eurasia Press (m).